FRANÇOIS MITTERRAND
Portrait d'un artiste

DU MÊME AUTEUR

Aux éditions Grasset :

La République giscardienne. Anatomie politique de la France, 1980.
La République de monsieur Mitterrand, 1982.

Aux éditions Gallimard :

Les Prétendants, 1983.
Le Complexe d'Astérix. Essai sur le caractère politique des Français, 1985.
Le Ve Président, 1987.

Aux éditions Flammarion :

Les Habits neufs de la politique, 1989.
De Gaulle-Mitterrand. La marque et la trace, 1991.
Les Peurs françaises, 1993.
La Politique imaginaire. Les mythes politiques français, 1995.

Alain Duhamel

François Mitterrand
Portrait d'un artiste

Flammarion

Aux jumelles de San Zaccaria

INTRODUCTION

Un artiste en politique

Même aujourd'hui, après sa mort, François Mitterrand ne laisse personne indifférent. On l'aime ou on le hait, on l'admire ou on le méprise, on le magnifie ou on le rejette, on reste fasciné ou allergique : jamais neutre. Celui qui fut président de la République durant quatorze années, deux mandats intégraux, plus longtemps que quiconque avant lui dans l'histoire de toutes nos républiques, celui-là aura été jusqu'à la fin de sa vie un incomparable marchand de passions.

On trouve donc en France cinquante-huit millions de François Mitterrand, car chaque Français, chaque Française s'est fait une certaine idée de l'homme de Latche. Elle a pu évoluer au fil des années et des circonstances, sous le coup des événements ou des révélations. Aucun chef de l'État de notre longue histoire, pas même le général de Gaulle, n'a suscité autant d'articles, de recherches et de livres, aucun n'a provoqué autant de polémiques, jusqu'au lendemain même de son décès. La disparition de l'ancien Président a d'ailleurs symbolisé ce principe de non-indifférence. Pendant une semaine, une bonne partie de la France a semblé profondément remuée, portant le deuil. Les hommages succédaient aux hommages, venant de toutes parts. À peine cependant François Mitterrand était-il porté en terre qu'éclatait une controverse retentissante. Son médecin personnel, le docteur Gubler, affirmait, dans un livre publié avant même que les couronnes mortuaires n'aient eu le temps de faner, que le défunt Président avait eu connaissance de son cancer depuis 1981 et qu'il l'avait dissimulé délibérément pendant plus de dix ans. Quelques jours plus tard, le scandale des écoutes téléphoniques installées par une cellule de l'Élysée rebondissait. Ce fut, derechef, un tumulte énorme. Au-delà de la mort, le Président disparu embrasait de plus belle les esprits et divisait ses concitoyens plus ardemment que jamais. Difficile d'apparaître moins banal.

C'est que, justement, François Mitterrand est un personnage hors normes. Il a été, dans sa vie politique, influent durant un demi-siècle (autre record en république), marquant pendant trente années (de ce jour de décembre 1965 où il obtint 45 % des voix face au général de Gaulle jusqu'à la fin de son second mandat), enfin déterminant tout au long des quatorze ans de son double septennat. Le cas est unique. Ce qui l'est plus encore, c'est que, chez lui, la personnalité fascinait, intriguait ou inquiétait au moins autant que l'œuvre. L'homme public constituait à lui seul un objet de débat perpétuel. L'homme privé séduisait, hypnotisait parfois, effrayait ou embarrassait. Il devenait, lui aussi, un sujet de discorde permanent.

Selon les canons de l'Histoire, le général de Gaulle occupera sans aucun doute le premier rang des hommes d'État français du xxe siècle, le plus éclatant peut-être depuis l'abdication de Napoléon Ier. Il aura été l'archétype du grand homme mais, chez lui, seul le personnage public impressionnait et passionnait.

Chez François Mitterrand, l'homme privé transparaissait en permanence dans l'homme public, le prolongeant, le compliquant, le nuançant, l'approfondissant, ajoutant une dimension subtile et mystérieuse à l'homme politique, puis au président de la République. François Mitterrand ne pouvait en aucun cas être réduit à son personnage officiel, et ceci expliquait une part de sa séduction, de son emprise, de sa réputation romanesque ou faustienne. François Mitterrand a toujours voulu aller jusqu'au bout de lui-même, mais personne n'a jamais été sûr de le connaître totalement, et ceux qui s'y sont risqués l'ont fait à leurs dépens.

C'est que François Mitterrand était en somme un artiste de la politique ou même un artiste entré en politique. Il tenait par-dessus tout à sa liberté personnelle. Dans ses moments de confidences, il s'enorgueillissait de n'avoir jamais fléchi devant personne, d'avoir su résister à tous et à tout, de s'être, toute sa vie durant, souverainement autodéterminé. Cet homme d'État était en ce sens un homme libre, à la manière d'un Clemenceau, qui est peut-être celui qui lui ressemble le plus. Cette liberté, il l'affichait comme l'un de ses grands objectifs publics, il la pratiquait aussi, quoi qu'il pût en coûter à ses proches, dans sa vie privée. François Mitterrand était, voulait être un créateur en politique, à la manière dont d'autres le sont en littérature, en peinture ou en architecture. Avec lui, la politique devenait un art.

Parmi les hommes d'État les plus marquants, certains sont sortis de l'armée ou de la diplomatie. Ils avaient été des généraux victorieux et célèbres, des ambassadeurs et des négociateurs hors de pair. D'autres étaient issus de l'Université, de la haute fonction publique, du barreau. La France a ainsi connu la république des avocats, avant la république des professeurs, puis aujourd'hui la république des grands commis de l'État. François Mitterrand n'a jamais eu, lui, que la politique comme horizon et comme métier, dès le lendemain de la guerre.

Il ne l'a abordée ni en expert d'une discipline ou d'une spécialité, ni en homme d'appareil ayant gravi un à un les échelons d'un parti. Il a été dès le départ un homme politique total – ministre, orateur, tacticien –, siégeant dans les gouvernements dès la trentaine, s'imposant à la tribune ou la plume à la main, animant des groupes parlementaires, avant de conquérir le parti socialiste, la gauche, puis finalement la République. La politique était sa vocation et le pouvoir sa passion.

On peut discuter les choix de l'artiste, apprécier plus ou moins sa manière, distinguer entre ses périodes, privilégier celles-ci et moins aimer celles-là. Comme il y a eu chez Picasso une période grise, brune, rose ou bleue, il y a eu chez François Mitterrand maintes phases successives, voire contradictoires. On peut certes abhorrer l'œuvre et récuser l'artiste. Beaucoup ne s'en sont pas fait faute. Pour comprendre sa démarche, relier sa vie publique à sa vie privée, cerner le personnage, interpréter ses choix, ses alliances, ses orientations, mieux vaut cependant le regarder comme un grand compositeur politique, auteur inlassable et subtil, assurément plus impressionniste que géomètre, interprète virtuose de sa propre musique. Cela éclaire aussi, peut-être, ses relations avec les autres, sa façon d'être totalement politique sans être seulement politique, et aussi ce code moral très personnel, sur mesure, déroutant, insoucieux des règles ordinaires édictées pour le commun des mortels. En artiste de la politique, François Mitterrand obéissait à ses propres valeurs, à ses propres lois. Ce créateur était nécessairement un non-conformiste. Rarement personnalité aura été moins réductible que la sienne.

François Mitterrand était en effet déroutant, décourageant, presque désespérant pour les amateurs de schémas simples et d'interprétations limpides. Il a incarné le socialisme pour au moins une génération et cependant, s'il avait des idées de gauche, il possédait une culture et des goûts de droite. Il a porté la gauche au pouvoir, pour la première fois sous la Ve République, il l'a personnifiée et modelée, et néanmoins sa trajectoire politique personnelle l'avait fait partir de loin, des lisières de l'extrême droite lorsqu'il était adolescent, des confins de la droite parlementaire lorsqu'il fut élu député pour la première fois. Il n'a cessé d'être tout au long de sa vie publique un Européen convaincu et influent. Cela ne l'empêchait pas d'être un patriote à l'ancienne, attaché par toutes ses fibres à l'originalité et à la personnalité de la France. Adulte, il a toujours vécu à Paris sur la rive gauche, dans ces quartiers au charme coûteux qu'affectionne la bourgeoisie cultivée, et pourtant il n'a cessé d'être profondément, physiquement provincial. L'argent ne l'intéressait pas, se constituer un patrimoine était bien le dernier de ses soucis. Cependant, il a toujours vécu plus que largement, laissant à d'autres le soin de régler ses problèmes matériels, patricien étranger aux questions sordides, pourvu qu'elles ne se posent pas à lui. Il administrait volontiers des leçons de morale à ses adversaires. Néanmoins, les amitiés sulfureuses, les hommes d'argent, les compagnons embarrassants ne lui faisaient pas peur.

Homme public, il n'a cessé de manifester sa passion pour l'État de droit, de batailler pour faire progresser la démocratie, d'étendre sans cesse le champ des libertés, de défendre les droits de l'homme, des minorités et des persécutés, partout où cela semblait possible, et même quelquefois où cela ne l'était pas. En même temps, autour de lui, à l'Élysée, de petites cellules bafouaient la loi, posaient des écoutes téléphoniques sauvages, fabriquaient de fausses preuves, se plaçaient au-dessus des règles élémentaires de la république.

Son éloquence personnelle, tantôt lyrique, tantôt

caustique, constituait une arme maîtresse qui empruntait beaucoup aux rites de la gauche. Inversement, son style écrit, nerveux et recherché, se situait dans une tradition littéraire beaucoup plus conservatrice. Il a poursuivi toute sa vie quelques grands objectifs simples – l'Europe, la démocratie, la justice sociale, la paix –, mais ses tournants et ses méandres, ses marches et ses contremarches ont bien souvent empêché de les distinguer. Il recherchait des desseins honorables avec des méthodes machiavéliques. Ce pragmatique avait une authentique vision de l'Histoire, cet opiniâtre ne craignait cependant jamais de s'adapter, de reculer, de prendre du champ pour gagner du temps. Il avait plus d'idéal dans la tête et plus de rouerie encore dans la démarche qu'on ne le croyait. Ceux qui en ont fait un héros de la gauche ont dû constater qu'il était aussi un monarque impérieux et un prince de la politique. Il n'est pas le premier homme d'État à avoir employé des expédients et des ruses peu édifiantes. Souverain manœuvrier, progressiste autoritaire, séducteur ou cassant, désinvolte et fidèle, compartimenté et unique, calculateur et intuitif, ironique et attentionné, il avait la puissance d'un créateur, le pessimisme de Don Juan, la culture implacable d'un grand doge.

Tenter de comprendre et de mesurer les multiples facettes du personnage ; jauger son envergure, chercher son unité sans omettre ses contradictions ; examiner son œuvre et en évaluer, domaine par domaine, les réussites et les échecs ; dresser en somme un portrait de l'artiste et tenter d'en fixer maintenant la place dans l'Histoire, tel est l'objectif de ce livre. Il n'a de sens que s'il est mené sans préjugés et sans tabous.

J'ai bien connu François Mitterrand. Je l'ai rencontré après Mai 1968, à l'occasion d'un livre d'entretiens,

Ma part de vérité, publié l'année suivante. Je l'ai interviewé une soixantaine de fois, lors d'émissions à la télévision et à la radio, pour la presse écrite ou durant les campagnes électorales. Je l'ai vu régulièrement en privé, quelles que soient les circonstances politiques, bonnes ou mauvaises, solennelles ou pittoresques, plus de deux cents fois en près de trente ans. Je n'ai jamais appartenu au cercle de ses proches, encore moins à la cohorte de ses obligés. Je ne partageais d'ailleurs pas nombre de ses vues. François Mitterrand l'avait su dès notre première rencontre. Loin de s'en offusquer, il en avait fait au contraire un sujet de railleries rituelles et le ressort de conversations animées. Contrairement à la légende, il était possible d'approcher François Mitterrand sans avoir à faire preuve de la moindre allégeance. Il fallait certes se garder de succomber à la séduction du personnage – elle était grande – et demeurer attentif à ne pas se laisser instrumentaliser.

Chacun pouvait néanmoins établir avec lui une règle du jeu spécifique et, devenu Président, François Mitterrand se piquait de la respecter. Avec le temps, il finissait par accorder lui-même, sinon toute sa confiance, du moins une attention prévenante et caustique, amicale parfois. Il pouvait réagir très vivement s'il trouvait telle ou telle chronique injuste, et saisir alors son téléphone pour le dire à l'intéressé ou, plus fréquemment, pour improviser une rencontre d'explication. Il savait trouver, même dans les périodes les plus agitées, le temps d'aller au fond des choses. Pour tracer le portrait de cet artiste politique, l'avoir régulièrement rencontré constituait de son vivant un handicap. C'est devenu, depuis sa mort, un privilège sans ambiguïté qui protège des idées reçues et vaccine contre les simplifications, les réquisitoires et les célébrations.

CHAPITRE PREMIER

Dieu, la maladie, la mort

caveau familial. La France entière, les chiffres en
témoignent, avait suivi les deux cérémonies devant ses
postes de radio et de télévision. Elle avait pu constater
une dernière fois qu'avec le Président disparu rien ne se

François Mitterrand est mort le lundi 8 janvier 1996,
à 8 heures 30, dans l'appartement de l'avenue Frédéric-
Le-Play, à deux pas du Champ-de-Mars, que l'État avait
mis à sa disposition lorsqu'il avait quitté le palais de
l'Élysée. En rédigeant ses dernières volontés, il avait
écrit, dans le style elliptique et hautain qu'il employait
pour ce qui lui tenait à cœur : « Une messe est possible. » Il y en eut deux.

À Notre-Dame, le cardinal-archevêque de Paris, mon-
seigneur Lustiger, présida la cérémonie officielle et
prononça l'oraison funèbre. Jacques Chirac avait
décrété un deuil national. Toutes les autorités de la
République, tous les corps constitués, les chefs d'État et
de gouvernement des pays du monde entier, les représentants des partis politiques, socialistes en tête, et les
anciens collaborateurs personnels du Président défunt,
tous étaient là. La nef était comble pour célébrer, dans
l'unité affichée, la mémoire de ce personnage si controversé de son vivant.

Presque simultanément, dans la petite église Saint-
Pierre de Jarnac, là même où il avait été baptisé
soixante-dix-neuf années plus tôt, se déroulait une
messe avec absoute, en présence des deux familles de
François Mitterrand, sa famille officielle et sa famille
officieuse, et de tous ses intimes. L'évêque d'Angoulême
prononça l'homélie. La dépouille funèbre gagna
ensuite le cimetière de Jarnac, où le corps de François
Mitterrand fut inhumé dans la dernière place libre du

caveau familial. La France entière, les chiffres en témoignent, avait suivi les deux cérémonies devant ses postes de radio et de télévision. Elle avait pu constater une dernière fois qu'avec le Président disparu rien ne se passait jamais selon les canons ordinaires.

Pendant une semaine complète, le pays a porté le grand deuil, comme à l'époque des souverains héréditaires. Quotidiens et hebdomadaires multipliaient les numéros spéciaux, que l'on s'arrachait dans les kiosques. On annonçait une avalanche de livres. Celui que publiait sur-le-champ l'étrange docteur Gubler, ancien médecin personnel du Président, provoquait une ruée mémorable dans les librairies avant d'être saisi par la justice à la demande des familles de François Mitterrand. Tout ce qui concernait l'homme de Latche – biographies, libelles, panégyriques, livres à scandale – se vendait sans répit. Les émissions exceptionnelles s'enchaînaient à la télévision, les reportages se succédaient partout. Jacques Chirac avait rendu un hommage appuyé, inattendu et apprécié à son prédécesseur. Même mort, François Mitterrand faisait ainsi vibrer les passions. Ses fidèles se massaient place de la Bastille ou défilaient au cimetière de Jarnac. Ses ennemis jurés rédigeaient d'ultimes articles vengeurs. C'était bel et bien le point d'orgue de cette passion, parfois féroce, qu'il suscitait depuis si longtemps.

Dans cette France paradoxale, l'Église a tenu plus que jamais son rôle. Au cœur de l'État le plus laïc d'Europe, le catholicisme demeure le lieu naturel de l'affliction républicaine. La France était en deuil. L'Église catholique organisait les obsèques et célébrait les offices. Le chef de l'État défunt avait à peine été un catholique Président, et pas du tout un Président catholique. Cela ne semblait embarrasser personne, et surtout pas Nos Seigneurs les évêques. François Mitterrand s'était vigoureusement opposé à l'Église catholique à propos de la laïcité et de l'école privée, elle ne lui en tenait visiblement pas rigueur. Sa vie privée, devenue publique sur la fin sans qu'il s'y opposât tout à fait, défiait ouvertement les lois de cette institution. Celle-ci n'en fermait pas moins pieusement les yeux, organisant même des obsèques où famille légitime et famille naturelle cohabitaient dans le chagrin et l'émotion.

Au sein de la République, une Église sans statut officiel se trouvait *de facto* chargée du cérémonial, du protocole et de la liturgie funèbre. Une Église à la morale si sourcilleuse en matière de mœurs célébrait, ici en grande pompe et là en toute tolérance, le souvenir et la mémoire d'un homme d'État qui le méritait peut-être mais sans doute pas selon ses normes conventionnelles. Résurgence monarchique, habitude de composer avec César pour mieux servir les intérêts de Dieu, réalisme d'une institution presque bimillénaire qui sait ce que pèse le poids des grands de ce monde ? On retrouvait en tout cas le comportement de l'Église de France sous Louis XIV, autoritaire vis-à-vis des simples mortels, déférente à l'égard du monarque.

Même dans ses relations posthumes avec l'Église catholique, François Mitterrand demeure ainsi le grand bénéficiaire de sa propre ambiguïté. Pourtant, s'il est un domaine où sa complexité n'empêche pas son authenticité, c'est bien celui-ci. François Mitterrand aura été le moins clérical et le moins pratiquant des présidents de la Ve République à ce jour, il aura cependant été le plus métaphysique. Cela surprendra fort et offusquera vraisemblablement ceux qui regardent le chef de l'État disparu à travers la multitude de livres à charge et à succès publiés contre lui depuis des années.

23

On l'y voit peint en cynique absolu, décrit comme un aventurier sans foi ni loi, dessiné tantôt en intrigant florentin, tantôt en *condottiere* vénitien, à moins que ce ne soit en Casanova de la politique ou, à la fin de sa vie, en roi Lear accablé par le destin. Qui d'ailleurs, parmi ses biographes ou ses portraitistes, même extérieurs au clan des libellistes et des auteurs de livres à scandale, n'a pas eu recours un jour ou l'autre à ces clichés? Et cependant, au lendemain de sa mort, on jurerait que François Mitterrand avait une âme et qu'il ne l'avait pas nécessairement vendue au diable.

Quels que soient ses défauts ou ses vices, ses comportements ou ses incartades, ses choix ou ses aventures, ses transgressions et les libertés souveraines qu'il prenait avec la morale ordinaire, *a fortiori* avec les préceptes religieux, François Mitterrand n'a pas cessé de se comporter en animal métaphysique, obsédé par la transcendance, hanté par la mort, fasciné par les religions. On s'est parfois étonné de sa passion pour les églises, romanes en particulier, et pour les abbayes, notamment cisterciennes. On s'est souvent gaussé de son attirance constante pour les cimetières. Ce n'était là ni affectation ni bizzarerie. François Mitterrand était un méditatif qui avait le goût des lentes songeries sans ordre du jour. Qu'il ait aimé le dépouillement silencieux des églises romanes françaises, dont il connaissait le moindre détail architectural, sculptural ou historique, n'a rien d'étonnant. Il pouvait y passer des heures, en érudit à qui les formes matérielles de la spiritualité n'étaient jamais étrangères.

Il jugeait d'ailleurs volontiers les autres à leur capacité de s'y intéresser et de s'y taire, et il prenait parfois avec humeur la moindre réticence ou la moindre critique dans ce domaine. Qui ne l'a pas vu s'enflammer

24

pour défendre la supériorité esthétique de l'église d'Aulnay-de-Saintonge, ou les qualités exceptionnelles de celle de Talmont, en Charente-Maritine, ne peut soupçonner sa passion lorsqu'il abordait ces sujets-là. Malheur à l'imprudent contradicteur qui risquait alors de s'attirer des foudres jupitériennes. Quant aux cimetières, lieux propices aux réflexions tranquilles sur la transcendance et l'éternité, ce pouvait être dans sa bouche un sujet de comparaisons infinies, puisées dans mille voyages, de l'Italie toscane aux pierres tombales penchées au pied d'une synagogue de Prague, des stèles funéraires irlandaises, qu'il regrettait de ne bien connaître qu'à travers les livres, aux lieux mythiques d'Israël, si souvent parcourus. Monastères bourguignons, sépultures égyptiennes, basiliques romanes, ces signes de l'éternité lui parlaient et leur savant dépouillement lui convenait. Qu'un chef d'État ait ainsi ressenti le besoin de ces expéditions méditatives, sans témoins bavards ni courtisans importuns, est peut-être rassurant.

Ce Président de gauche, ce chef de file du socialisme, ce champion de la laïcité ne cachait d'ailleurs pas le moins du monde sa passion pour la métaphysique et ne camouflait pas son déisme personnel. Il disait volontiers : « Je suis né chrétien, et mourrai sans doute dans cet état. Dans l'intervalle... [1] » Lorsqu'il disait « chrétien », il voulait dire « catholique » bien sûr, même si les dogmes, les rites et le cérémonial religieux le laissaient profondément indifférent. Ce qui lui importait, c'était l'existence d'un ordre supérieur aux apparences, c'était l'espérance de l'éternité, la quête du sens, le besoin de transcendance. Était-il cette « âme profondément

1. Entretien avec Pierre Desgraupes dans *Le Point*. Il affectionnait d'ailleurs assez cette formule pour la reprendre souvent.

mystique » que discernait en lui le philosophe catholique Jean Guitton ? Relevait-il de ce « catholicisme tourmenté », si mauriacien, que lui attribue le cardinal Lustiger ? Lui-même était plus réservé, qui confiait à Franz-Olivier Giesbert dans sa dernière grande interview pour la presse écrite : « Je suis plutôt agnostique, ce n'est pas faute de chercher mais je ne sais pas ce que je crois. La transcendance est un sujet qui m'importe beaucoup : je n'arrive pas à trancher. » Il ajoutait avec humour : « Il serait temps... [1] »

Il prenait garde cependant de bien préciser, et il l'a fait à maintes reprises : « L'agnostique, ce n'est pas celui qui n'y croit pas. C'est celui qui ne sait pas s'il y croit ou s'il n'y croit pas. » Peu de chefs d'État – aucun autre Président français au XXe siècle en tout cas – se sont ainsi dévoilés aussi franchement et aussi précisément sur leurs interrogations métaphysiques. François Mitterrand avait au moins envie de croire à une dimension spirituelle, même s'il éprouvait le plus grand mal à y parvenir. Il en parlait volontiers, et bien. En privé, il pouvait interroger sans façon ses interlocuteurs sur leurs propres convictions religieuses, sur leurs points d'appui intellectuels ou spirituels, sur leurs démarches et leurs interrogations. Il n'aimait pas, surtout sur ces sujets-là, les réponses convenues ou les échappatoires. Il s'intéressait aisément à la foi, à l'athéisme ou à l'agnosticisme des autres. Autant d'approches familières avec lui, peu banales avec ses pairs.

Ces réflexions, ces inquiétudes, ces interrogations, cette sensiblité métaphysique constante, il les nourrissait de lectures et d'entretiens avec des clercs, des religieux et des spécialistes. Ce Président roué et manœuvrier lisait régulièrement les grands mystiques,

1. Entretien avec Franz-Olivier Giesbert (*Le Figaro*, 8 septembre 1994).

de saint François d'Assise à saint Jean de la Croix, de sainte Thérèse d'Ávila à sainte Thérèse de l'Enfant-Jésus. Il avouait volontiers : « J'ai pratiquement appris à lire dans la Bible. » Il en disait : « C'est un livre de sociologie, d'histoire, de littérature qui bien sûr parle de relations avec Dieu et raconte la destinée d'un peuple. Mais la mort est toujours là. » Pour François Mitterrand la transcendance et la mort formaient un couple indissociable. Il proclamait, c'était logique dans ces conditions, sa prédilection pour L'Ecclésiaste, « un livre de base. C'est aussi un livre fou ». Rencontrait-il le cardinal Lustiger, le pasteur Stewart, les grands rabbins Sirat ou Sitruk ? Une fois expédiées au plus vite les affaires courantes, il les entretenait bientôt de métaphysique et de théologie, manifestant une connaissance des textes sacrés mais aussi des Pères de l'Église, saint Augustin notamment, qui n'appartient pas à la culture ordinaire des hommes publics.

De même était-il banal de le voir bousculer un emploi du temps serré pour aller interroger passionnément Jean Guitton ou pour rencontrer ponctuellement en Bourgogne, une fois par an, le frère Roger Schutz, fondateur et prieur de la Communauté œcuménique de Taizé. Était-il plus conventionnel, de la part de ce Président présenté si souvent comme un personnage faustien, d'avouer sans ambages qu'il aimait terminer sa journée en pensant à ses amis disparus, en dialoguant avec la mort, en méditant sur les fins dernières ? Cela ne l'empêchait assurément pas de se montrer le lendemain méphistophélique par les tours et les détours, les trompe-l'œil et les chausse-trapes de sa politique. Il n'est pas fréquent de voir un Président contemporain, quelles que soient les formes de son action publique et les libertés de sa vie personnelle, de gauche par-dessus le marché, avouer ainsi qu'il aime méditer, lire les auteurs mystiques et que, à sa manière, il prie. Cette face du personnage n'est pas la plus connue. Ce n'est pas la moins authentique. Certains biographes et de nombreux pamphlétaires qui l'ont choisi pour cible sont ainsi passés à côté d'un des multiples aspects – et non des moindres – de François Mitterrand.

Son éducation catholique n'expliquait pas tout, n'expliquait pas l'essentiel. Certes, son milieu familial n'était pas seulement croyant et pratiquant – à l'époque, c'était synonyme –, mais encore actif et pieux. Sa mère, qui l'a beaucoup marqué, allait à la messe chaque jour, lisait et méditait, était réputée dans le voisinage pour ses gestes charitables. Son père, qui fut brancardier à Lourdes, était un pilier des conférences Saint-Vincent-de-Paul, responsable régional des écoles catholiques et de la Fédération nationale catholique du général de Castelnau [1]. Chez les Mitterrand, on recevait chaque dimanche le curé de la paroisse à déjeuner, on accueillait parfois des ecclésiastiques durant les vacances. On s'intéressait au catholicisme social, on lisait Lamennais, Lacordaire, Albert de Mun, Montalembert. Ce catholicisme-là, méfiant vis-à-vis des symboles de l'argent, se voulait à la fois ouvert et intense. Il pouvait mener aussi bien à la droite contre-révolutionnaire qu'au catholicisme avancé.

François Mitterrand ne s'était rebellé à aucun moment contre cette éducation. Au collège Saint-Paul d'Angoulême – il avait fait ses études secondaires dans cet établissement mené par des prêtres diocésains –, il passait pour pieux, obtenait des premiers prix d'instruction religieuse, ne rechignait pas à enchaîner

1. Catherine Nay a tout dit à ce sujet dans *Le Noir et le Rouge*, Grasset, 1984.

messes, vêpres, confessions, retraites, même s'il marquait déjà une nette préférence pour les méditations solitaires. Au 104 de la rue de Vaugirard, à Paris, le foyer d'étudiants des pères maristes, il s'activait même, adhérant à son tour, après son père, à la conférence Saint-Vincent-de-Paul, fréquentant le centre Montalembert, s'intéressant à la JEC (Jeunesse étudiante chrétienne) et aux Équipes sociales : toujours ce catholicisme ouvert à vocation sociale, à tradition littéraire, à recrutement bourgeois.

Étudiant en droit et à l'École libre des sciences politiques, François Mitterrand se rangeait parmi les « tala » (vont-à-la-messe), en catholique déclaré et militant. Sa famille avait de nombreuses et fortes amitiés parmi les ecclésiastiques de qualité, enseignants en particulier. Cela lui avait valu des accueils chaleureux, à Angoulême comme à Paris. Il s'en portait fort bien et les recevait avec plaisir.

C'était assurément à l'époque l'un des traits marquants de sa personnalité. Certes, il ne faudrait pas pour autant en faire la seule origine de son penchant ultérieur pour la métaphysique, ni d'ailleurs l'unique centre d'intérêt de son adolescence, tant s'en faut. Dans les années trente, au sein des familles bourgeoises provinciales, un tel engagement n'était pas rare, même s'il restait ici plus spécifiquement social et intellectuel que d'ordinaire. François Mitterrand, étudiant, se passionnait cependant tout autant pour la politique, l'éloquence, la littérature, le sport et *a fortiori* les jeunes filles que pour la religion. Catholique sans doute, et point tiède, mais ni dévot ni obsédé. Au demeurant, durant son internement dans les camps de prisonniers de guerre en Allemagne, de juin 1940 à décembre 1941 (avant la réussite de sa troisième évasion), ce ne fut pas son catholicisme qui impressionna le plus ses compagnons de captivité mais son patriotisme, son ascendant sur les autres, sa culture littéraire, son énergie, sa grande ambition, son caractère.

À Vichy et pendant ses années de Résistance, son engagement ne s'est pas fait davantage dans des mouvements catholiques. Son action était laïque, à une époque où de jeunes chrétiens militaient dans des organisations clandestines influencées par des intellectuels catholiques et par des prêtres. Ainsi François Mitterrand adulte ne se définissait-il pas prioritairement en fonction de ses convictions religieuses. S'il s'est marié en l'église Saint-Séverin de Paris, lorsqu'il a épousé Danielle Gouze, le 28 octobre 1944, il entrait par ailleurs dans une famille d'enseignants laïcs, ouvertement francs-maçons, athées proclamés et fiers de l'être, le contraire même de sa propre famille. Dans le folklore de ses beaux-parents, il passait, cela va de soi, pour le calotin de service. Sa carrière politique, il ne l'engagea néanmoins pas non plus au sein du MRP, où se rassemblaient les catholiques militants issus de la Résistance. Dorénavant, les frontières entre profane et sacré ne passeront plus pour François Mitterrand par les définitions de l'Église.

S'il n'a jamais renié son éducation, s'il a toujours aimé évoquer les racines de son enfance, sa famille, ses professeurs, ses amis, François Mitterrand était sorti de l'institution catholique à l'époque où, la guerre s'achevant, il entra en politique. Adulte, il ne rejeta ni sa culture ni son éducation mais il ne fut plus ni pratiquant ni apparemment croyant.

Sa foi l'ayant quitté, il ne lui restait plus que ses interrogations. La guerre, les ruptures, les épreuves – les Mitterrand ont perdu leur premier fils, Pascal, lorsqu'il eut trois mois –, les plaisirs, les conquêtes, les ambitions, tout cela a sans doute joué. L'originalité n'est pas dans l'éloignement de l'Église mais dans la persistance du sentiment de la transcendance.

Jean Daniel, qui s'est entretenu à maintes reprises avec lui de ces questions, assure : « Il croit au divin, non en Dieu [1] », et à un autre moment il explique : « Il est le chrétien laïque type formé chez les Pères, nourri de la Bible, passé à " l'autre France " avec au cœur une fidélité à la première [2]. » C'est finement vu, si l'on remplace seulement chrétien par catholique. Encore l'une des singularités de François Mitterrand fut-elle justement de se passionner tout autant pour les cheminements protestants et surtout juifs vers la foi que pour les sentiers catholiques. Ses entretiens avec Élie Wiesel, prix Nobel de la paix, en qui il voyait « l'un des tout meilleurs exégètes de la Bible », le mobilisèrent et le fascinèrent comme peu de rencontres le firent.

Il se confia également à Jacques Attali et n'hésita pas à lui dire : « Il faudrait vraiment beaucoup de vanité pour prétendre conduire toute sa vie en ne comptant que sur ses propres forces. Je crois qu'on a besoin de prières, c'est-à-dire de rechercher une communication, par la pensée, avec quelque chose de plus haut. [...] Il m'arrive de prier, dans le vrai sens du terme, pas au sens étroit. Je ne me pose pas en homme plus détaché de son sort qu'il ne l'est [3]. » Vrai connaisseur de la Bible mais aussi des grands philosophes ou théologiens juifs, protestants ou musulmans, il était visiblement, sans le cacher ni l'exhiber, une conscience en recherche, un catholique nostalgique de sa foi.

Cette quête métaphysique, qu'il a laissée percer

1. Jean Daniel, *Les Religions d'un Président*, Grasset, 1988.
2. *Id., ibid.*
3. Jacques Attali, *Verbatim*, Fayard, 1993, t. I, « 1981-1986 ».

surtout après son élection à la présidence de la République – même si, on l'a vu, il ne l'occultait pas auparavant –, formait chez lui, avec la mort, un couple intimement soudé. François Mitterrand n'a jamais été indifférent à la transcendance, ni à la mort. Plus la seconde a commencé à rôder autour de lui, plus la première a pris de place dans ses réflexions. Rétrospectivement, maintenant que l'on sait qu'il avait appris l'existence de son cancer dès 1981, ces confidences et ces propos prennent un autre relief.

Il n'a certes jamais été insensible à la maladie et à la mort des autres. Lorsque, peu avant l'élection présidentielle de 1981, Georges Dayan, son ami le plus proche peut-être, était en train de se mourir, il fallut presque l'empêcher de s'installer en permanence à son chevet. Quand, à la fin de son second mandat, il était déjà lui-même gravement atteint, la mort de ses amis le frappait plus que tout. À cet âge, c'est chose commune. Il ne s'y résignait pas.

La disparition d'un de ses frères – qui n'était pas celui auquel il était le plus lié – l'éprouva beaucoup plus qu'il ne l'aurait imaginé lui-même. La mort de son ami Roger-Patrice Pelat, devenu aussi célèbre qu'embarrassant, le marqua terriblement. Il ne pardonnera jamais à la presse des attaques dont il restait persuadé qu'elles avaient hâté la fin de son ami, si justifiées qu'elles aient été. Le suicide de Pierre Bérégovoy l'accabla et l'affecta. Certains y ont vu la marque d'un remords. S'il s'agissait de se reprocher de n'avoir pas été assez présent, attentif, sensible, ils ont eu peut-être raison. François Mitterrand, lui-même très malade, venait de voir la gauche s'effondrer, le chômage augmenter, ses ultimes espérances politiques faire naufrage. Il n'était guère disponible. Pour le reste, il en voulut beaucoup, violemment même, à ceux qui, à ses yeux, avaient harcelé injustement Pierre Bérégovoy. Il le cria sur la place publique, dans l'une de ses diatribes les plus véhémentes, face aux Français, face au monde. Très peu de temps après, le suicide d'un autre proche – François de Grossouvre –, dans son bureau du palais de l'Élysée, le toucha aussi, même si leurs liens anciens s'étaient beaucoup distendus. Cet acte se voulait un ultime appel et une ultime accusation. François Mitterrand en fut ému, même si, pour le coup, il ne s'en sentait pas responsable. Cette accumulation de morts tragiques autour de lui durant ses derniers moments de Président a frappé l'opinion, fait l'objet de polémiques assez nauséabondes, et accentué le sentiment qu'il éprouvait d'être serré de plus en plus près par le destin.

Ce compagnonnage étroit avec la maladie et la mort n'était cependant pas récent, et ne s'appliquait pas seulement aux fins dramatiques. François Mitterrand se mobilisait tout autant, et depuis longtemps, pour rendre visite ponctuellement aux anciens compagnons d'études, de captivité ou de Résistance frappés par la maladie. Il se gardait bien d'en faire étalage. Un de ses proches, comme le brillant industriel Jean Riboud, une de ses relations anciennes, comme un modeste aubergiste du Morvan, ou, plus récentes, comme le président d'un club de golf où il jouait régulièrement, se trouvaient-ils hospitalisés qu'ils voyaient bien souvent cet étrange Président trouver le temps de venir les voir discrètement. Il lui est arrivé aussi plus d'une fois de vouloir visiter un service de grands malades, dans un hôpital parisien ou provincial, et de souhaiter rester seul à seul avec un patient inconnu, dans une chambre individuelle, pour parler avec lui de longs moments. Les malades et le personnel médical en gardaient un souvenir impressionné et parfois stupéfait. La maladie et la mort n'ont jamais été absentes de l'univers de François Mitterrand, et jamais étrangères à ses interrogations métaphysiques. Depuis qu'il était devenu chef de l'État, elles s'étaient faites, le cas est rare, plus présentes encore.

C'est aussi que François Mitterrand avait, on le sait aujourd'hui, accédé à ce pouvoir suprême qu'il recherchait depuis si longtemps pour apprendre, à peine quelques mois plus tard, qu'il était frappé par une maladie assassine, celle-ci ne devant dans son cas, lui affirmait-on, laisser que quelques années de répit. Ainsi fut-il rattrapé par le destin au moment même où il pensait l'accomplir. Ses médecins lui disaient la vérité, comme il le leur avait demandé, et le verdict était fatal, plus alarmant encore qu'il ne devait se vérifier : en 1981, on lui promettait au mieux trois ou quatre ans d'espérance de vie ; il allait cependant, contre les pronostics, contre les probabilités, parvenir à accomplir deux septennats complets. Il aura trouvé en lui-même la force de cacher son état à sa famille, à ses proches, à ses collaborateurs – *a fortiori* aux Français – durant plus de dix ans. On peut contester avec de bons arguments, on y reviendra [1], le secret qu'il a maintenu, malgré ses engagements formels de dire la vérité sur sa santé à ses concitoyens. Vis-à-vis des siens, de ses intimes, de son cercle familial, il a fait preuve d'un courage qui mérite en tout cas le respect.

Cela faisait des années qu'on le disait d'ailleurs atteint par le cancer. Durant la campagne présidentielle de 1974 déjà, il se murmurait que la maladie le menaçait. Un très grand patron s'en faisait alors une spécialité. Ces rumeurs constantes n'ont pas peu fait

1. Voir le chapitre II.

pour entretenir le doute, lorsque son état de santé devint effectivement inquiétant et que des articles de presse s'en firent l'écho prudent. François Mitterrand lui-même s'appliquait de son mieux à donner le change. À partir de 1981, il dut suivre un traitement et, parfois, faire face à la douleur. À ceux qui le voyaient livide ou brusquement raidi par la souffrance, il expliquait alors, en s'efforçant de sourire, que ses parties de golf lui valaient de très désagréables sciatiques, ou que ses accès de fatigue s'expliquaient par de mauvaises grippes qui refusaient de le quitter. On le crut d'autant plus qu'à partir de 1983-1984 il connut une rémission inattendue, imprévisible, d'une longueur totalement inhabituelle. Sa force de caractère, l'importance même de ses responsabilités, la difficulté des choix politiques à faire, cette concentration si particulière propre au pouvoir suprême et à l'univers totalement atypique qu'il implique, ont-elles joué un rôle dans ce répit, ou bien faut-il seulement en créditer l'excellence des traitements qu'il a suivis et l'exceptionnelle robustesse de sa constitution? Quoi qu'il en soit, François Mitterrand s'est cru plusieurs années sinon guéri, du moins épargné.

Lorsqu'il sollicita son second mandat, il se sentait en bien meilleure forme. Jusqu'en 1992, date de sa première opération, le doute restait permis. François Mitterrand était âgé, et cependant vigoureux et actif. Il s'appliquait à cacher son mal et y est parvenu longtemps. Sa maladie ne devint publique et incontestable qu'à partir du 11 septembre 1992, lorsqu'il entra à l'hôpital Cochin pour une intervention dont, cette fois, il était enfin admis officiellement qu'elle était liée à un cancer de la prostate.

À partir de ce moment-là, François Mitterrand a

assumé sa maladie, tout en en minimisant systématiquement les effets. Le cercle de ses amis disparus se
resserra inexorablement autour de lui. Dorénavant son
cancer le taraudait et lui laissait de moins en moins de
répit. Sortant de l'hôpital Cochin, le 16 septembre,
après sa première opération, il laissa tomber face aux
caméras et aux micros que, devant « une maladie qui
n'a pas bonne réputation », « [c'était] un combat honorable à mener contre soi-même » qu'il engageait. En
fait, il le poursuivait, sur la défensive cette fois, et en
mesurait l'enjeu sans vouloir s'illusionner.

Il savait que désormais, puisque le mal était public,
chacun allait scruter en permanence son visage, cherchant à y démêler les signes des progrès de la maladie.
Déjà, plus d'un homme politique de premier plan écha-
faudait des projets sur sa disparition proche. Démen-
tant ces calculs aussi sordides qu'inévitables, il a tenu
tête au mal jusqu'à l'été 1994. La droite était de nouveau au pouvoir, Édouard Balladur était Premier
ministre et se conduisait vis-à-vis de lui avec élégance
et délicatesse. On voyait bien les traits présidentiels se
creuser, son expression se figer brusquement sous la
douleur, ses déplacements se faire de plus en plus lents
et maladroits. Il faisait tout pour les contrôler, tout
pour achever cet improbable second mandat, tout pour
accomplir pleinement son destin jusqu'à la fin.
Lorsqu'il accorda, le 14 juillet 1994, sa dernière grande
interview télévisée rituelle, à l'issue du défilé militaire
sur les Champs-Élysées, il parut détendu et brilla intellectuellement comme rarement. Ses deux interlocuteurs n'apprendront qu'aussitôt après qu'il était à la
veille de subir une deuxième intervention et que sa
femme, Danielle, allait également affronter une très
grave opération. François Mitterrand savait faire face.

36

En fait, comme le remarque Laurent Fabius [1], il redoutait plus la déchéance que la mort. Celle-ci, il l'attendait désormais, et il confiait alors à Laure Adler : « C'est normal de se préparer à la mort à mon âge. Mais je n'en fais pas une histoire, contrairement à ce qu'on dit [2]. » Il la guettait avec un stoïcisme impressionnant et une volonté qui confinait parfois à l'héroïsme. Il lui accordait néanmoins, quoi qu'il dise, une place exceptionnelle. Elle était « avec l'histoire, sa seule obsession », attestait encore son ancien Premier ministre favori. Il ne la craignait pas mais elle l'occupait et l'envahissait. Dans une inoubliable interview télévisée (le 12 septembre 1994), accordée à Jean-Pierre Elkabbach, il s'expliqua devant les Français avec une sincérité cruelle, dépouillée, presque impudique, comme jamais chef d'État ne l'avait fait en public. Il proclama certes : « [Face à la maladie], je suis en situation de combat et, quand je livre un combat, je me mets aussi dans l'état d'esprit de celui qui le gagnera », mais il avoua sobrement : « Je me trouve devant des échéances qui ont des rapports avec la sincérité. »

Il décrivit sans ambages « tout à coup, quelque chose qui [lui] traverse le corps et d'une façon pénible » pour ajouter : « Si on devait s'arrêter de faire ce que l'on a à faire [...], alors on n'est digne de rien. » Il put le dire d'autant plus que cet entretien fut un calvaire physique et que ses médecins, lui ayant déconseillé formellement cet effort, n'étaient pas sûrs qu'il fût en état de l'entamer, ni qu'il pût l'achever. En cette fin d'été 1994, François Mitterrand avait d'ailleurs bien failli mourir. Durant de longues semaines, il resta presque cloîtré dans ses appartements privés du palais de l'Élysée,

1. Laurent Fabius, *Les Blessures de la vérité*, Flammarion, 1995.
2. Laure Adler, *L'Année des adieux*, Flammarion, 1995.

s'astreignant aux tâches protocolaires, parfois en titubant presque de fatigue et de souffrance. Ses ministres gardent le souvenir des malaises qui l'assaillaient brutalement, le submergeaient durant des Conseils pourtant réduits au strict minimum. Le reste du temps, il ne quittait guère la chaise longue où il souffrait un peu moins qu'ailleurs.

Tout Paris bruissait alors des nouvelles de sa mort et se préparait à une élection présidentielle anticipée. Il trouva cependant les forces pour terminer son mandat. Il se concentra sur les échéances essentielles – sommets européens, rencontres de chefs d'État, allocutions télévisées. Il donna le change et parvint encore à mettre en scène sa sortie politique. Ses adversaires le traitaient maintenant avec ménagement. Ayant réussi son départ de l'Élysée, accompli jusqu'au bout son dernier mandat, prononcé d'ultimes discours auxquels il tenait (à Berlin notamment), il ne lui restait plus qu'à préparer sa fin. Il s'y employa. Non pas qu'il ait eu hâte de quitter ce monde. Il reconnaissait au contraire en privé qu'il aurait grand regret de l'abandonner, qu'il aurait aimé pouvoir achever les livres qu'il avait entrepris. Les symboles cependant ne mentent pas. Pour la première fois, malgré une rémission éphémère, il n'a pas pu terminer la lente escalade rituelle de la roche de Solutré. Il emplit son été 1995 de ses pèlerinages ordinaires – Latche, les Cévennes, Gordes –, auxquels s'ajoute désormais Belle-Île. Lorsqu'on le croyait de nouveau expirant, il passait un week-end à Grimaud, sur la Côte d'Azur, chez son ami André Rousselet.

Simple répit qui préparait l'épilogue. Les derniers mois de 1995 ressemblaient à de lents adieux. François Mitterrand ne sortait plus qu'à peine, cheminant précautionneusement en s'appuyant sur le bras du docteur

Jean-Pierre Tarot, spécialiste compétent et humain de la lutte contre la douleur. Intellectuellement, il n'avait rien perdu de son alacrité et de son mordant. Physiquement émacié, les traits creusés et épurés par la souffrance, il faisait progressivement naufrage. Il sentait la mort approcher mais il la voulait à son heure, et à ses conditions. Comme il avait soigneusement organisé ses adieux politiques, il voulait prendre congé de la vie et des siens à sa manière, sans plier, sans se laisser surprendre. À Noël, il parvint encore, à grand-peine, à gagner Assouan, en Haute-Égypte, une dernière fois, avec sa seconde famille, mais il put à peine contempler le Nil. Il rejoignit Latche, où les siens – première famille, amis intimes – comprirent bien qu'il s'agissait d'adieux. Il revint alors à Paris pour mourir.

Il a toujours pensé, il l'a écrit depuis longtemps : « Mort ratée, vie manquée [1]. » Il ne s'agissait pas de se laisser surprendre. Il avait d'ailleurs publiquement confié à Jean-Pierre Elkabbach lors de cette fameuse interview télévisée de l'automne 1994, qui restera comme un moment unique et viscontien : « Je n'aimerais pas être pris de court par l'ultime aventure. » Il ne le sera pas. Les derniers instants de la vie l'ont toujours fasciné, intrigué, parce qu'il en ressentait plus et mieux que d'autres la dimension métaphysique et mystérieuse. Maintes fois, au fil des années, et déjà bien avant d'être malade et de songer à sa propre mort, il interrogeait des proches ayant assisté un agonisant pour approcher l'énigme de ce qu'il nommait lui-même le « passage », ce qui prouve d'ailleurs bien qu'il imaginait, qu'il pressentait, ou au moins qu'il espérait un au-delà. Sans doute était-ce aussi la raison qui lui fit accepter d'écrire une brève préface au beau livre de

1. Cité in Édith Boccara, *Mitterrand en toutes lettres*, Belfond, 1995.

Marie de Hennezel *La Mort intime* [1]. Il y déplore notamment : « Jamais peut-être le rapport à la mort n'a été si pauvre qu'en ces temps de sécheresse spirituelle où les hommes, pressés d'exister, paraissent éluder le mystère. » Ce pourrait être du cardinal Lustiger...

Danielle Mitterrand a reconnu avec franchise : « François a décidé de sa mort. Il ne s'est pas laissé surprendre. Il a géré son départ. [...] Il ne pouvait pas mourir comme les autres. C'était un être différent [2]. » Au-delà de l'admiration inconditionnelle qu'elle manifeste vis-à-vis de celui avec qui elle a partagé un demi-siècle, la veuve de François Mitterrand confirme ainsi qu'en ce tout début de janvier 1996 l'ancien Président a décidé d'en finir. Il souffrait comme un damné et ne pouvait plus se déplacer. Ses facultés motrices disparaissaient l'une après l'autre et il éprouvait une difficulté croissante à communiquer. Il pouvait craindre à chaque moment de perdre le contrôle de lui-même et de devenir l'un de ces malades immobiles et bientôt inconscients. Il ne l'a pas voulu. Il n'a pas formellement mis fin à ses jours, mais il a cessé de s'alimenter et de prendre certains médicaments devenus impuissants devant la prolifération du mal. Il savait, pour l'avoir demandé à ses médecins, que l'issue fatale ne pouvait être que rapide : une poignée de jours.

Il a donc pris congé de sa famille, de ses familles, et notamment de Danielle et de Mazarine. Il a fait clore les volets, a reçu André Rousselet, son exécuteur testamentaire, a mis au point ses ultimes dispositions, après quoi il s'est laissé mourir. Qu'on aime ou non le Président, l'homme a fait preuve ainsi d'un stoïcisme tranquille dont peu auraient le courage et la résolution. Lui

1. Marie de Hennezel, *La Mort intime*, Robert Laffont, 1995.
2. Interview à *Télé 7 Jours*, 4 mars 1996.

qui avouait : « L'angoisse de ce qui entoure le phénomène qu'on appelle la mort [...]. Je ne l'ai jamais tout à fait surmontée [1] », il en avait pris cette fois la mesure. Sur le masque d'un mort, chacun voit sans doute ce qu'il y met. Avenue Frédéric-Le-Play, François Mitterrand, apaisé, hiératique, donnait le sentiment d'être sorti vainqueur de son dernier combat. Une ombre d'ironie, une ultime moue altière semblaient nuancer une étrange sérénité. Ce Président défunt, si Président encore malgré sa retraite, avait choisi son heure et sa manière. Il l'a fait avec hauteur et fermeté. Cette volonté de conduire sa vie jusqu'à sa mort, c'est la quintessence même du personnage, l'extrême liberté, le courage et la foi, ou au moins le sens du mystère.

---

1. Entretien avec Marguerite Duras, *in L'Autre Journal*, 26 février 1986, cité par Édith Boccara.

CHAPITRE II

L'amitié, l'argent, la morale

gaullistes, le Général en tête, comme un arriviste sans scrupules, comme l'aventurier type. Sous la IV° Répu- blique, on en fait le politicien par excellence, talentueux et habile sans doute mais ambigu, mais opportuniste, mais fasciné par le pouvoir et mené par sa seule ambi- tion. Au début de la V° République, l'affaire de l'Obser-

Sur le terrain de la morale, François Mitterrand a toujours eu mauvaise réputation. Ses ennemis jurés admettent, parfois du bout des lèvres, parfois en se gaussant, sa dimension métaphysique. Dès qu'il s'agit de morale, c'est en revanche la suspicion permanente, le réquisitoire perpétuel, la condamnation la plus féroce. Il est l'amoraliste, le personnage faustien par excellence, Casanova ou Don Juan pour les plus tendres, Alcibiade, Fouchet ou Vautrin, et surtout Talleyrand – ce symbole du génie dévoyé qu'il hait jus- tement plus que quiconque –, pour les plus âpres. On le taxe de duplicité, d'hypocrisie, de cynisme. On dénonce véhémentement ses reniements, ses doubles jeux, ses fausses conversions. On l'accuse de népotisme et d'avi- dité. On jure qu'il est corrompu, vénal, qu'il dissimule et qu'il ment, qu'il trompe et qu'il manipule. On lui attribue des palais à Venise et des comptes clandestins en Suisse. On dresse la liste d'un patrimoine mal acquis. On détaille le tableau de ses conquêtes fémi- nines. On en fait l'archétype de l'homme d'État dissolu et sans principes.

Cette imagerie machiavélique et méphistophélique à la fois – les lézardes de la morale privée devant néces- sairement correspondre aux brèches de la morale publique –, François Mitterrand a toujours dû la subir, dès ses premiers pas dans l'univers du pouvoir et de la politique. À la fin de la guerre déjà, jeune responsable d'un mouvement de résistance, il est regardé par les

45

gaullistes, le Général en tête, comme un arriviste sans scrupules, comme l'aventurier type. Sous la IVe République, on en fait le politicien par excellence, talentueux et habile sans doute mais ambigu, mais opportuniste, mais fasciné par le pouvoir et mené par sa seule ambition. Au début de la Ve République, l'affaire de l'Observatoire, on y reviendra, le marque d'une flétrissure définitive et, de surcroît, vaguement ridicule. Lorsqu'il devient le leader de la gauche, c'est l'hallali. Il est aussitôt peint en bourgeois trahissant ses origines, son milieu et son passé. On en fait l'homme du reniement, l'ambitieux prêt à tout. Lorsqu'il est élu enfin Président, les attaques politiques légitimes s'accompagnent sans cesse d'une dénonciation morale. La victoire de cet homme est forcément un blasphème. Son triomphe politique ne peut être qu'une déroute éthique.

Le plus impressionnant est que ces charges ne viennent pas seulement de la droite. Une fraction de la gauche a, depuis toujours, douté de sa sincérité et de sa moralité. Pierre Mendès France n'avait pas exclu, lors de l'affaire des fuites, en 1954, que François Mitterrand, son propre ministre de l'Intérieur à l'époque, pût être coupable de trahison au bénéfice des communistes, mettant ainsi en danger la vie de soldats français en Indochine. Il avait certes été rapidement lavé de tout soupçon, on avait mis la main sur les vrais auteurs de cette forfaiture (des hauts fonctionnaires égarés par le pacifisme et l'anticolonialisme, jusqu'à transmettre des informations militaires). On s'était beaucoup excusé auprès de lui. Les hommes politiques de droite qui avaient colporté ces bruits avaient platement exprimé leurs regrets. Il n'empêche : il avait été jugé assez équivoque et indéchiffrable pour pouvoir être suspecté par ses propres amis.

Plus tard, sous la Ve République, la légende noire de François Mitterrand ne l'a jamais tout à fait quitté. On a largement distingué, au sein même du camp de la gauche, entre la gauche morale de Pierre Mendès France et la gauche politique, donc inévitablement pécheresse, de François Mitterrand. Par la suite, la « première gauche » de ses fidèles a toujours été présentée comme congénitalement inférieure, sur le plan moral, à la « deuxième gauche », rocardo-delorienne. Sur le mont des Oliviers de la gauche, mendésistes, rocardiens, deloriens étaient rangés du côté des disciples du bien, François Mitterrand et les siens étaient poussés vers les larrons.

Le Président défunt ne mérite certes d'être ni béatifié ni canonisé. Il ne s'est lui-même jamais présenté en parangon de vertu. De là à en faire l'incarnation du mal, l'épouvantail des gens honorables, le repoussoir de ceux qui croient aux principes et aux valeurs, il y a tout de même plus d'un pas à franchir. Le quatrième président de la Ve République ne se prenait pas pour la réincarnation de saint François d'Assise et ne se comportait pas comme s'il était saint Vincent de Paul ou saint François de Sales. C'était un homme qui plaçait très haut sa liberté personnelle – orgueil suprême, assurément – et s'était affranchi souverainement des lois ordinaires de la morale. Il n'a pas commis d'horreurs. Il avait cependant ses propres règles, ses propres critères. Il agissait dans sa vie, publique comme privée, en artiste et en souverain. Il respectait donc son propre code, fort différent de celui qui est enseigné au commun des mortels. Il n'a commis ni crime ni délit mais il ne peut être donné en exemple des vertus ordinaires.

Comme beaucoup de grand artistes – peintres,

47

écrivains, poètes ou comédiens –, il s'est dispensé lui-même de quelques lois de la morale classique en ce qui concerne sa vie privée. Comme beaucoup de monarques français, il ne s'est pas cru obligé de respecter à la lettre les principes de la société sur laquelle il régnait. On peut y voir un excès d'*ubris*, peut-être de narcissisme. Il s'est inscrit dans le sillage de cette longue suite de rois de France – Capétiens, Valois et Bourbons se valant sur ce plan – et des deux empereurs qui n'ont jamais brillé par leur respect littéral des principes de la morale. Il a pris la suite d'un Clemenceau et de dix présidents de la République ou du Conseil de la IIIe et de la IVe République qui n'ont pas soulevé cependant autant de passions que lui. Quant à la morale publique, elle n'a été à coup sûr ni un modèle ni une exception sous son règne. Il a fixé sa propre hiérarchie des valeurs. Il a été, par-dessus tout, son propre maître, ce qui n'est guère compatible avec les normes habituelles de la démocratie, ni avec les enseignements de l'éthique traditionnelle. Artiste et souverain, il a suivi ses propres lois.

Son style personnel, sa séduction trop éloquente, son charisme trop atypique ont sans doute été pour beaucoup dans l'indignation qu'il a suscitée et dans les attaques assassines dont il n'a cessé d'être l'objet. François Mitterrand a commis le crime de ne pas se ranger dans les catégories ordinaires, de ne pas correspondre aux archétypes. Si l'on y ajoute son goût perpétuel du défi et de la provocation, sa propension à donner des leçons à l'univers tout entier (et en particulier à ses adversaires politiques), on conçoit aisément qu'il ait exaspéré. Se situant altièrement hors normes – prince de gauche dans une société démocratique de droite –, il en a lourdement payé le prix. Il est vrai qu'il a souvent nourri, avec un zeste de dédain rebelle, les réquisitoires de ses adversaires, de droite et même de gauche.

Que sa « part de vérité [1] » ait été constamment lacunaire et relative, cela peut difficilement se contester. François Mitterrand a beaucoup menti, par action ou par omission. Il ne l'a pas toujours fait pour de mauvaises raisons, il ne l'a jamais fait contre ses intérêts ou ce qu'il croyait tel. Dans la notice du *Who's who*, il s'est présenté, quand il était chef de file de l'opposition de gauche, comme fils de cheminot. Son père n'en appartenait pas moins à la bourgeoisie moyenne charentaise, sans fortune mais avec de l'aisance et des relations. C'était au moins jouer sur les mots. Lorsqu'il a rédigé lui-même l'esquisse de son autobiographie [2], il s'est décrit comme passant quasiment sans transition des camps de prisonniers de guerre à la Résistance. Le début et la fin du récit étaient vrais, mais il y manquait le centre, avec le séjour contesté à Vichy [3]. De même niera-t-il farouchement, sous la IVe République, avoir reçu la francisque, décoration emblématique de la Révolution nationale, décernée par le maréchal Pétain. Il a pu l'obtenir sans l'avoir demandée, en tant que responsable d'activités officielles au service des prisonniers de guerre. Elle a pu même servir de paravent à ses actions de résistant [4]. Il n'empêche : ce qu'il contestait a bel et bien existé. D'ailleurs, plus généralement, François Mitterrand a beaucoup édulcoré une adolescence étudiante qui le poussait vers les ligues de droite extrême et les mouvements hostiles à la IIIe République expirante. Il n'y avait là, à son âge, à l'époque, dans son milieu, rien d'original ni d'indéfendable. Ce qui est plus contestable, c'est d'avoir voulu, ensuite, escamoter ces épisodes. De même a-t-il encore, sans l'ombre d'un

1. François Mitterrand, *Ma part de vérité*, Fayard, 1969.
2. *Id., ibid.*
3. Voir le chapitre III.
4. Voir le chapitre III.

doute, commencé sa carrière parlementaire dans les rangs de la droite classique. Par la suite, il n'a cessé d'évoluer vers la gauche. Ses choix initiaux n'étaient pas infamants et sa trajectoire ultérieure a été cohérente. Ce qui est moins édifiant, c'est, près du sommet et prêchant alors volontiers le bien et le mal, le juste et l'impie, d'avoir voulu effacer ses débuts.

François Mitterrand a donc beaucoup réécrit et réinterprété sa préhistoire personnelle et ses commencements politiques. Dans certains cas, il s'est agi de pieuse omission, dans d'autres, d'habiletés excessives ou de travestissements outrecuidants, dans d'autres encore de manipulations. Le maximum a sans conteste été atteint avec la célèbre affaire de l'Observatoire, qui a bien failli perdre à jamais sa réputation. Dans la nuit du 15 au 16 octobre 1959, au tout début de la Ve République, alors que le gaullisme triomphait et que François Mitterrand, battu aux élections législatives, avait trouvé refuge au Sénat, une rafale de mitraillette est tirée contre sa voiture dans les jardins de l'Observatoire, près du palais du Luxembourg. François Mitterrand doit son salut à la fuite, après un saut improbable par-dessus le taillis. Émotion générale, indignation de la gauche, gêne de la majorité : on a voulu assassiner l'un des dirigeants de l'opposition. La république gaullienne se serait-elle souillée ? Patatras ! Une conférence de presse d'un personnage douteux, ancien député poujadiste du nom de Pesquet, révèle quelques jours plus tard que François Mitterrand était au courant, que les deux hommes s'étaient rencontrés à plusieurs reprises, qu'il s'agissait donc là d'un méchant scénario et que l'élu de la Nièvre ne risquait rien.

Aussitôt, l'opinion se renverse, les accusations fusent, les amis détournent les yeux, les journaux se font accablants : il y a eu manœuvre d'un ambitieux qui a voulu faire croire à un attentat contre lui pour rehausser sa stature politique et faire figure de victime du nouveau pouvoir. La levée d'immunité parlementaire est votée au Sénat, une information judiciaire est ouverte, l'inculpation est prononcée, la vie publique de François Mitterrand vacille alors comme jamais elle ne le fera en un demi-siècle de politique, et l'homme de Latche se retrouve bien seul.

En fait, rien n'est simple dans cette ténébreuse affaire. Il y a eu, de toute évidence, provocation contre François Mitterrand, car il a bel et bien été menacé par écrit à plusieurs reprises, puis harcelé par un Pesquet voulant à toute force le rencontrer, soi-disant pour l'avertir d'un complot contre lui. À la même époque, Maurice Bourgès-Maunoury, ancien président du Conseil, opposant lui aussi, fait l'objet de menaces semblables émanant de la même source. François Mitterrand a cru à la réalité d'une tentative d'assassinat, a pris des précautions. A-t-il fait preuve de crédulité à l'égard de Pesquet, qui lui avait fait jurer le silence en prétendant sa propre vie en danger ? Un piège a été tendu contre lui, pour le discréditer. En n'avertissant ni la police, ni la justice, ni ses amis de ces menaces – séquelles sans doute de l'affaire des fuites, durant laquelle un service de la police, noyauté par l'extrême droite, avait voulu le compromettre –, il s'est mis dans une situation impossible. Son plaidoyer au Sénat, vibrant d'indignation et fortement étayé, a ému jusqu'à des adversaires politiques acharnés. En revanche, plus d'un ami politique ne croira pas à sa totale innocence. Étrangement, l'information judiciaire ne sera jamais close, les poursuites seront abandonnées. François Mitterrand restera persuadé qu'il s'est laissé jouer par des services parallèles, inspirés par des officines proches du pouvoir.

Des années plus tard, il sera encore capable de plaider son innocence avec une véhémence vétilleuse durant des heures entières, sans même avoir été interrogé sur le sujet. Cette affaire l'a bouleversé, meurtri, scandalisé, marqué au fer rouge. Elle aurait pu le tuer politiquement, sinon l'assassiner physiquement. Il n'en a pas été l'instigateur. A-t-il cru pouvoir en tirer bénéfice ? Il le nie farouchement. Ses mensonges par omission lui auront en tout cas, dans cette circonstance, coûté très cher, et ont failli l'ensevelir définitivement. Il a au strict minimum été victime de sa méfiance envers la police, peut-être de sa crédulité envers Pesquet, certainement de sa propre complexité, de sa propre rouerie et de sa réputation d'opacité. Seuls ses amis personnels les plus proches lui sont alors restés imperturbablement fidèles. Les autres se sont montrés sceptiques ou hostiles, malveillants ou méprisants. Il en gardera un sentiment d'injustice immense et intact. L'ombre d'un doute subsistera à ses dépens.

S'il s'agit là de l'épisode le plus dramatique de son itinéraire politique, ce n'est évidemment pas le seul à avoir assombri sa réputation. François Mitterrand a beaucoup changé d'opinion sur maintes questions de fond. Il n'est assurément pas le seul. Sa volonté d'avoir toujours raison, son refus absolu et permanent de reconnaître ses erreurs – il n'a pas le monopole de ce travers –, les trésors d'éloquence qu'il a dilapidés pour démontrer sans espoir de convaincre la continuité de choix hautement variables, tout cela a également alimenté une légende. Comment contester que François Mitterrand ait radicalement viré de bord à propos de la guerre d'Algérie ? Ce fut le cas d'une bonne partie de ses pairs, de la majorité de la classe politique, le général de Gaulle en tête. Mais François Mitterrand, devenu le leader de la gauche, incarnait d'autres options, d'autres valeurs, et occultait résolument ses souvenirs. De même, à propos des nationalisations, de la laïcité, de la force de dissuasion nucléaire ou de la monnaie, a-t-il accompli quelques spectaculaires tête-à-queue dont il n'a jamais voulu admettre la réalité. Cette attitude de non-contrition perpétuelle, cette absence dédaigneuse de repentir ont parfois beaucoup ressemblé à de la mauvaise foi pure et simple et ont donc enraciné l'idée que sa parole pouvait être mise en doute. Elle l'a été lors d'épisodes personnels cruels, elle l'a été dans des circonstances politiques nombreuses.

Pour ne prendre que l'exemple le plus simple et le moins contestable, François Mitterrand a feint durant des mois et des mois de ne pas vouloir se représenter pour un second mandat en 1988. Il a multiplié les fausses confidences et les vraies déclarations. Il a expliqué à qui voulait l'entendre qu'il se sentait trop âgé, qu'il avait épuisé les plaisirs de la charge, qu'il était temps de laisser la place à une autre génération. Après quoi, bien installé dans son personnage de patriarche au-dessus de la mêlée – notamment grâce à deux années de cohabitation –, il a soudain retrouvé mordant et griffes pour faire de nouveau acte de candidature et mener tambour battant une campagne éclair, couronnée par un ultime succès. A-t-il dès le départ abusé son entourage, manipulé les confidents, délibérément donné le change ? S'est-il plutôt réservé plusieurs issues, feignant d'avoir pris sa résolution pour garder les mains libres ? Il a fait en tout cas, au grand jour et sans l'ombre d'une discussion possible, le contraire de ce qu'il avait annoncé. Il ne s'agit plus là de mensonge par omission mais au moins de théâtre et de savante mise en scène...

Quant au secret absolu, jalousement gardé sur sa maladie (à la fin de 1981, il ne l'avait confié, au sein de son entourage, qu'au seul Pierre Mauroy dont la volubilité peut cacher, à l'occasion, une discrétion à toute épreuve), il pose à tout le moins un grave problème moral. Que François Mitterrand se soit montré, dans cette circonstance, stoïque jusqu'à l'admirable, maître de lui jusqu'à l'inhumain, soucieux de préserver le plus longtemps possible ses proches de l'épreuve, cela se plaide assurément. Reste qu'il a exercé un pouvoir jusqu'au bout, jusqu'à l'échéance, en étant la dernière année affaibli et physiquement handicapé par la souffrance. En démocratie, cela ne va pas de soi : si, sur un plan personnel, l'attitude de François Mitterrand est alors des plus respectables, sur un plan politique, elle apparaît beaucoup plus contestable. L'homme privé est digne de tous les éloges durant ce long calvaire, l'homme public est beaucoup plus critiquable : François Mitterrand ment alors longuement, consciemment et de plus en plus gravement aux Français, au fur et à mesure que son état de santé se détériore puis se délabre. Il ne dit pas la vérité, en 1988, lorsqu'il se représente à leurs suffrages, même s'il traverse alors une longue rémission. Il triche de plus en plus sur la réalité de son état, à partir de sa deuxième opération. Manières de souverain, assurément ; courage hors du commun, sans aucun doute. Mais duperie, selon les canons ordinaires. Un Président a-t-il le droit d'abuser ainsi ses concitoyens ? La dissimulation devient alors une affaire d'État.

Lorsque, président de la République, il ordonne la création d'une cellule antiterroriste, dépendant directement du palais de l'Élysée, à la suite d'une sanglante série d'attentats, il endosse également une terrible responsabilité. À partir du moment où ce service parallèle, car c'est bien de cela qu'il s'agit, sort de la légalité, le chef de l'État s'en trouve obligatoirement complice. Il a voulu cette structure officieuse, il est donc comptable de ses agissements. Il entendait au départ combattre plus efficacement le terrorisme. Quand les « gendarmes de l'Élysée » en viennent à accroître les écoutes clandestines, à enregistrer les conversations de centaines de personnes, à multiplier ainsi branchements sauvages et viols de domiciles, François Mitterrand ne peut en être exonéré. Il a choisi d'en prendre le risque, il en partage donc les conséquences. Lorsque la cellule de l'Élysée faute, il est nécessairement coupable. Le sens de l'État, la passion du pouvoir et le goût du secret se mêlent ici intimement et, au bout du compte, dangereusement.

Attaqué durant des décennies sur ses relations au moins complexes avec la vérité, François Mitterrand l'a également été, surtout après son élection à la tête de l'État, sur ses rapports avec l'argent. De même que son refus obstiné d'admettre le moindre changement d'attitude de sa part lui a valu maints procès en tromperie, de même ses diatribes célèbres contre l'argent lui ont-elles occasionné de virulentes mises en cause pour hypocrisie. Le chef de l'État de gauche a été violemment dénoncé pour ses liens avec des affairistes ou tout bonnement avec des amis fortunés. C'est ici que le procès en immoralité atteint son paroxysme. Il semble tout de même quelque peu disproportionné.

Que François Mitterrand ait construit son image de gauche sur une dénonciation violente et obsessionnelle du pouvoir de l'argent, c'est un fait. Au congrès d'Épinay, en juin 1971, lorsqu'il parvient à conquérir après une longue lutte la majorité au sein du parti socialiste, devenant ainsi l'incontestable leader institutionnel de l'opposition, il prononce un discours fameux. Le morceau de bravoure, follement acclamé, cité, depuis, des centaines de fois, désigne « le véritable ennemi, [...] la puissance de l'argent, l'argent qui corrompt, l'argent qui achète, l'argent qui écrase, l'argent qui tue, l'argent qui ruine et l'argent qui pourrit jusqu'à la conscience des hommes [1] ». Ce pourrait être de Hugo, de Bernanos ou de Péguy. Il ne s'en tient pas là. Ce thème lui réussit, sans doute parce qu'il fait écho à sa culture familiale d'origine – le catholicisme social et vertueux diabolise le veau d'or – et qu'il met en valeur son éloquence romantique des meilleurs moments. Il correspond aussi admirablement au climat de l'époque, lorsque la gauche, condamnée à l'opposition par le gaullisme, rêve d'une autre société, fondée sur d'autres valeurs, rompant franchement avec le capitalisme. François Mitterrand, adhérant peu à peu à un socialisme sentimental, littéraire, moral justement, exploite sans relâche cette veine.

Ainsi en mars 1978, à l'issue d'une campagne législative acharnée que la gauche, pour la première fois sous la Ve République, a bien failli gagner, dénonce-t-il « l'argent, toujours l'argent, l'argent-roi, l'argent qui coule de tous les côtés. L'argent qui paie vos affiches. L'argent qui paie vos brochures sur papier glacé. L'argent qui paie tout, l'argent qui a dominé cette campagne électorale. L'argent de la droite, les milliards du patronat, les deux milliards de francs nouveaux, c'est-à-

---

1. Discours de François Mitterrand au congrès d'Épinay-sur-Seine du PS, 11 juin 1971.

dire deux cents milliards de centimes [1] ». Toujours
brouillé avec les chiffres – l'aide reçue par la droite des
chefs d'entreprise a été substantielle et souvent visible,
elle n'atteignit cependant pas le dixième de son évalua-
tion –, il tient là son leitmotiv. Devenu Président, il le
nuancera et le modulera selon les phases de son action.
Il ne l'abandonnera jamais. Sa campagne présidentielle
de 1988 le fera ressurgir sporadiquement. Les polémiques sur les « affaires » l'inciteront à faire vibrer de
nouveau les cordes de son indignation. La philippique
contre l'omnipotence de l'argent a été la chaconne favorite de François Mitterrand durant trois décennies.

C'est justement ce qui lui a été reproché, ou plutôt
c'est la contradiction entre ses amitiés dangereuses, ses
amitiés fortunées, et ses mercuriales contre l'argent qui
a nourri un grief majeur contre lui. Ici, il faut distinguer.
François Mitterrand a eu des amis riches, il a également
eu des amis sans fortune. Que certains de ses proches,
que quelques-uns de ses plus anciens camarades de collège, d'université, de guerre ou de Résistance aient
acquis ou hérité des fortunes, cela ne peut guère lui être
sérieusement reproché. Un André Bettencourt, un
Pierre de Bénouville, un François Dalle, un Jean Riboud
ont été des amis, un Eugène Schueller fut un protecteur.
Ils ne partageaient pas pour autant ses idées et,
lorsqu'ils se voyaient, ce n'était pas pour échafauder un
projet socialiste. Beaucoup d'autres amis, qu'il fréquen-
tait également très souvent, anciens camarades
d'études, de guerre ou de Résistance, vivaient de peu et
parfois n'avaient pas un sou. Un homme public a bien le
droit d'avoir des amis personnels, parfois très anciens,
qui ne sont pas des militants de sa famille politique.

1. Au *Club de la presse* d'Europe 1, le 16 mars 1978. Cité par Édith
Boccara, *in Mitterrand en toutes lettres, op. cit.*

C'est même souhaitable pour son équilibre personnel et pour sa connaissance de la société.

En revanche, la question se complique beaucoup lorsqu'un dirigeant politique, *a fortiori* un président de la République, a des proches qui passent pour des affairistes. Incontestablement, parmi les amis de François Mitterrand, certains, comme Roger-Patrice Pelat, s'étaient beaucoup enrichis et leur intimité avec François Mitterrand, devenu chef de l'État, était embarrassante. Il est fort peu vraisemblable que lorsqu'ils se rencontraient – dans le cas de Roger-Patrice Pelat, ami intime, le fait était fréquent – ils aient parlé industrie et banques, à plus forte raison affaires et contrats. Personne n'a d'ailleurs jamais pu démontrer que la moindre information directement venue de François Mitterrand ait pu profiter financièrement à ses proches. À l'inverse, lorsqu'une personne était connue, étiquetée comme l'intime du Président, il va de soi que des collaborateurs de l'Élysée ou des responsables de tous niveaux étaient appelés à la voir, à la connaître, parfois à se lier avec elle. À ce niveau-là, nul ne peut jurer que des indiscrétions n'ont jamais été profitables. S'agissant de Roger-Patrice Pelat, il a pu vendre l'une de ses sociétés – Vibrachoc – à une grande entreprise publique dans des conditions tellement avantageuses qu'elles sont apparues des plus suspectes. Il a été mis en cause pour une commission rondelette à propos d'une affaire considérable avec la Corée du Nord. Beaucoup ont vu la main de l'Élysée dans ces faveurs très rémunératrices. Là encore, il n'était nul besoin d'instructions de François Mitterrand. Il s'agissait de plaire à un ami si proche du chef de l'État qu'il avait été surnommé « le vice-président ».

De toute façon, il est contradictoire de dénoncer avec

tant de véhémence l'argent-roi, et plus particulièrement l'argent facile, l'argent trop aisément gagné, et de fréquenter assidûment ceux qui peuvent en être des symboles. François Mitterrand s'était pris d'intérêt pour Bernard Tapie, avait pressenti son talent indéniable, avait compris que, dans son dispositif politique, il pouvait jouer un rôle en direction des jeunes des milieux populaires. Il en a fait un ministre, un familier, l'écoutait volontiers, s'intéressait à sa façon de sentir les choses, à ses intuitions, se divertissait de son bagout, de sa faconde, de son charisme médiatique. Il y avait là une antinomie, une incompatibilité même entre principes et fréquentations. Autant, s'agissant d'amis anciens sans relations avec la majorité de gauche et avec les marchés de l'État, il n'y avait rien à redire, autant, s'agissant de proches dont les affaires pouvaient se mêler à celles de banques du secteur public et dont l'engagement politique à ses côtés faisait des symboles, les contradictions éclataient au grand jour. Dans le déficit moral de la gauche, dans les attaques les plus brutales, les plus polémiques et parfois les plus calomniatrices dont François Mitterrand a été l'objet, ces dissonances-là ont pesé lourd.

Était-ce à dire que François Mitterrand lui-même, comme certains pamphlets ont voulu le démontrer, était corrompu ou vénal ? Non. À Franz-Olivier Giesbert, l'un de ses confidents, il avait assuré : « Quand je quitterai l'Élysée, je n'aurai rien de plus que quand j'y suis entré [1]. » On a beaucoup fantasmé sur de mystérieux comptes bancaires en Suisse, sur des châteaux et des palais, à Venise, en Espagne et ailleurs. Malgré d'innombrables enquêtes, on n'a jamais pu jusqu'ici en prouver l'existence. François Mitterrand a

1. Entretien avec Franz-Olivier Giesbert (*Le Figaro*, 8 septembre 1994).

toujours nié avec la plus grande énergie quelque enrichissement que ce soit dans ses fonctions. En démocratie, chacun, fût-il chef de l'État, est présumé innocent et c'est à ses procureurs de réussir la démonstration du contraire.

En fait, François Mitterrand disait ce qu'il pensait lorsqu'il confiait à un journaliste qui le connaissait bien : « Je ne me suis jamais occupé d'argent car je n'en ai jamais eu besoin [1]. » Il a toujours vécu dans l'aisance et même, adulte, dans la facilité matérielle. Il n'a pas pour autant accumulé de richesses ou cherché à le faire. Pendant un demi-siècle, il a été un homme public, cumulant les mandats, vivant largement de ses indemnités et des avantages liés à ses fonctions. Il a été avocat, a reçu des honoraires (notamment de Roger-Patrice Pelat, avant d'être au pouvoir), en échange de conseils et de travaux. Il a touché des droits d'auteur, parfois importants, pour ses livres. Il a pu acheter l'hôtel particulier de la rue de Bièvre, fort délabré à cette époque, en copropriété. Il a acquis Latche, sans dépenser grand-chose car le terrain était bon marché et les maisons de gemmeurs sans valeur financière. Il a pu arrondir ses terres, à l'ancienne. Il a possédé un bout de maison à Gordes, toujours en copropriété. Il a parfois emprunté des sommes modestes à des amis, et les a remboursées. Il vivait sur un train raisonnable, et chacun pouvait constater que les questions financières ne l'obsédaient guère. Jusqu'à ce qu'il soit élu président de la République, il omettait souvent de porter de l'argent sur lui et laissait, sans gêne apparente, les autres payer. Il n'était ni riche ni pauvre. Ce n'était pas un homme d'argent.

1. Michel Martin-Roland, *Il faut laisser du temps au temps*, Hors collection, 1995.

Une fois Président, il a certes profité des avantages matériels de sa fonction. Il ne se déplaçait pas à l'étranger sans une suite pléthorique et un équipage dispendieux. Il vivait cependant le plus possible dans ses domiciles privés, même s'il y bénéficiait, comme c'était son droit, des services du personnel de la présidence. Il n'a, ce faisant, rien commis d'illégal. Le seul point qui puisse lui être reproché est d'avoir logé sa fille et la mère de celle-ci dans des appartements de fonction mis à sa disposition, et d'avoir parfois utilisé à leur bénéfice des propriétés de l'État (un château, notamment). Là encore, il agissait en souverain peu soucieux des normes ordinaires et en artiste, sûr de son exceptionnel talent, se dispensant sans état d'âme des règles ordinaires. Ce n'était pas malhonnêteté ou détournement de fonds mais bon plaisir d'un prince républicain et confusion contestable des passions ou des sentiments privés avec les règles de la vie publique. François Mitterrand aimait trop ses amis, sa famille et les femmes.

Il avait le culte de l'amitié et suscitait chez ses proches un attachement, une dévotion et une loyauté impressionnants. S'il a eu, comme personne, des ennemis haineux et des adversaires virulents, il a pu compter pleinement sur les siens. « Si François Mitterrand est fidèle, c'est à ses amis. Là, il est incomparable », écrit de lui Françoise Giroud [1]. Il l'a effectivement prouvé mille fois. Sa fidélité à ses amis de jeunesse, quelles que soient leurs trajectoires ultérieures, ne s'est jamais démentie. Qu'ils aient connu des réussites ou des échecs, qu'ils soient devenus célèbres ou restés anonymes, qu'ils aient viré à gauche ou à droite, peu lui a importé. Ses amis d'autrefois restaient

1. Françoise Giroud, *Le Nouvel Observateur*, 18-24 mai 1995.

ses amis de toujours. Il en allait ainsi pour ceux qu'il avait rencontrés durant ses études supérieures, à l'armée, dans les camps de prisonniers ou dans les rangs de la Résistance : c'est là qu'il a noué ses liens les plus solides et les plus divers. Ce fut le cas par exemple de Georges Dayan, le plus proche de tous, qui devint son éternel collaborateur, son meilleur conseiller, et mourut brutalement, trop tôt pour le voir élu Président. C'est au sein de la Résistance qu'il se lia avec Roger-Patrice Pelat et beaucoup d'autres. Plus tard, il y eut ses amis politiques personnels, soit à la fin de la IVe République (Maurice Faure, Charles Hernu, Louis Mermaz), soit parmi les « conventionnels » au début de la Ve République (Pierre Joxe ou Claude Estier sont de ceux-là), puis chez les socialistes proches de lui (Pierre Mauroy, Laurent Fabius, Michel Charasse et Jack Lang, bien sûr, en sont les symboles), et finalement parmi ses collaborateurs intimes de l'Élysée (Hubert Védrine, Jacques Attali, Jean-Louis Bianco, Anne Lauvergeon, pour ne citer qu'eux).

Il n'y avait pas de règle ou de méthode pour devenir son ami mais des strates, des cercles, des ajouts, des cooptations, des hasards. Les intellectuels le séduisaient plus aisément – un Robert Badinter, un Élie Wiesel –, les écrivains piquaient sa curiosité et il se liait volontiers avec eux (Paul Guimard, Régis Debray, Erik Orsenna, dont il fit ses collaborateurs). Tout à fait à la fin de sa vie, il aimait s'entourer de confidents, journalistes notamment (Jean-Pierre Elkabbach, Franz-Olivier Giesbert, Georges-Marc Benamou en faisaient partie). Il y avait les rituels, les voyages, les étapes initiatrices, les épreuves et les tests, ceux qui étaient conviés rue de Bièvre le dimanche soir, ceux qui étaient reçus à Latche, ceux qui étaient admis à l'ascension annuelle de Solutré, ceux qu'il allait visiter dans les

Cévennes (Charles Salzmann), dans le Périgord (Maurice Faure), ou en Auvergne (Michel Charasse), ceux qu'il emmenait pour des équipées littéraires (Robert Badinter), ceux qui, les dernières années surtout, l'accompagnaient en voyage, en Égypte ou à Venise.

La fidélité tressait le lien, l'ancienneté le nourrissait, le talent le vivifiait, l'admiration le facilitait grandement. Sa disponibilité et son indulgence vis-à-vis de ceux qu'il considérait comme des amis ne correspondent guère aux clichés sur son cynisme et sa désinvolture. L'un d'entre eux était-il gravement malade ? Il se précipitait à son chevet. Un autre traversait-il une passe personnelle ou professionnelle difficile ? Il s'inquiétait, se mobilisait, intervenait, faisait preuve, même Président et harcelé par ses responsabilités, d'une étrange sollicitude. Lui qui pouvait être impitoyable lorsqu'il poursuivait un objectif politique, se montrait avec les siens tolérant jusqu'à la faiblesse, et solidaire jusqu'à la complaisance. Charles Hernu, ministre de la Défense, bon et loyal compagnon, sympathique et chaleureux mais parfois mal inspiré, s'enferme-t-il dans des mensonges à propos de la pitoyable affaire Greenpeace ? Affirme-t-il, contre toute vraisemblance, à son Premier ministre, Laurent Fabius, n'être au courant de rien ? François Mitterrand le protège, le couvre, le défend très au-delà du raisonnable. Avait-il lui-même été au courant de cet épisode peu glorieux ? C'est vraisemblable, puisqu'en matière de défense tout remonte toujours au palais de l'Élysée. Mais, dans un cas comme celui-ci, le responsable politique naturel, le fusible institutionnel était forcément le ministre de la Défense. François Mitterrand lui a demandé sa démission trop tard, tout en le couvrant d'éloges et, bien sûr, en le décorant.

De même Roger-Patrice Pelat s'enferre-t-il dans l'affaire Péchiney, est-il plus que soupçonné de délit d'initié ? À la télévision, François Mitterrand le défend bec et ongles, intarissablement, ulcéré par ce qu'il considère comme une injustice. Façon aussi de répliquer face à une attaque qui ne l'épargne pas lui-même, puisque Pelat est sans cesse présenté comme « l'ami du Président » ? L'égoïsme et la prudence banale auraient au contraire été de prendre des distances, de dresser des coupe-feu. Jamais, s'agissant de ses amis, il ne s'est résolu à ces compromis. Même vis-à-vis de François de Grossouvre, qui, durant ses derniers mois, dépressif au-delà de l'amer, l'accablait systématiquement auprès des journalistes de sa connaissance et de magistrats aux aguets, le chargeant soudain de tous les vices de la Terre, après l'avoir adulé des années et aveuglément servi, notamment en ce qui concerne ses affaires privées : parfaitement au courant de ce qui à ses yeux passait pour une trahison, le Président ne se résolvait pas à la rupture franche et définitive, prenant ses distances à regret, laborieusement, à reculons.

François Mitterrand savourait sans doute son ascendant, parfois son emprise sur ses amis, cette concrétisation de son charisme et de son pouvoir de séduction, qui cessaient alors d'être des armes politiques et électorales abstraites pour devenir de l'admiration dans les yeux de ses proches. Il serait cependant trop facile, trop réducteur et finalement inexact de limiter chez François Mitterrand la religion de l'amitié au goût de l'ascendant. L'homme de Latche s'intéressait réellement aux autres, à la manière d'un Jacques Chirac. Il aimait les idées, il jouissait du pouvoir, il dégustait la politique, il vivait de plain-pied dans l'Histoire, mais il était attentif aux individus, fasciné par les détours de l'âme humaine. Il n'oubliait rien des autres, famille, trajectoire, goûts, anecdotes. Il se rappelait aisément les visages, les voix, les noms. Dès que quelqu'un était proche, il l'intégrait littéralement à son univers. D'où sa manie de décorer ceux qui l'avaient approché à un moment marquant de sa vie, et d'offrir postes et distinctions à ses familiers. Celui-ci aimait-il voyager ? Il en faisait un membre du conseil d'administration d'Air France. Celui-là aimait-il la nature ? Il lui confiait un parc naturel. François Mitterrand avait le népotisme délicat.

Ce qui valait pour ses amis jouait plus encore, évidemment, pour sa famille. Élevé au milieu de nombreux frères et sœurs et de cousins germains, le Président défunt est resté proche des siens toute sa vie. Là aussi, les fêtes, les rites, les anniversaires, les joies et les épreuves ont toujours été partagés. Les membres de la famille de Danielle Mitterrand, sa sœur Christine Gouze-Rénal et son beau-frère Roger Hanin en particulier, n'ont cessé d'être des intimes. On se retrouvait rue de Bièvre et à Latche, à la maison, en week-end, en vacances. La tribu Mitterrand, quels que soient les différences d'opinions politiques ou les modes de vie, est restée solidaire. Le Président veillait sur les siens, chargeant de missions certains de ses frères, faisant travailler auprès de lui à l'Élysée son fils Jean-Christophe, conseiller pour les questions africaines : cela déclenchait immanquablement de nouvelles polémiques, d'autant plus que les fonctions de son fils et les traditions des chefs d'État africains francophones, mélangeant aisément politique, affaires et liens personnels, se rencontraient dangereusement. Il arriva à François Mitterrand de s'en inquiéter et de souhaiter y mettre le holà. Sa femme, Danielle, veillait cependant à ce que la protection présidentielle ne se relâchât pas vis-à-vis de lui. François Mitterrand n'a cessé de manifester un sens de la famille intense et fort actif. Sur ce plan-là, sa fidélité ne s'est jamais démentie. Lorsque son fils Gilbert et ses petites-filles sont victimes d'un terrible accident de la route en Espagne, il bouleverse tous ses plans pendant des semaines pour être près d'eux, suivant leur convalescence et leur rétablissement. Le patriarche tenait sincèrement et attentivement son rôle.

Cela n'a pas empêché, on le sait, François Mitterrand de mener par ailleurs une vie personnelle particulièrement agitée. Durant son dernier quart de siècle, sa fille Mazarine et la mère de celle-ci, Anne Pingeot, ont tenu une grande place dans son existence. Elle a longtemps été secrète, jusqu'à faire intervenir abusivement la cellule antiterroriste de l'Élysée, dont ce n'était en rien la vocation. Les derniers mois, elle l'a été de moins en moins, et chez François Mitterrand les passions et la fierté ont fini par balayer toute discrétion.

Beaucoup de femmes avaient auparavant traversé sa vie, après Marie-Louise Terrasse (Catherine Langeais), la première fiancée, le premier amour, dont la rupture l'a désespéré. Par la suite, malgré son mariage, malgré son intense affection, constamment perceptible, pour sa femme Danielle, il y en eut beaucoup d'autres, aventures éphémères ou liaisons durables : « Nul doute que les femmes furent, avec la politique, la grande affaire de sa vie », écrit encore Françoise Giroud. Ce Président était un séducteur. Il aimait les femmes et il en était aimé. Lorsqu'il devint un dirigeant, puis le chef de l'opposition sous la Ve République, il leur consacrait un temps qui navrait ses collaborateurs et expliquait largement ses célèbres retards. Devenu Président, avec un emploi du temps pourtant beaucoup plus corseté et malgré la surveillance nécessaire de la sécurité officielle, il resta longtemps ce don Juan aux aguets, vite attiré par une silhouette ou un sourire. C'était cependant un don Juan sans cruauté : « Il rompit toujours avec délicatesse », assure Françoise Giroud dans le même portrait. Il est de fait que ses anciennes conquêtes parlaient de lui avec plus de tendresse que de rancœur. Il restait attentionné, mettant de la subtilité et de l'élégance dans des entreprises que réprouve fort la morale ordinaire. Il était en somme infidèle avec tact.

Danielle Mitterrand n'en a pas moins été sa femme durant un demi-siècle. Comme elle l'écrit elle-même avec beaucoup de dignité et une rare absence d'hypocrisie : « Je vois bien combien mon mari excelle dans les exercices de séduction auprès des jeunes femmes qui passent par là. Au fil des années, plutôt agacée, je n'en suis pas atteinte outre mesure. Épouse et mère de ses fils, fidèle au poste, il n'a pas fini de me découvrir [1]. » À Christine Ockrent elle confie : « J'avais épousé un séducteur, il fallait que je fasse avec. Si je voulais rester avec lui, il fallait que je l'admette. Au début, c'est vrai que ça me faisait beaucoup souffrir. [...] Et puis, l'intelligence de la vie, c'est de faire la part des choses. C'est de se dire que, de toute façon, cet homme-là, je resterai avec lui. Parce qu'il est différent. Avec lui, je ne m'ennuyais jamais vraiment, j'ai eu une vie passionnante [2]. »

De son côté, malgré ses torts, il lui a toujours manifesté un très fort attachement, une indulgence souriante dans les pires moments. La femme du Président, ardente militante des droits de l'homme, de sensibilité plus progressiste que son mari, a parfois placé le chef

1. Danielle Mitterrand, *En toutes libertés*, Ramsay, 1996.
2. *L'Express*, 11 janvier 1996.

de l'État dans des situations extrêmement embarrassantes. Ses ingérences humanitaires répétées, décidées de son propre chef, ont multiplié les difficultés avec la Turquie (à propos des Kurdes), avec le roi du Maroc, avec la Maison Blanche, et dans dix autres occasions. Elle prenait des risques et en faisait courir à la diplomatie officielle. Parfois irrité, parfois décontenancé, parfois surpris, il démontrait alors une compréhension qui prouvait en tout cas la force de ses sentiments. François Mitterrand pouvait être, comme personne, fidèle et infidèle à la fois, et pas seulement fidèle pour se faire pardonner ses infidélités.

Selon les critères classiques de la morale, nul doute que, dans bien des domaines, ses écarts aient été nombreux. François Mitterrand pouvait difficilement poser au professeur de vertu, et l'une de ses erreurs systématiques aura été d'en appeler à l'éthique si souvent, sans être lui-même au-dessus de tout reproche. Faut-il pour autant, comme cela a été si fréquent, le diaboliser et le vouer à l'enfer éternel ? Ceux qui le détestent comprennent mal les contradictions et les ambivalences du personnage. Ils appliquent des grilles sans imagination à un personnage hors du commun. Ils lui manifestent aussi une sévérité et une exigence qui n'ont pas été appliquées à tous ses prédécesseurs. François Mitterrand a mené une vie personnelle mouvementée. Il n'a pas été le seul. Il a toléré près de lui des personnages dont la présence était une atteinte à ses propres principes, proclamés haut et fort. Sur la scène publique, il a changé au fil des années de choix, d'alliances et de méthodes.

Il a cru cependant à quelques règles politiques et sociales essentielles, et il s'y est tenu. Il a été fort considéré hors de France à la fin de sa vie, ce qui prouve au moins qu'il a honorablement représenté son pays. En France même, il a tenté d'améliorer l'État de droit. Il a été dissimulé, manipulateur, manœuvrier, défiant, complexe et cloisonné. Il a aussi fait preuve de courage, de hauteur d'esprit, d'habileté exceptionnelle, cela va de soi, d'une opiniâtreté unique et d'une dévotion réelle à son pays, à l'Europe, à la démocratie. Il aura été avant tout un homme libre, dessinant lui-même les frontières de sa liberté. Ce non-conformiste invétéré a toujours cru, à tort ou à raison, que l'Histoire finirait par le faire basculer du bon côté dans la mémoire des hommes.

CHAPITRE III

La guerre

La guerre, l'Occupation, Vichy, la Résistance : toute sa vie, François Mitterrand a été poursuivi par ces terribles années-là. À chaque étape de sa carrière, à chaque succès, à chaque bifurcation, à chaque revers, de sa première campagne électorale, en 1946, à sa mort, cinquante années durant, il a été sommé de rendre des comptes. Il a été accusé de vichysme et de giraudisme, de double jeu et de trahison. On a insinué que sa blessure de guerre était inventée, que ses évasions étaient truquées. On en a fait un agent britannique et un sous-marin de Moscou, un collaborateur et même un antisémite. On l'a dépeint en membre actif de la Cagoule, cette organisation secrète d'extrême droite qui n'hésitait pas à faire assassiner ses adversaires. On a mille fois détaillé ses amitiés compromettantes, ses fidélités personnelles ambiguës. On s'est, à juste titre, indigné de ses liens avec René Bousquet, dont la responsabilité dans la rafle du Vél' d'hiv fut écrasante. On n'a cessé de le traiter en suspect. La frange activiste de droite du gaullisme l'a attaqué sans relâche sur cette période. La gauche l'a soupçonné très tôt, ouvertement, communistes et SFIO de la IVᵉ République rassemblés sur ce point.

Ses amis, ses fidèles, ses admirateurs ont appris au contraire très tard, sous son second mandat présidentiel, avec accablement et, pour certains, avec désespoir, la réalité de ses fréquentations avant, durant et après ces années noires. Lui-même a choisi de consacrer une large partie des derniers mois de sa vie à s'expliquer, à répliquer, à mettre les choses au point – selon sa vérité – et dans leurs perspectives. L'essentiel de ses entretiens avec Georges-Marc Benamou, rassemblés dans ses *Mémoires interrompus* [1] et dont la parution a suivi sa mort, porte là-dessus. Ses ultimes interviews télévisées furent consacrées à ce sujet. La Résistance et le vichysme, l'intrépidité et les ambiguïtés de François Mitterrand durant la guerre sont au cœur même des polémiques qu'il soulève. Son premier rôle dans les affaires de la France – la lutte contre l'occupant – enflamme les passions, même posthumes.

Lui-même se défend avec un feu superbement outragé contre les accusations. Quelques mois à peine avant de mourir, il s'exclame encore : « Mon premier acte de résistance a été de quitter l'Allemagne sans permission. Mon deuxième et mon troisième, d'avoir récidivé. Mon quatrième, d'avoir rejoint les organisations de combat. Mon cinquième, d'avoir quitté la France pour l'Angleterre. Mon sixième, d'en être revenu en pleine guerre. Mon septième, d'avoir pris part, à un poste de responsabilité, aux actions qui préludèrent à la libération de la France [2]. » La violence et la vigueur de la plaidoirie impressionnent. Il n'est effectivement pas contestable que François Mitterrand se soit comporté en patriote intrépide et souvent même téméraire durant la guerre et sous l'Occupation. Il a bel et bien joué un rôle important au sein de la Résistance. Il a été distingué par le général de Gaulle, qui lui a confié des responsabilités significatives à la Libération, en reconnaissance des services rendus dans les combats clandestins.

Comme toujours avec François Mitterrand, la réalité

1. François Mitterrand, *Mémoires interrompus*, Odile Jacob, 1996.
2. *Id., ibid.*

apparaît cependant, à la scruter de près, beaucoup plus complexe et surtout beaucoup moins linéaire que la représentation qu'il a voulu en donner. Pour résumer son itinéraire à cette époque, il avait écrit en 1969 :

« Rentré en France [après sa troisième évasion d'Allemagne, celle-là enfin réussie], je devins résistant, sans problème déchirant [1]. » Le moins que l'on puisse dire est que ce raccourci est simplificateur. La période était par nature trouble et terriblement contradictoire. François Mitterrand, avec sa personnalité labyrinthique et ses propres sentiments composites de l'époque, a poussé jusqu'au paroxysme une passion patriotique authentique, traversée néanmoins de courants maréchalistes et vichystes furieusement contraires.

C'est la guerre qui a fait de lui un adulte, un combattant et un chef. Lorqu'elle éclate au début de septembre 1939, François Mitterrand se trouve déjà sous les drapeaux, accomplissant son service militaire. Le jeune étudiant éclectique, passionné, visiblement doué et armé pour une destinée peu commune aux yeux de tous ses familiers, a été incorporé dans le 23e régiment d'infanterie coloniale, où il porte les galons modestes de sergent, puis de sergent-chef. Dès le début des hostilités, son unité est transportée vers la ligne Maginot, puis dans les Ardennes, là où l'on attend l'offensive allemande. Le sergent-chef Mitterrand vit mal la « drôle de guerre ». Il n'aime pas les officiers de son régiment, qu'il juge sans aménité paresseux et pleins de morgue ; par ailleurs, l'équipement est archaïque. Il est à l'époque amer, critique et inquiet pour la France, comme le montre son abondante correspondance. Lorsque se déclenche soudain l'offensive allemande,

---

1. *Id., Ma part de vérité, op. cit.*

son régiment est déployé devant Verdun, sur la cote 304, en un lieu célèbre, baptisé Mort-Homme, où l'on s'est battu farouchement durant la Première Guerre mondiale. C'est là qu'en juin 1940 il est blessé, recevant un éclat d'obus au flanc droit. Il est cité à l'ordre de la division, évacué et, après un périple aventureux, de brancards en charrettes, il est hospitalisé à Bruyères, dans les Vosges. Il songe déjà à s'évader, avec l'aide d'une infirmière, mais les Allemands surviennent trop tôt. Sa guerre est finie et il est emmené dans un camp de prisonniers en Allemagne, le stalag IX A, dans la Hesse.

Le sous-officier François Mitterrand s'est comporté vaillamment sur le front. Dans son camp, le jeune bourgeois ambitieux et romanesque fait brusquement la découverte de la société française dans toutes ses strates. Il vient de terminer aisément de solides études supérieures. Politiquement, il se situe, comme beaucoup d'adolescents de son milieu à cette époque, à la droite de la droite. Contrairement à la légende, il n'a jamais appartenu à l'Action française, même s'il admire le style littéraire de Charles Maurras. À cela, une raison décisive : l'Action française a été excommuniée par le pape Pie XI. François Mitterrand, de culture et de pratique catholique fervente, n'a donc pu se rapprocher de ce mouvement-là. Étudiant, il a présidé le cercle Saint-Vincent-de-Paul du 104, rue de Vaugirard. Il a écrit volontiers dans la revue *Montalembert* et subi l'influence, tous ses camarades d'alors en témoignent, du catholicisme social.

En revanche, quoi qu'il ait prétendu par la suite lorsqu'il est devenu un leader de la gauche, il a été membre des Volontaires nationaux, l'organisation de jeunesse du mouvement du colonel de La Rocque. S'il a

76

eu des curiosités multiples et s'il écoutait les orateurs les plus variés, pourvu qu'ils aient du talent, ses attaches politiques d'avant la guerre se situaient clairement du côté de La Rocque. L'enquête, exemplaire de rigueur et de précision, de Pierre Péan, *Une jeunesse française* [1], l'établit formellement. François Mitterrand a fréquenté les Volontaires nationaux et a même prononcé des conférences en leur faveur. Il a manifesté à leurs côtés, notamment contre le célèbre professeur Gaston Jèze, le défenseur du Négus, souverain de l'Éthiopie alors envahie par Mussolini. Il a méprisé la IIIe République, collaboré au quotidien *L'Écho de Paris* d'Henri de Kérillis, lui-même sympathisant de La Rocque. Il y a donné des chroniques littéraires, y a animé un cercle d'étudiants. Le sergent-chef Mitterrand était donc un patriote antiallemand. Il n'appartenait pas seulement, comme il l'a prétendu, à la droite modérée, mais, avant son incorporation, il a sympathisé activement avec la droite « nationale », aux confins de la droite extrême, sans trace cependant d'antisémitisme et sans aucune attirance pour les fascismes français qui bourgeonnaient à l'époque. Le François Mitterrand d'alors aurait été proche du Philippe de Villiers d'aujourd'hui.

Ce jeune homme bien de son milieu, beaucoup plus qu'il ne l'admettra jamais, se trouve donc soudain plongé dans un univers totalement inconnu et passablement hostile. Lui qui aime tant sa liberté, cultive sa différence et son individualisme, le voici exposé au froid, à la faim, à la saleté, à la violence, à la promiscuité, à l'éloignement de tout ce qui lui est cher. Sa famille lui manque, sa fiancée de l'époque (la future Catherine

1. Pierre Péan, *Une jeunesse française : François Mitterrand 1934-1947*, Fayard, 1994.

Langeais) plus encore, et il ressent douloureusement la déroute française, l'armistice, l'effondrement de l'armée, de la République (même s'il prise peu ses institutions), la dislocation de la nation. Il apprend à connaître, à la dure, d'autres milieux, d'autres valeurs, d'autres mœurs, d'autres hiérarchies et d'autres types d'hommes que ceux qui lui étaient familiers. Il l'avoue volontiers : « La vie de camp a été ma première véritable expérience de la mêlée sociale. [...] J'ai vu se décomposer le monde de ma jeunesse [1]. » Il s'intègre en fait assez aisément dans cette camaraderie de camp, parfois brutale et souvent éprouvante, mais où il noue très vite, c'est sa spécialité, de solides amitiés et des liens indestructibles. Ceux qui furent ses proches durant ces mois de captivité le resteront toute sa vie. Lui-même vérifie à cette occasion son ascendant sur les autres et sa force de caractère.

En fait, dès qu'il est fait prisonnier, il n'a qu'une idée en tête : s'évader. Question de tempérament, de goût farouche de l'indépendance et de la liberté, d'inquiétude sentimentale aussi (il sent sa fiancée s'éloigner peu à peu de lui), de courage et de patriotisme. Il ne sait pas ce qu'il va faire, mais il est bien décidé à ne pas en rester là dans la lutte contre l'Allemagne. Il faut donc s'évader.

La première fois, après une préparation minutieuse, il parvient à prendre la clé des champs en compagnie d'un prêtre, l'abbé Leclerc. Ils franchissent à pied plus de six cents kilomètres en territoire allemand, de nuit et dans la neige. Après trois semaines d'épreuves, ils sont arrêtés tout près du but, à proximité immédiate de la frontière suisse. La deuxième fois, en novembre 1941, il réussit à prendre le train, arrive jusqu'à Metz, où il est

1. François Mitterrand, *Mémoires interrompus, op. cit.*

dénoncé par le propriétaire français du petit hôtel où il s'est réfugié. La troisième fois est la bonne. Il se trouve encore détenu dans un camp de transit en Lorraine, venant d'être repris. Il arrive à se sauver, dans des conditions rocambolesques, totalement à l'improviste. Cette fois-ci, d'autres Français – une marchande de journaux, des cheminots – lui portent assistance. Après des tours et des détours, il se retrouve en France en zone libre, évadé puis officiellement démobilisé, accueilli par ses proches à bras ouverts.

Il a fait preuve d'une opiniâtreté et d'une résolution incontestables, d'endurance et de hardiesse aussi. Il n'a plus la même idée de la société et des hommes. Il est devenu adulte, meurtri et endurci. Toujours romantique, il est persuadé d'avoir un destin à accomplir. Il le dit et l'écrit. Il est ambitieux, décidé. Il a pris conscience de son charisme. Il méprise la société d'avant guerre. Après s'être reposé quelques semaines chez des amis de sa famille à Saint-Tropez, il gagne Vichy, où les évadés bénéficient d'un préjugé favorable et où des relations familiales (toujours le tissu social de la bourgeoisie de province) lui promettent un emploi. Il s'y installe en mars 1942. Comme la plupart des Français à cette date, comme son père, comme ses amis, il est maréchaliste.

On lui a beaucoup reproché d'avoir défini la capitale provisoire de l'État français comme une « pétaudière ». C'est pourtant bien ce qu'elle est, cette situation lui convient à merveille. Vichy est en effet la ville dont le prince est un vieillard fragile, autoritaire, arriviste, révéré et impuissant. Au début de 1942, le prestige du maréchal Pétain est encore très haut, malgré les lois raciales, malgré la police omniprésente, malgré la politique de collaboration avec l'occupant. Le vainqueur de

Verdun passe pour protéger de son mieux les Français en cette période où l'Histoire se montre si cruelle pour la France. Beaucoup adhèrent encore au mythe de la complémentarité entre le général de Gaulle, chef de la France combattante, et le maréchal Pétain, chef de la France asservie.

François Mitterrand, incontestablement, est du nombre. Il est patriote, ardemment, et vient de le prouver en se battant et en s'évadant par trois fois. Il rêve de revanche sur l'Allemagne et n'a que mépris et hostilité pour ceux qui, à Vichy et ailleurs, prônent la collaboration. Il est pétainiste et germanophobe. Il ne mesure pas encore ce que le statut des juifs a d'infamant pour l'État français et d'inhumain, ou il ne veut pas le voir, sans doute parce qu'il vit en zone non occupée et que plusieurs de ses camarades évadés qui partagent son logement et son existence sont juifs et libres. Un État autoritaire et antiparlementaire ne lui fait pas peur, puisqu'il en souhaitait l'édification avant la guerre. L'idéologie foncièrement réactionnaire et pathologiquement nostalgique du Vichy de cette époque correspond largement à ses propres sentiments, la contrition en moins. Les différents articles qu'il publiera d'ailleurs durant le second semestre 1942 et le premier semestre 1943 dans des revues officieuses ou officielles (*France*, *Revue de l'État nouveau* ou bien *Métier de chef*) le prouvent amplement. En 1942, François Mitterrand est incontestablement vichyste, tout en étant viscéralement attaché à son pays et en refusant l'asservissement à l'Allemagne. Il n'est pas seul dans ce cas, tant s'en faut. La plupart de ses amis, camarades, parents, alliés, proches et relations réagissent encore comme lui.

François Mitterrand reste alors ce barrésien, individualiste et passionné, troublé et patriote, intellectuel et sensuel, conformiste et néanmoins personnel. S'expliquant sur cette époque dans ses *Mémoires interrompus*, il s'exclame avec force : « De la France, je n'ai pas une idée, mais une sensation, celle que donne un être vivant, ses formes, son regard. Elle n'est pas quelque part suspendue entre ciel et terre. Elle est une personne à trois dimensions. [...] C'est le seul pays d'Europe qui puisse se dire œuvre de la nature plutôt que fruit de l'ambition et de l'imagination des hommes. » Une approche typiquement barrésienne justement, c'est-à-dire à la fois patriote et romantique, traditionaliste et exclusive.

C'est l'action et le passage progressif à la Résistance qui vont le faire évoluer. En arrivant à Vichy, il n'a pour ressources que le résidu de son pécule d'évadé démobilisé. Des officiers proches de sa famille – les militaires sont tout-puissants au sein de l'État français – lui trouvent d'abord un modeste emploi de contractuel au service de documentation de la Légion française des combattants. C'est un endroit bizarre et compromettant où on lui fait rédiger des fiches sur les activités « antinationales », tout en s'opposant presque ouvertement à la politique officielle de collaboration avec l'Allemagne. L'idéologie est celle de la Révolution nationale, avec culte du vieux chef poussé à l'extrême, cependant que les responsables frondent ou conspirent contre son gouvernement. Il n'y passe d'ailleurs que quelques semaines, car la crise qui y menaçait éclate avec le retour de Laval à la tête du gouvernement et l'accentuation de la politique de collaboration. Dès avril 1942, il en démissionne donc, pour entrer le mois suivant au Commissariat au reclassement des prisonniers de guerre.

Cela se passe toujours par relations, dans cette petite

ville de province où tout le monde se croise, s'épie et se connaît, et où les doubles et triples jeux sont monnaie courante. Le Commissariat au reclassement des prisonniers de guerre est, lui aussi, pétainiste et antiallemand. François Mitterrand admire son chef, Maurice Pinaut, une très forte personnalité, patriote et maréchaliste. Le jeune évadé est chargé des relations avec la presse, organise la promotion des actions en faveur des prisonniers de guerre. Il n'est donc en rien, contrairement à certaines thèses, un haut fonctionnaire de Vichy. Il se trouve cependant à un poste où, par principe, il rencontre beaucoup de monde et peut juger les comportements. Il quitte d'ailleurs dès janvier 1943 le Commissariat, lorsque Maurice Pinaut en est écarté pour refus d'obéissance à la politique proallemande du gouvernement. Après cette démission, il n'aura plus d'emploi et devient clandestin.

Son action au Commissariat au reclassement des prisonniers de guerre – la France entière se soucie évidemment beaucoup de leur sort et le régime de Vichy mène une propagande intense autour de sa politique en leur faveur – lui vaut cependant cette fameuse audience qui lui sera, logiquement, beaucoup reprochée plus tard. Le jeudi 15 octobre 1942, en fin d'après-midi, il est en effet convoqué à l'hôtel du Parc pour être reçu par le maréchal Pétain, chef de l'État français, en compagnie de deux de ses camarades. L'entrevue durera vingt minutes et les trois jeunes hommes seront remerciés pour une collecte de vêtements chauds à l'intention des prisonniers, avant l'hiver. François Mitterrand admire l'« allure magnifique [1] » de ce vieillard. Il est frappé, comme quelques mois plus tôt, par « cette impression de majesté » qu'il donne. La photo de la brève rencontre

1. *Id., ibid.*

figure sur la couverture du livre de Pierre Péan. Elle déclenchera un beau scandale et un formidable charivari.

L'affaire de la francisque, la décoration officielle du régime de Vichy, reçue, elle, au milieu de l'année 1943 sous le numéro 2 202, était déjà mieux connue. Elle aussi alimenta cependant les controverses. Elle constitue en effet un symbole. Son obtention prévoit une allégeance explicite au chef de l'État et récompense une action vérifiée au service des objectifs de la Révolution nationale. Elle nécessite deux parrains, forcément bien en cour à Vichy. Elle compromet donc, d'où d'ailleurs, sous la IVe République, la violence des accusations contre François Mitterrand et l'embarras des dénégations qu'il leur oppose. Certains témoins prétendent encore l'avoir vu la porter. Pour la recevoir, il fallait passer pour un militant efficace du régime de Vichy. Nul doute que, en 1942, le futur Président de gauche ait partagé l'idéologie de la Révolution nationale. François Mitterrand a traversé une phase vichyste.

Il fut néanmoins un résistant audacieux, important et, contrairement à ce que prétendent ses détracteurs, un résistant dès 1942, alors même qu'il n'était revenu en France de captivité, après son évasion réussie, qu'en décembre 1941. Il a donc été un temps à la fois résistant et vichyste, avant de devenir résistant et anti-vichyste. La période se prêtait à ces étranges variations et à ces dédoublements de personnalité politique. François Mitterrand y était, par tempérament, trajectoire et amitiés, plus exposé que d'autres. Son ambition le poussait à approcher les cercles du pouvoir. Son milieu, son idéologie et le climat de l'époque l'incitaient à partager nombre d'idées de la Révolution nationale. Son patriotisme lui interdisait toute tentation de

83

collaboration. Son courage le poussait vers les membres de la Résistance. Son autorité et son incroyable sang-froid l'y ont vite imposé au tout premier rang.

« En 1942, j'avais vingt-cinq ans et j'étais un parfait inconnu. Je ne me suis pas senti compromis. [...] J'étais par nature hostile à la politique de collaboration. J'ai déjà dit que je n'ai jamais mis le bout du doigt dans l'antisémitisme. J'étais complètement étranger aux courants qui se disputaient le pouvoir à Vichy. [...] J'ai croisé des collaborateurs qui n'étaient pas mes amis. Et à Vichy, j'ai aussi rencontré des résistants qui sont, eux, devenus des amis et des camarades de combat. » Il reconnaît tout de même : « Mieux formé idéologiquement et mieux instruit des événements d'avant guerre, j'aurais discerné de quoi se nourrissait la montée des fascismes et j'aurais observé avec plus de méfiance la façon dont Philippe Pétain et sa camarilla avaient tiré parti des défaillances de la République. Je ne m'étais pas encore délivré de l'alibi " national " [1]. »

Dès son arrivée à Vichy, il avait pris l'habitude de se retrouver avec d'anciens évadés comme lui. Constatant, au centre de documentation de la Légion puis au Commissariat au reclassement des prisonniers de guerre, qu'à chaque conflit entre vichystes anti-allemands et vichystes collaborateurs les seconds l'emportaient sur les premiers, il est progressivement entré dans la Résistance avec ses camarades. La réalité de cette époque était complexe et François Mitterrand n'était pas simple. Ce n'est qu'en 1943 qu'il s'est véritablement débarrassé de l'idéologie maréchaliste. Il a néanmoins commencé des activités de résistance dès le printemps 1942, quelques mois à peine après être

1. *Id., ibid.*

revenu en France. Il a été long à prendre ses distances avec Philippe Pétain, mais prompt à choisir les risques de la lutte contre l'occupant. Il a utilisé, autant qu'il l'a pu, sa couverture officieuse, francisque comprise, pour protéger ses actions clandestines. Londres le recommandait d'ailleurs. Dans ce tableau, diaboliquement impressionniste, son courage et son patriotisme l'emportent cependant sur ses œillères et sur ses erreurs.

Ses premiers actes de résistance ont consisté à fabriquer de faux papiers : fausses cartes d'identité, faux Ausweiss, fausses cartes d'alimentation pour des évadés comme lui, puis pour des clandestins en zone occupée. Nombreux sont alors ceux qui se trouvent en situation irrégulière et ont besoin de circuler. L'appartenance aux bureaux de Vichy facilite les choses et il y montre, paraît-il, du talent. Sa réputation s'affirmant discrètement dans ces petits cercles d'évadés hostiles à l'Allemagne, il organise aussi des filières pour les prisonniers de guerre qui, à leur tour, veulent tenter leur chance et s'évader d'Allemagne. François Mitterrand et ses amis leur font parvenir des cartes routières et des faux papiers, camouflés dans les colis qu'ils sont autorisés à recevoir, parfois même dans le dos du portrait du maréchal Pétain qui accompagne les envois officiels.

Il ne s'en tient pas là. Dès avril 1942, il va également, avec son groupe d'amis, saboter la conférence de propagande en faveur de la collaboration avec l'Allemagne qu'organise à Clermont-Ferrand un savant réputé, Georges Claude. Celui-ci se fait l'apologiste de l'axe Hitler-Pétain et multiple les réunions dans ce but en zone sud. Clermont-Ferrand doit en marquer le point d'orgue. Le groupe Mitterrand la fait échouer.

En juin 1942, François Mitterrand participe aussi à une réunion clandestine au château de Montmaur, dans les Hautes-Alpes. Autour d'un personnage séduisant, charismatique, aventureux, non conformiste, farouchement antiallemand, Antoine Mauduit (il sera déporté par la Gestapo l'année suivante), se réunissent pour plusieurs jours les responsables de petits groupes allergiques à la collaboration et avides de trouver des formes de combat. Politiquement et socialement, ils viennent de tous les horizons. Ils sont une cinquantaine, chrétiens, aristocrates, bourgeois, communistes, paysans, à se retrouver là. Il s'agit de définir des techniques d'action, de mettre sur pied des réseaux, de préparer la revanche. Le climat est fraternel, exalté, intrépide. Une nouvelle rencontre aura lieu au même endroit à la fin de l'année, après le débarquement allié en Afrique du Nord et l'invasion de la zone sud par les Allemands. Cette fois, il n'y a plus de « zone libre » ou de refuge même relatif. Il faut mettre sur pied, pour tous, les moyens de la clandestinité. L'esprit de résistance souffle vigoureusement à Montmaur, avec des inflexions presque mystiques. Plus tard, le lieu se transformera en maquis et sera pris d'assaut par les troupes allemandes.

En 1942, François Mitterrand, employé à Vichy, imprégné de l'idéologie maréchaliste, n'en sillonne pas moins la France pour organiser des noyaux et nouer des contacts. Il recrute prioritairement parmi les évadés et ses anciens camarades d'études. Il s'oppose à la propagande officielle auprès des prisonniers de guerre. Lorsqu'il rencontre le maréchal Pétain, il adhère donc à certaines de ses idées mais combat activement des pans entiers de sa politique. En 1943, lorsque la francisque lui est attribuée, il est devenu totalement clandestin et dirige un réseau qui compte déjà alors plusieurs centaines de volontaires.

Il se met en relation avec d'autres forces de la

Résistance. Il a pris pour pseudonyme Morland, du nom d'une station de métro (Sully-Morland) dont la première et la dernière lettre correspondent à son véritable patronyme. Il est présenté aux responsables des principaux mouvements de résistance de la zone sud (Libération, Franc-Tireur, Combat). Il fait notamment la connaissance d'Henri Frenay, fondateur du mouvement Combat, ancien officier d'active, chef de guerre incomparable à ses yeux. Il découvre aussi les premières rivalités au sein de la Résistance et se heurte par exemple à Michel Cailliau, qui organise lui aussi un mouvement de résistance parmi les prisonniers et se trouve être le neveu du général de Gaulle. Leur antipathie est immédiate. Si François Mitterrand a nettement plus d'hommes derrière lui, Michel Cailliau a nettement plus d'influence à Londres et à Alger. Cette année-là, quand la Résistance subit de lourdes pertes et quand plusieurs de ses principaux chefs sont arrêtés (le général Delestraint, Jean Moulin), le mouvement de François Mitterrand, sans doute parce qu'il recrute chez des évadés rompus par principe à la clandestinité, parvient à développer ses actions de contre-propagande, d'évasions et de renseignements.

François Mitterrand réalise lui-même un coup d'éclat en juillet. André Masson, le nouveau commissaire aux prisonniers de guerre, zélateur de la collaboration et organisateur de la « relève », qui incite les Français à aller travailler en Allemagne, tient meeting salle Wagram, à Paris. Il y a là en personne le Premier ministre, Laval, des forces de police considérables, un service d'ordre qui quadrille la salle, des contrôles d'identité stricts. Au beau milieu du discours de Masson, alors que celui-ci exhorte les travailleurs à se porter volontaires pour aller dans les usines d'armements d'outre-Rhin, François Mitterrand se dresse sur sa chaise, lui porte la contradiction, déclenche un tohu-bohu général et s'éclipse au milieu de la mêlée avec l'aide de ses camarades. Maurice Schumann, la voix de la France libre, relatera cet exploit et ce défi à la BBC. La Gestapo organisera en novembre une descente à Vichy pour arrêter Morland, sur le point d'arriver en train. Prévenu dans la gare même, il parvient à s'échapper, mais plusieurs de ses amis sont interpellés à son domicile et seront déportés. François Mitterrand est devenu l'un des hommes les plus recherchés de France par la police allemande.

Cette même année 1943, quelques jours à peine après son arrestation manquée, il réussit à gagner Londres. Le général de Gaulle veut l'unification des mouvements de résistance chez les prisonniers et évadés. François Mitterrand souhaite s'en entretenir avec lui. Un réseau, l'ORA (Organisation de la résistance de l'armée), l'a mené jusqu'aux environs d'Angers, où un petit avion britannique l'a recueilli. L'ORA passe pour vichyste, la France libre n'entretient pas toujours les meilleures relations avec les services secrets britanniques : elle est jalouse de son indépendance, ils aimeraient pouvoir la contrôler. François Mitterrand est donc accueilli fraîchement à Londres, où l'on veut lui faire signer un engagement dans les rangs gaullistes, ce qu'il refuse. Il parvient cependant à rallier Alger, où Henri Frenay le fait recevoir par le général de Gaulle, villa des Glycines, au début de décembre. François Mitterrand est cette fois suspecté de giraudisme, en raison d'amitiés familiales – toujours les mêmes liens sociaux et les mêmes alliances – avec le fils du général Giraud, rival malheureux du général de Gaulle, lequel vient justement de prendre définitivement le dessus sur lui : le vichysme, le giraudisme, les services britanniques, les préventions personnelles entretenues avec virulence par Michel Cailliau, rien de cela ne prélude à une entrevue facile.

Dans ses *Mémoires interrompus*, François Mitterrand assure cependant qu'elle fut cordiale. Le chef de la France combattante est très averti de la question des prisonniers de guerre et des évadés. Il sait qu'à la Libération il faudra compter avec ce million et demi d'hommes meurtris, souvent amers. Il donne donc la priorité à l'unification des mouvements de résistance actifs dans leurs rangs. François Mitterrand apprend à cette occasion que les communistes ont eux aussi le leur. Le Général n'en veut qu'un seul. François Mitterrand est d'accord avec lui. L'homme du 18 Juin entend que son neveu en prenne la tête. François Mitterrand s'y refuse et l'en déclare sans ambages totalement incapable. Au crépuscule de sa vie, il assurera : « J'éprouvais [à cette époque] une profonde admiration pour le caractère, le courage, l'intelligence du chef de la France libre, même si je contestais ses méthodes avant de combattre sa politique. » Il l'admire sans doute, il ne refuse pas son autorité, mais il ne veut pas se placer sous sa coupe et moins encore se comporter en simple exécutant, obéissant aveuglément aux ordres.

En fait, durant cette période, François Mitterrand ne peut qu'être sensible à l'ascendant et au prestige du général de Gaulle. Il sait bien que, depuis juin 1940, il est devenu le symbole de la France en refusant la défaite. Il ne peut qu'applaudir sa vision de l'Histoire, considérant dès le départ la déroute française de 1940 comme un revers provisoire au sein d'une immense bataille, beaucoup plus vaste et destinée à être finalement gagnée. Il ne peut qu'être impressionné par son panache et par sa vision, par sa grandeur de rebelle et par l'ampleur de ses vues. Il ne peut qu'approuver son opiniâtreté à défendre le rang de la France, face à l'ennemi mais aussi aux Alliés, qui contestent ses droits et son statut. Il ne peut que le regarder comme l'incarnation de la souveraineté française. Il n'a d'ailleurs cessé de le reconnaître, en public comme en privé.

Il juge cependant que la légitimité de la résistance intérieure n'est pas suffisamment prise en considération. Il renâcle à la mettre simplement au service du Général, même si celui-ci personnifie la France. Il rêve d'une autre distribution du pouvoir entre résistance extérieure – la France combattante – et résistance intérieure. Là où le général de Gaulle veut hiérarchiser et unifier, il aimerait plus de parité, d'autonomie et d'équilibre. Il le manifeste sans doute, et ne le cache pas toujours à Alger. Il est donc considéré comme indocile et ambigu. Si c'est un allié efficace, il n'appartient décidément pas à la famille.

On tente donc de le mettre à l'écart, soit en lui faisant accepter un siège de député – déjà – à l'Assemblée consultative d'Alger, situation d'attente honorable mais qui l'éloignerait du combat, soit en l'intégrant comme officier dans une unité de l'armée régulière. Il s'y refuse et, après quelques péripéties qui illustrent de nouveau la solidité de ses relations familiales mais aussi son indiscipline vis-à-vis de la France gaulliste, il parvient à gagner Marrakech, puis Glasgow, dans des circonstances rocambolesques, grâce à l'avion du général Montgomery, et enfin Londres. Là, il fréquente notamment le célèbre colonel Passy, chef du BCRA (Bureau de contre-espionnage, de renseignements et d'action, les services secrets de la France libre), et, miracle, s'entend bien avec ce redoutable non-conformiste. Il réussit ainsi à se faire embarquer sur une vedette de la

Navy britannique et à regagner la France en février 1944. Aussitôt il échappe de justesse à une nouvelle arrestation lorsqu'il est interpellé gare Montparnasse par le contrôle économique français, qui fouille sa valise – renfermant notamment un revolver, du cyanure et un imperméable anglais – et... le laisse repartir.

Il retrouve son mouvement de Résistance à la fois renforcé dans ses effectifs et traqué comme jamais par la Gestapo, qui finira, en mai-juin 1944, par mettre la main sur une bonne partie de sa direction. Là encore, François Mitterrand, le plus recherché de tous, manque de fort peu d'être arrêté à Paris. Depuis son retour en France, il a vécu plus que dangereusement. Il a cependant, comme le souhaitait le général de Gaulle, beaucoup contribué à la fusion des mouvements de prisonniers. Le sien est devenu le plus important de tous. Le 12 mars 1944 est constitué un mouvement unifié. À sa tête, quatre hommes, deux désignés par son groupe (Jacques Benet et lui-même), un communiste et Philippe Dechartre, préféré à Michel Cailliau. Le général de Gaulle a obtenu l'union et François Mitterrand, la primauté. Parallèlement, il participe à la préparation de la Libération, notamment au sein de la commission sociale du Conseil national de la Résistance.

À l'approche du débarquement, il est pressenti par Alexandre Parodi, délégué clandestin du général de Gaulle en France, pour occuper à la Libération les fonctions de secrétaire général aux prisonniers de guerre, déportés et réfugiés. Les secrétaires généraux devront assurer l'intérim du pouvoir dès que Paris sera libre, en attendant la formation d'un gouvernement régulier. Ils seront quinze. François Mitterrand est le benjamin. Il n'a pas tout à fait vingt-huit ans. Si le général de Gaulle accepte qu'il occupe cette haute fonction à un moment aussi décisif, ce n'est pas forcément preuve de sympathie, mais c'est au moins un témoignage de considération.

De fait, lorsque Paris se soulève au mois d'août – le débarquement puis la percée alliée ayant réussi –, il prend le contrôle d'une dizaine d'immeubles dépendant du Commissariat au reclassement des prisonniers de guerre, avec un groupe d'amis munis seulement d'armes légères. Il s'installe rue Meyerbeer, à la place des responsables de la collaboration. Là, de nouveau, il frôle le pire, se trouvant en situation périlleuse face à des Allemands survenant à l'improviste. La chance le tire d'affaire une nouvelle fois, grâce à l'arrivée de résistants. Il peut donc prendre ses fonctions. Lors de la fameuse descente des Champs-Élysées célébrant la libération de Paris, il se trouve au sixième ou septième rang derrière le général de Gaulle. Lorsque le chef du Gouvernement provisoire réunit rue Saint-Dominique, au ministère de la Guerre où il s'est installé, les quinze secrétaires généraux et que ceux-ci lui sont protocolairement présentés, il lance, goguenard mais cordial, un « Encore vous ! » à François Mitterrand, sans doute intimidé.

La suite est moins amène. Les membres du Gouvernement provisoire arrivent comme prévu. François Mitterrand cède donc la place à Henri Frenay, titulaire du portefeuille. Celui-ci lui propose de conserver son poste à ses côtés. Il s'y refuse. Désormais, François Mitterrand a opté pour la politique. Il ne sortira plus du champ des affaires publiques durant un demi-siècle. Il ne veut pas d'un poste de haut fonctionnaire, fût-il le premier du ministère. En revanche, il sait bien que son mouvement de prisonniers va constituer une grande force. De fait, les prisonniers de guerre qui reviennent peu à peu, après des années de captivité, de dénuement, d'humiliations, de désœuvrement, de rêves et de mauvais pressentiments, ces prisonniers de retour ont des exigences à faire valoir. On les accueille avec sympathie, mais ce sont les vainqueurs qu'on applaudit. Leurs insatisfactions, leurs rancœurs, leur jeunesse volée les mettent aisément en effervescence. La gauche et François Mitterrand – peut-être est-ce la première fois qu'ils se trouvent ainsi seuls côte à côte – organisent une grande manifestation de revendication le 2 juin 1945.

Le général de Gaulle est fort courroucé. Il en veut tout particulièrement à François Mitterrand. La guerre n'est pas encore achevée, et voici que la contestation sociale gronde. Que des dirigeants communistes et socialistes jouent avec les frustrations des anciens prisonniers de guerre, cela le navre sans le surprendre. Que François Mitterrand, très influent parmi les prisonniers, ait participé au mouvement, cela l'irrite beaucoup. Ses préventions ressurgissent. Lors d'une rencontre de mise au point des plus sèches, il le charge donc d'annoncer les mesures décidées, afin de l'obliger à s'en montrer solidaire. Le général de Gaulle regarde désormais François Mitterrand comme un personnage politique et surtout comme un probable adversaire.

Les éditoriaux que publie chaque jour l'ancien secrétaire général aux prisonniers de guerre dans *L'Homme libre*, journal qui s'adresse aux anciens combattants et a repris le titre célèbre du quotidien de Georges Clemenceau, ne sont pas faits pour l'en dissuader. Même si François Mitterrand n'adhère à aucun parti et ne possède aucun mandat électif, même si le général de Gaulle lui confie encore une mission officielle lorsque s'ouvrent les portes des camps de déportation, le doute n'est pas permis. François Mitterrand va s'engager en politique, ce ne sera pas dans les rangs gaullistes. Cette attitude lui coûtera la croix, prestigieuse entre toutes, de compagnon de la Libération, pour laquelle il a été proposé à la première place sur la liste par Henri Frenay. Le général de Gaulle en personne a biffé son nom. À Georges-Marc Benamou, François Mitterrand explique : « De Gaulle, habitué depuis quatre ans à gouverner, avait une étonnante sûreté de jugement et une autorité naturelle sans égale. Avec lui, on était dans l'Histoire. On la vivait. On la faisait. Cela, je le percevais et j'ai dit à quel point j'admirais que l'on pût gouverner ainsi. » Mais c'est pour ajouter aussitôt : « Mais je n'ai pas été tenté de le rejoindre politiquement. [...] il considérait la France comme sa chose et cela me rebutait. » François Mitterrand n'avait pas une vocation de compagnon.

À vingt-huit ans, il sort cependant de cette guerre effroyable avec les honneurs. Il s'apprête à entrer officiellement en politique. Il figure parmi les nouveaux dirigeants de la Libération et nul ne doute qu'il aura sa place dans le régime qui se prépare. Son mouvement de prisonniers de guerre lui donne du poids, lui vaut un certain renom. Il est courageux et brillant, bon orateur, tacticien visiblement doué. Il aime écrire et le fait bien. Il vient de participer en bon rang au relèvement de la France. Son rôle au sein de la Résistance n'est pas contestable, pas plus que ne le furent, en sens inverse, ses inclinations vichystes initiales. Tel est déjà alors François Mitterrand : marquant et courageux, entreprenant et ambitieux, altier et ambivalent.

Ainsi a-t-il eu, sans l'ombre d'un doute, d'étranges relations avec tout un milieu très lié à la Cagoule. Elles dataient d'avant la guerre et étaient, une fois de plus, d'origine familiale et sociale. Le principal chef de cette organisation secrète et violente d'extrême droite, Eugène Deloncle, polytechnicien et administrateur de sociétés, est non pas un parent mais un allié indirect de la famille Mitterrand. Ils se connaissaient donc et se fréquentaient, même si les véritables activités d'Eugène Deloncle n'étaient pas connues. Un autre ami de la famille, Jean Bouvyer, soupirant d'une sœur de François Mitterrand, est compromis avec la Cagoule, avant la guerre, arrêté et incarcéré à la prison de la Santé. François Mitterrand lui rend assidûment visite. Décidément mal inspiré dans ses choix, Jean Bouvyer se compromet gravement durant la guerre au Commissariat général aux affaires juives. Il fournit cependant des informations au mouvement de François Mitterrand et passe *in extremis* à la Résistance. Après la Libération, il est arrêté et interné de nouveau. François Mitterrand témoigne en sa faveur, comme il intervient en faveur d'un autre ex-cagoulard, qui a lui aussi fréquenté sa famille, Jacques Corrèze, lourdement condamné à la Libération.

Pierre Péan, que l'on ne peut suspecter de complaisance, ne croit pas que François Mitterrand lui-même ait appartenu à la Cagoule. Elle était férocement antisémite, alors que lui ne l'a jamais été. Elle recourait à la violence pour combattre la République. Ce n'était ni son cas ni celui du colonel de La Rocque, dont il épousait alors les idées, et qui s'était refusé à sortir de la légalité le 6 février 1934. François Mitterrand n'a vraisemblablement rien à se reprocher sur ce point.

En revanche, son entourage et son milieu social avaient décidément nombre de relations de ce côté-là. Il n'en est évidemment pas responsable. Il a bénéficié cependant de leur aide en quelques circonstances mineures, à des moments troublés, à son arrivée à Vichy sans doute. Réciproquement, il leur est demeuré obstinément fidèle, malgré leurs choix aberrants. Dans ces circonstances, il a fait passer la fidélité personnelle et le sens de l'amitié avant la rigueur républicaine, l'égoïsme politique ou le respect des valeurs démocratiques. C'est une attitude assez rare, même durant ces périodes tumultueuses. C'est un comportement désintéressé et aventureux. C'est aussi une preuve de grand orgueil, de fierté presque arrogante, indifférente aux risques, aux jugements des autres, au qu'en-dira-t-on. François Mitterrand se sent assez sûr de lui et de sa trajectoire durant la guerre, fût-elle ambiguë pendant sa première année à Vichy, pour conserver son amitié – et le manifester – à ceux qui ont manqué au patriotisme et à la démocratie.

C'est là comportement de prince souverain, refusant de se soumettre aux canons qui s'appliquent au commun des mortels. On peut supposer que les mêmes réactions l'ont inspiré – malheureusement – lorsqu'il a longtemps tergiversé avant de prendre ses distances avec René Bousquet, qu'il a toujours assuré n'avoir rencontré qu'après la guerre, lorsqu'il avait été relevé de ses condamnations. Il n'a accepté de changer d'attitude qu'après avoir apris les responsabilités accablantes de René Bousquet dans la rafle du Vél' d'hiv. Encore l'a-t-il fait après un trop long délai. Encore a-t-il agi en coulisses pour que ne s'ouvre pas un procès pour crime contre l'humanité. Encore reste-t-il suspecté de l'avoir mieux connu – et depuis plus longtemps – qu'il ne l'avoue, par le canal de Jean-Paul Martin. Celui-ci, haut responsable de la police sous l'Occupation, informateur de la Résistance, spécialiste du double jeu, est un proche de Bousquet. Il deviendra, sous la IVe République, un collaborateur de François Mitterrand.

Ainsi allait François Mitterrand, soldat plein de bravoure, résistant intrépide et important mais aussi perméable à l'idéologie de Vichy et trop fidèle à ses amis d'extrême droite connus pendant l'adolescence. En somme, durant la guerre, dans ce qu'il a fait de meilleur – la Résistance –, François Mitterrand a appartenu au cercle étroit des responsables de premier plan. Dans ce qu'il a fait de plus contestable – ses textes de Vichy –, il n'a commis que des péchés véniels, plus que compensés par son courage. Dans ce qu'il a commis de pire – sa fidélité à des amis gravement coupables –, il a démontré que son code éthique personnel n'était pas celui des simples mortels.

CHAPITRE IV

L'ambition et le pouvoir

C'est une affaire entendue, qu'aucun de ses portraitistes ne conteste, qu'aucun de ses biographes ne néglige, qu'aucun de ses plus zélés défenseurs ne nie, François Mitterrand incarne l'archétype même de l'ambitieux. Il a toujours voulu faire carrière, il a toujours cru en son destin. Il avait la passion du pouvoir et il n'a cessé de chercher à l'assouvir à travers la seule profession qu'il ait jamais véritablement exercée, le métier politique.

Charles de Gaulle avait été officier de carrière, théoricien militaire et stratège avant que l'Histoire le rattrape. Georges Pompidou avait été professeur, magistrat et banquier avant de pénétrer dans l'arène politique. Valéry Giscard d'Estaing et Jacques Chirac avaient été hauts fonctionnaires et membres de cabinets ministériels avant d'affronter le suffrage universel. François Mitterrand est différent. Seul de son espèce, il a fait de la politique son unique vocation, du pouvoir son objectif immuable, de l'ambition son ressort intime. Les quelques mois pendant lesquels il fut journaliste après la Libération ne furent qu'un intermède entre la Résistance et le Parlement. Les quelques années durant lesquelles il exerça la profession d'avocat ne furent qu'un complément circonstanciel et provisoire aux aléas de la vie publique. Si l'ambition, la politique et le pouvoir doivent se fondre en un seul visage, c'est celui de François Mitterrand qui apparaîtra immanquablement. Nul n'a personnifié mieux que lui la quintessence du politique ; nul n'a laissé éclater pareille jouissance du pouvoir ; nul n'a ressemblé autant que lui au totem de l'ambition.

Et cependant, même si tout le monde s'accorde sur le diagnostic, celui-ci n'épuise pas le sujet. Que François Mitterrand ait été un suzerain-né, qu'il ait eu tôt conscience de son charisme, de son envergure, de sa singularité, cela ne fait guère de doute. Les témoignages sur son adolescence l'attestent, les récits de ses camarades des camps de prisonniers ou de Résistance y reviennent sans cesse. L'orgueil, la fierté, l'ascendant, la volonté, le goût de dominer, ne lui ont jamais manqué. Avant même d'être adulte, il se croyait, se sentait ou se savait appelé à un grand rôle. Beaucoup, autour de lui, en avaient conscience. Sa correspondance durant la période de la guerre et de l'Occupation fourmille de signes d'impatience. Il convoitait les responsabilités, il aspirait au pouvoir, il considérait la politique comme son chemin naturel. Il s'y est jeté avec volupté, avec passion. Les marches du pouvoir ne l'intimidaient pas. Il avait l'intention de les escalader quatre à quatre, et c'est ce qu'il a fait. À trente ans, il fut le plus jeune ministre qu'ait connu la République, depuis la Révolution. En dix années, de 1947 à 1957, il a obtenu onze portefeuilles ministériels, de plus en plus importants, jusqu'au poste de garde des Sceaux qui en faisait à l'époque, selon le protocole, le numéro deux du gouvernement. Lorsque la IVe République s'est effondrée, il appartenait déjà au cercle de ces caciques incontournables parmi lesquels se recrutaient, tôt ou tard, les présidents du Conseil. C'était déjà un ambitieux comblé, un prince du pouvoir.

La question n'est donc pas de savoir si François Mitterrand avait de l'ambition ou non, s'il aimait le pouvoir ou non. Cela, on ne l'ignore pas. Elle n'est pas davantage de s'interroger sur son caractère monarchique. Il ne fait aucun doute. Devenu homme de gauche sous la Ve République, après avoir été homme de droite, puis du centre sous la IVe République, il n'a pas moins été souverain que ses prédécesseurs au poste suprême, auquel il a fini par accéder. Il a conquis pied à pied, patiemment, méthodiquement, le contrôle du parti socialiste, la direction de fait de toute l'opposition, puis la présidence de la République. Les échelles ont varié, le comportement ne s'est pas modifié. François Mitterrand fut un monarque par tempérament, par méthode, par style et par charisme.

Il le fut à la tête de la toute petite Convention des institutions républicaines en 1964, puis de la fragile Fédération de la gauche démocrate et socialiste (FGDS) en 1965, du parti socialiste renaissant en 1971, enfin à la tête de l'État quatorze années durant. Étape après étape, il avait ses fidèles, ses inconditionnels, de plus en plus nombreux, son entourage privé, sa cour, de plus en plus caricaturale. Dominateur, secret, dissimulé même, impérieux, manœuvrier, roué, manipulateur, c'était peut-être un monarque de gauche mais c'était pleinement un monarque. Il n'a d'ailleurs rien cédé des considérables privilèges de la présidence de la République à la française. Il a exercé intégralement, avec un plaisir manifeste, les prérogatives de sa fonction. Il a même consolidé la pente ultra-présidentialiste, dissolvant l'Assemblée nationale après ses victoires électorales de 1981 et 1988, afin d'avoir des majorités à sa main. Il a changé de Premier ministre, parfois brutalement, chaque fois que son intérêt politique l'a voulu. Cet hérétique de la Ve République s'est comporté en président typique du régime.

103

Il y a même ajouté un surcroît de pompes et de fastes presque provocateurs, par exemple lors du fameux G7 de Versailles, en juin 1982, comme s'il mettait la république au défi de contester l'essence royale de son pouvoir. Ce socialiste par conversion était un souverain par prédestination.

D'où vient cependant que cette ambition satisfaite, que cette passion du pouvoir assouvie, que cet instinct monarchique rassasié aient toujours suscité une défiance particulière, une gêne persistante, un perpétuel soupçon d'illégitimité ? Après tout, l'ambition de François Mitterrand était dès le départ bien connue. Nul ne pouvait prétendre sérieusement qu'il en avait le monopole, ni qu'il était le seul spécimen du genre au sein du monde politique. C'était vrai sous la IVe République, où la concurrence était vive sur ce plan. Ce l'est *a fortiori* sous la Ve République. Personne ne devient président de la République au suffrage universel direct par hasard ou par distraction. À ce stade de responsabilités suprêmes, il y faut un appétit spécial, une conscience aiguë de ses propres capacités. Au-delà des projets, des programmes, des plates-formes, des convictions, il y a là un investissement personnel hors du commun, une propension à s'identifier avec le pouvoir de la république, que tous ceux qui l'exercent possèdent peu ou prou. Malgré cela, malgré ces règles générales, François Mitterrand a toujours provoqué, plus que les autres, beaucoup plus même, une méfiance, une aversion qui lui sont propres. Son ambition a plus inquiété que celle des autres, son goût du pouvoir a plus choqué, sa passion de la politique, plus alerté. Cela n'a cessé d'être vrai durant un demi-siècle, de la Libération à son départ de l'Élysée. L'ambition de François Mitterrand a toujours fait flotter un parfum méphistophélique, son pouvoir a sans cesse alarmé, comme si, étant plus politique que les autres, il devenait nécessairement luciférien.

Sa méthode politique y était-elle pour quelque chose ? François Mitterrand avait certes mis au point une technique de conquête du pouvoir bien personnelle. Sans doute l'a-t-il élaborée pragmatiquement au départ, en raison des contraintes spécifiques de la clandestinité sous l'Occupation. Et puis, voyant que cela lui réussissait, il en a fait sa martingale et il l'a appliquée, toute sa vie durant, pour prendre le contrôle, tour à tour, de son mouvement de Résistance pendant la guerre, de son groupe parlementaire et de son parti-charnière sous la IVᵉ République, du parti socialiste et de la gauche non communiste durant sa longue période d'opposition sous la Vᵉ République, enfin pour se faire élire à la tête de l'État. Autant de phases successives, autant d'enjeux croissants, autant de circonstances assurément diverses, et cependant toujours la même manière de procéder, toujours la même approche, toujours le même système : il y a une technique Mitterrand de conquête du pouvoir.

Elle s'organise intégralement autour du chef. Elle s'appuie sur un petit réseau de fidèles éprouvés. Elle repose sur un équilibre bien particulier de calculs, de patience et d'audace. François Mitterrand n'a pas son pareil pour découvrir le point d'impact décisif afin de prendre le contrôle d'une force politique ou d'un lieu de pouvoir. Il ne cherche pas à cerner, à assiéger, à investir, mais à identifier le point névralgique, à s'en emparer et, à partir de là, à rayonner progressivement sur l'ensemble du système jusqu'à en devenir le maître. Il y faut du coup d'œil, de l'opiniâtreté et, l'heure venue, de la hardiesse. La méthode n'est pas infaillible mais elle lui a bien souvent réussi, il l'a utilisée à chaque moment clé de sa trajectoire politique. Ce que l'on a si souvent présenté comme son habileté suprême – avec présomption de cynisme et parfum de machiavélisme – relève d'abord de cette manière Mitterrand.

Une poignée d'amis fidèles et de compagnons admiratifs, acquis à son autorité, une occasion – l'ordre donné par le général de Gaulle de fusionner en un seul les divers mouvements de la Résistance implantés chez les prisonniers de guerre et chez les évadés –, un coup d'audace : c'est ainsi que François Mitterrand est devenu en 1944 le chef de file de la Résistance dans ce milieu, puis tout naturellement le secrétaire général aux prisonniers de guerre et aux anciens combattants de la Libération.

La tentation était alors de s'affilier à l'un des grands partis politiques sortis de la Résistance pour entamer une carrière politique confortable. Sa position lui permettait d'y prétendre sans difficulté. Ce n'est pourtant pas la voie qu'il a choisie. En 1945, François Mitterrand ne se sentait ni marxiste ni gaulliste. Il voulait être son propre maître et se refusait tout net à subir la discipline d'un appareil. La SFIO était trop à gauche, le MRP trop clérical et trop gaulliste, le parti radical trop laïc. Aucune de ces formations ne correspondait à sa culture et à ses goûts (il venait de se détacher de l'Église catholique). Il a donc choisi de participer à la fondation de l'UDSR, rassemblement hétéroclite de modérés, d'indépendants, de gaullistes et de radicaux, au rayonnement modeste et aux contraintes légères. Élu député de la Nièvre en novembre 1946 (après un échec honorable en juin dans la banlieue parisienne), il s'apparenta puis adhéra au groupe parlementaire UDSR. Il a compris rapidement que cette petite formation de centre droit serait le lieu géométrique de toutes les majorités parlementaires. Peu nombreuse, mal structurée, composite mais idéalement située sur l'échiquier politique, elle devait être nécessairement de toutes les combinaisons. Un ambitieux pouvait s'y imposer et espérer collectionner les portefeuilles ministériels. Un homme de pouvoir pouvait y assouvir ses goûts.

De nouveau, la méthode Mitterrand fut appliquée. Des amitiés furent nouées, des fidélités tissées, jusqu'à constituer une petite masse de manœuvre. Tour à tour, les gaullistes furent écartés (leurs propres maladresses y contribuant généreusement) puis, à partir de 1951, le président-fondateur, René Pleven, un Breton modéré, pourtant forte personnalité, Français libre notoire, plusieurs fois président du Conseil, est mis en minorité. François Mitterrand a su patiemment convaincre les députés africains du RDA (Rassemblement démocratique africain) de Félix Houphouët-Boigny (futur Président de la Côte-d'Ivoire) de s'éloigner de la mouvance communiste pour grossir les rangs de l'UDSR, où ils pouvaient se faire entendre plus efficacement. Il a fait systématiquement adhérer ses anciens camarades du Mouvement national des prisonniers de guerre au petit parti, où ils n'ont guère éprouvé de difficultés à devenir les plus nombreux [1]. Dès 1951, François Mitterrand préside ainsi le groupe UDSR à l'Assemblée nationale (il le fera jusqu'à la fin de la IVe République), puis en 1953 il devient officiellement président du mouvement. Il a pris le contrôle de l'UDSR et s'est trouvé en position de devenir quasi indispensable au sein des gouvernements successifs, à des postes de plus en plus éminents. Sans l'UDSR, pas de majorité; sans François Mitterrand, pas de gouvernement, ou peu s'en faut. Le

1. Voir à ce sujet Catherine Nay, *Le Noir et le Rouge, op. cit.*

pouvoir est atteint, l'ambition satisfaite, la méthode vérifiée.

Il l'emploie de nouveau à une beaucoup plus vaste échelle, au sein de la gauche, de 1958 à 1981. La fondation de la Ve République l'a exilé au sein de l'opposition : il va s'y tailler un empire. Au départ, il est à peine admis, guère respecté, lui qui avait été cependant ministre de l'Intérieur du gouvernement de Pierre Mendès France – l'homme de gauche le plus admiré à l'époque – et ministre de la Justice du gouvernement Guy Mollet, l'homme de gauche le plus influent sous la IVe puis au début de la Ve République. Il en faut davantage pour le décourager. Son avenir se situe désormais de ce côté-là, il en a vite la certitude, il lui faut donc séduire et conquérir ce camp, s'il veut en devenir le maître.

Il s'y emploie avec ses armes favorites. Il fréquente de nouveaux cercles, s'astreint à de nouvelles lectures, bat le rappel de ses amis. Ceux-ci forment plutôt une centurie qu'une légion. Peu importe. En 1965, il a confié à Pierre Mauroy, qu'il tenait particulièrement à s'attacher : « Il y a la politique, les idées. Il y a aussi les hommes. Si nous réussissons à rassembler cent hommes décidés et d'accord sur les grandes options, on ira très loin. On rénovera la gauche. Un jour, on dirigera la France [1]. » C'est bien vu. En 1964, François Mitterrand a regroupé ses amis au sein de la Convention des institutions républicaines, un nom pompeux pour une troupe modeste mais tout acquise, qu'il préside et qui lui permet de devenir l'interlocuteur légitime des partis traditionnels de la gauche – PC, SFIO, radicaux –, beaucoup plus puissants que ce club mais

1. Cité par Hugues Le Paige, *in Mitterrand 1965-1995. La continuité paradoxale*, L'Aube, 1995.

moins mobiles et beaucoup moins dévoués à un homme. Il peut compter sur sa petite force de frappe.

L'occasion, il la guette depuis longtemps, c'est l'élection présidentielle de 1965, la première du genre à avoir lieu au suffrage universel direct : « Dès 1962, j'ai su que je serais candidat », écrira-t-il quelques années plus tard [1]. Ses amis d'alors le confirment. La gauche a besoin de s'unir. François Mitterrand s'en persuade : « Le choix socialiste est la seule réponse à l'expérience gaulliste [2]. » Pierre Mendès France ne veut pas être candidat (il désapprouve absolument le principe même de l'élection présidentielle au suffrage universel et la monarchie républicaine qu'elle implique). Guy Mollet ne le peut pas, il est par trop discrédité. Personne ne s'impose donc. Gaston Defferre, qui a du caractère et une réputation de modernisme, semble le mieux placé. François Mitterrand – illustration de sa patience et de sa perspicacité – soutient une tentative qu'il ne peut empêcher mais dont il croit qu'elle échouera : ce qui a lieu effectivement en raison de la timidité des centristes de Jean Lecanuet, qu'effarouche au dernier moment l'alliance avec les laïcs de la gauche modérée.

Dès lors, la scène est dégagée. Trois ou quatre noms restent possibles. Maurice Faure, président du parti radical, possède en théorie le plus d'atouts, mais c'est François Mitterrand le plus prompt et le plus décidé. Il devient donc candidat de la gauche unie, « le plus mauvais candidat possible [3] », commente cruellement Pierre Viansson-Ponté. Les premiers sondages sont en effet calamiteux. François Mitterrand, après une campagne pugnace et éloquente, se qualifie cependant pour

1. François Mitterrand, *Ma part de vérité, op. cit.*
2. *Id., ibid.*
3. Pierre Viansson-Ponté, *Histoire de la République gaullienne*, Fayard, 1971, t. II, « Le temps des orphelins (août 1962-avril 1969) ».

le second tour face au général de Gaulle. L'auguste président de la Ve République l'emporte certes aisément, mais le candidat de la gauche a mis l'homme du 18 Juin en ballottage, ce qu'à peu près personne n'imaginait quelques semaines auparavant. Il rassemble au second tour 45 % des voix, en chiffres ronds. En quelques semaines, il a subitement changé de statut et d'image. Le politicien professionnel de la IVe République est devenu, par la grâce du suffrage universel et par la force de son talent, le porteur légitime du mythe de la gauche. La méthode a fonctionné au-delà de ses espérances.

François Mitterrand a toujours su faire des tremplins de ses défaites. Il s'agit cette fois-ci d'une fausse défaite et d'une vraie espérance. Il la consolide sur-le-champ. Il a inspiré, grâce à la dynamique de sa campagne, la naissance d'une Fédération de la gauche démocrate et socialiste (FGDS) qui regroupe l'ensemble de la gauche non communiste. SFIO, radicaux, conventionnels de François Mitterrand et quelques clubs de moindre renommée la constituent. L'objectif est d'équilibrer la puissance du parti communiste, alors force dominante au sein de la gauche. François Mitterrand en est élu président, cela va de soi. Même s'il ne s'agit que d'une coalition assez lâche, elle donne à la gauche modérée une allure nouvelle. De même a-t-il décidé de former, en 1966, un contre-gouvernement sur le modèle du *shadow cabinet* britannique. La majorité l'accable de sarcasmes, mais la place de l'opposition se fortifie, comme en témoignent les progrès substantiels enregistrés à l'occasion des élections législatives de 1967, les plus brillantes pour la gauche depuis 1958.

La « révolution introuvable » de mai 1968, pour

110

reprendre le titre d'un ouvrage de Raymond Aron [1], jette brutalement par terre l'architecture toute neuve de la gauche non communiste. Quant à son chef de file, François Mitterrand, il en sort dévalorisé aux yeux de la majorité des Français et derechef fort isolé au sein du monde politique. Les intellectuels de gauche le brocardent, la jeunesse étudiante le conspue, les syndicats ouvriers le dédaignent. Là encore, sa méthode le sauve. Sagement, il prend du champ, abandonne la présidence de la FGDS, écrit. Un an plus tard, le général de Gaulle perd le référendum de 1969 et démissionne altièrement. Il n'est pas question un instant que François Mitterrand se présente à l'élection présidentielle. Il est passé de mode, alors que Gaston Defferre, Pierre Mendès France et un nouveau venu, Michel Rocard, portent les espoirs des modernistes. Les deux premiers forment un tandem baroque (Pierre Mendès France possède le prestige, mais c'est Gaston Defferre le candidat) qui obtient un score catastrophique (5 % à peine), cependant que le troisième, tout inconnu qu'il soit, fait presque jeu égal avec eux. Par comparaison, le François Mitterrand de 1965 a réalisé un exploit.

Deux ans plus tard, il a repris la main, avec ses recettes immuables : la vieille SFIO est acculée au renouveau mais détient le patrimoine historique de la gauche. François Mitterrand a compris que là se trouve le donjon. Il lui faut donc en prendre le contrôle. Il n'est pas socialiste ? Il le deviendra. Il n'a guère de troupes, hormis ses mameluks de la Convention des institutions républicaines ? Il va trouver des alliés. Il voit bien qu'il lui faut ne pas se découvrir trop tôt. Après la double déroute de 1968 et 1969, la gauche rejette ses caciques,

1. Raymond Aron, *La Révolution introuvable. Réflexions sur les événements de Mai*, Fayard, 1968.

dont Guy Mollet est le symbole mal aimé. Elle aspire au retour des valeurs et de la morale. Le très honorable Alain Savary devient ainsi le premier secrétaire d'un parti socialiste qui succède à la SFIO. Il faut relancer l'union de la gauche en fortifiant son aile non communiste. En juin 1971, un congrès de l'unité se réunit donc à Épinay-sur-Seine. François Mitterrand et la Convention des institutions républicaines demandent à y adhérer. Quand le congrès s'achève, François Mitterrand est devenu premier secrétaire de ce PS tout neuf.

Il a pour cela attendu son heure, mobilisé sa garde et tissé patiemment les fils d'une improbable coalition. Il séduit la droite du PS, alors incarnée par Gaston Defferre et Pierre Mauroy – l'un a de la gratitude pour son soutien passé, l'autre de l'admiration pour son envergure et son opiniâtreté. Il joue de leurs rivalités avec les hommes de Guy Mollet. Il réussit la jonction paradoxale de l'extrême gauche du PS (menée par l'ardent et audacieux Jean-Pierre Chevènement) avec son aile droite contre le centre et la gauche socialistes. Dans cette manœuvre toute napoléonienne, la maigre Convention des institutions républicaines forme l'appoint irremplaçable. Politiquement, arithmétiquement, cette victoire était impossible. Les souvenirs de 1965, l'habileté et la hardiesse de François Mitterrand compensent la faiblesse de ses troupes et le handicap d'une conversion si fraîche et si peu ingénue. Une fois de plus, l'addition du talent et de la méthode s'est imposée.

Deux ans plus tard, lorsque Georges Pompidou meurt brutalement, le nouveau premier secrétaire du parti socialiste, leader légitimé de la gauche non communiste, se fait introniser à nouveau candidat unique de la gauche à l'élection présidentielle. Le parti

112

communiste, durement éprouvé par le ressac de Mai 1968, par l'invasion de la Tchécoslovaquie et par les convulsions du poststalinisme, n'ose pas lui refuser son appui. François Mitterrand, ce bourgeois non conformiste, incarne pour la deuxième fois le mythe de l'union de la gauche. Il se qualifie de nouveau pour le second tour de l'élection présidentielle et, cette fois, il est battu sur le fil, d'un souffle à peine par un Valéry Giscard d'Estaing qui n'a jamais été aussi brillant. Le candidat de la gauche a obtenu plus de 49 % des voix, un score sans précédent pour l'opposition sous la Ve République. François Mitterrand est grandi par sa défaite. Il devient le suzerain de la gauche, bientôt son souverain.

De 1974 à 1981, il assied en effet son pouvoir sur le parti socialiste. Il place ses hommes, il impose sa méthode. Cela ne se fait pas sans heurts et sans rebondissements. Il lui faut renverser ses alliances au sein de l'appareil à plusieurs reprises, intégrer la gauche catholique et les rocardiens, résister à la popularité croissante de la nouvelle coqueluche qu'est justement Michel Rocard. Il fait absorber le choc d'une autre défaite, presque encourageante, aux élections législatives de 1978 (la gauche a obtenu 50 % des voix au premier tour, un record depuis que la droite est au pouvoir). Il lui faut aussi écarter la candidature de Michel Rocard, favori des sondages, des intellectuels et des médias à l'approche de l'élection présidentielle de 1981. Balivernes que cela : il contrôle comme jamais l'appareil politique le plus puissant dont il ait disposé; il connaît le calendrier et peut donc échafauder froidement sa stratégie. Le parti communiste rompt son alliance – après avoir compris un peu tard qu'il en est la dupe? Le premier secrétaire, devenu contre-président

113

officieux au fur et à mesure que la crise perdure, que le chômage augmente et que la gauche se redresse, perçoit aussitôt qu'il tient là sa chance historique : l'électorat de gauche le considère désormais comme le symbole de l'unité, comme l'emblème de l'opposition et même comme la figure de proue du socialisme. Il aura donc l'avantage des suffrages communistes sans les inconvénients et les marchandages de la coalition avec le PC.

Ainsi, avec beaucoup de sang-froid, de persévérance et d'envergure, devient-on président de la République, même si l'on est un socialiste de fraîche date et un candidat de toute éternité. La méthode Mitterrand a fait ses preuves. Le chef de l'État victorieux, élu en 1981, peut être regardé comme le virtuose par excellence de la conquête du pouvoir.

Son maniement des hommes fait lui aussi merveille. Il le prouve de façon spectaculaire durant ses deux mandats. Cela va de soi avec le personnel de la gauche. François Mitterrand, attentif aux autres, toujours intéressé, presque gourmand des personnalités de ses interlocuteurs, sait comme personne séduire, intimider, commander, flatter et surtout s'attacher les fidélités les plus diverses et les plus solides. C'est un art très particulier et peu répandu que celui-là. Il exige à la fois de l'humanité et du cynisme, de la disponibilité, de l'instinct, du savoir-faire et du coup d'œil. Il en faut au Président socialiste car, après vingt-trois ans d'opposition – une génération –, il doit réussir l'amalgame de quelques grognards de la IVe République et de nombreux Marie-Louise de la Ve. Il doit gouverner dans des circonstances hostiles (la crise, la défiance des marchés), avec un programme irréaliste et des hommes inexpérimentés. Il parvient cependant à faire surgir une génération de responsables socialistes d'un niveau finalement des plus honorables.

Le mérite lui en revient personnellement, car il ne laisse à personne le soin des nominations, des promotions, des promesses, des sanctions. À l'Élysée, il aura à mettre en place un train immense de nationalisations, un service public national de l'enseignement « laïc et unifié », le recrutement de nouveaux fonctionnaires, une extension du rôle de l'administration. Quatre ministres communistes vont participer au gouvernement de Pierre Mauroy. Impossible de faire plus minutieusement en 1981 le contraire même de ce qu'il préconisait en 1946. L'homme de droite qui s'était fait élire député et l'homme de gauche qui faisait son entrée au palais de l'Élysée n'appartenaient pas au même camp.

Il y a plus gênant. Après tout, qu'en un tiers de siècle un homme politique de premier plan change de convictions, d'alliances et de langage... les exemples historiques et honorables fameux ne manquent pas, et il en est de beaucoup plus récents. Que François Mitterrand ait modifié son opinion sur les nationalisations, il n'est pas le seul, et le général de Gaulle lui-même a en somme accompli le chemin inverse. Qu'il ait renversé son drapeau à propos de l'école libre, là non plus le cas n'est pas pendable, ou bien alors il se trouve en fort nombreuse compagnie. Qu'il ait bouleversé ses options à propos de l'Algérie, la plupart des dirigeants politiques français de la même époque en ont fait autant, à commencer par ses plus respectables adversaires.

Ce qui paraît plus suspect, c'est que François Mitterrand, si farouchement anticommuniste à la Libération, si ferme face au PC dès son premier portefeuille (il succédait au communiste Laurent Casanova et dut

115

affronter une grève très politique du PC pour ses débuts ministériels), si constant durant toute la IVᵉ République dans sa dénonciation de l'impérialisme soviétique – il défila pour protester contre l'écrasement de l'insurrection de Budapest –, ce Mitterrand-là fut le symbole et l'ardent défenseur de l'union de la gauche à partir de 1965. La nature du communisme n'ayant pas changé entre-temps, il faut bien en conclure qu'il a suivi la politique de ses intérêts, même s'il n'a jamais manqué de vigilance.

Il y a pis. François Mitterrand tire gloire, à juste titre, des collaborateurs qui supportent la comparaison avec leurs prédécesseurs. Cela prouve qu'il sait choisir parmi les débutants. Jacques Attali, Jean-Louis Bianco, Hubert Védrine, Élisabeth Guigou, François Hollande, Ségolène Royal, Michel Vauzelle, Christian Sautter, Anne Lauvergeon et beaucoup d'autres n'avaient aucune expérience de leurs fonctions. Ils l'acquièrent aisément. Même chose au sein des gouvernements socialistes successifs, même si, question de dosage inévitable et d'exposition redoutable aux médias, le niveau de compétence apparaît beaucoup plus inégal. Presque tous les ministres et la plupart des secrétaires d'État ont été choisis un par un par le président de la République en personne. La marge des Premiers ministres n'a cessé d'être des plus modestes sur ce point. François Mitterrand n'a certes pas été infaillible : Édith Cresson à l'hôtel Matignon n'était pas la meilleure idée du règne même si elle avait été auparavant un excellent ministre. Le chef de l'État accordait d'ailleurs trop de prix à l'inconditionnalité. Il fut néanmoins un chasseur de têtes peu banal.

Qu'il ait possédé une aptitude particulière pour jauger les âmes et discerner les personnalités, qu'il ait su en faire une arme rare et redoutable, il l'a surtout démontré dans ses relations avec ses adversaires politiques. Ceux-ci étaient pourtant prévenus contre lui, et fort conscients de ses intentions : attiser la discorde chez l'ennemi est une recette éternelle. L'originalité de François Mitterrand fut moins dans les chausse-trapes qu'il tendit que dans sa capacité de séduction. La façon dont il sut ménager, courtiser, privilégier tour à tour Jacques Chirac ou Valéry Giscard d'Estaing, Raymond Barre ou Édouard Balladur, François Léotard ou Alain Juppé, était du grand art. Personne, avant lui, n'avait eu à ce poste ce talent et cette patience-là. Nul ne savait comme lui charmer ses adversaires et fasciner ses amis. Cette corde aussi, il n'a cessé d'en jouer en maître pour conquérir, rassembler, diviser et durer.

Mais justement : cette séduction, cette méthode même ont déclenché un effet boomerang. Elles ont alimenté les préjugés, les procès, les défiances. Trop de charme ambigu, trop de métier pervers, trop de virtuosité intéressée, cela a entretenu sa réputation de Casanova de la politique : « Le problème tient à ce que le talent politique de François Mitterrand relève d'un genre particulier : il tient tout entier dans les moyens, sans aucune originalité dans les fins », résume avec férocité le grand historien François Furet [1]. On ne saurait dire mieux ni pis. Et si François Mitterrand, à force de virtuosité, avait été « manœuvrier plus que visionnaire », comme le suggère le même auteur ? S'il n'avait été, en somme, qu'un génial manipulateur, qu'un grand artiste de la politique, avec plus de brio que d'authenticité, plus de méthode que de convictions, et surtout plus de sens tactique que de desseins stratégiques ?

1. *L'Express*, 11-17 janvier 1996.

S'il n'avait aimé en somme que le pouvoir pour le pouvoir, c'est-à-dire la politique pour lui-même ? S'il n'avait été, selon le mot de Régis Debray, qu'un « aventurier positif » ? On reconnaît là, bien sûr, le grief le plus grave et le plus constant contre l'homme de Latche. S'il comporte, de toute évidence, une part de vérité, il sonne cependant de façon trop brutale pour n'être pas caricatural.

François Mitterrand, c'est un fait, a beaucoup joué avec les hommes, les circonstances et les idées. En 1946, lorsqu'il a été élu pour la première fois, sa profession de foi officielle proclamait : « Non au déficit et à l'inflation, non à la faillite, non à la gabegie administrative, non aux nationalisations hâtives et coûteuses, non à l'installation au pouvoir du parti communiste, oui à la liberté de l'enseignement, au droit de propriété, à la suppression des emplois inutiles. » C'était là le langage même de la droite classique, des modérés allergiques au gaullisme de l'époque.

Trente-cinq ans après, il se faisait élire président de la République sur un programme socialiste comportant l'abolition de la peine de mort, thème typiquement de gauche qui fut l'un des grands moments d'émotion de son premier septennat. Malheureusement, Alain Peyrefitte l'a rappelé avec une précision chirurgicale [1], le bilan du garde des Sceaux du gouvernement Guy Mollet va dans la direction diamétralement opposée. Ministre de la Justice durant dix-sept mois (janvier 1956-juin 1957), François Mitterrand accepte de placer les magistrats d'Algérie sous la coupe du pouvoir militaire. Plus : sous son autorité, soixante et un condamnés à mort seront exécutés, trois droits-communs et cinquante-huit « terroristes », combattant dans les

1. *Le Figaro*, 6-7 juillet 1996.

118

rangs des fellaghas. Le chef de l'État socialiste a si souvent suscité l'admiration pour son humanisme et son attachement aux droits de l'homme que cet épisode laisse un goût de cendres. Comment administrer tant de leçons à l'univers, comment vouloir incarner l'État de droit dans ses prestiges et ses atours, et avoir agi de cette façon-là, quelle que soit la pression des circonstances de l'époque ?

La fréquence des renversements d'opinion et des changements d'orientation apparaît enfin si élevée chez François Mitterrand qu'elle en devient originale. Passe encore pour ses évolutions sous la IVe République : il était jeune, elles étaient générales, et sa trajectoire de la droite modérée vers le centre gauche a finalement été assez continue pour bénéficier d'une présomption de sincérité. Passe aussi pour son ancrage progressif à gauche, durant toute la première partie de la Ve République. Les circonstances politiques l'y conduisaient inexorablement, et cet exil durable et fort aléatoire au sein de l'opposition (1958-1981) ne doit en tout cas rien à l'opportunisme. En revanche, comment le croire à la fois lorsqu'il s'écrie fièrement en 1971, quand il prend le contrôle du PS, que le socialisme doit être, pour lui, « la rupture avec l'ordre établi, avec la société capitaliste », et lorsqu'il avoue paisiblement, dans son discours de Figeac, en septembre 1982, chef de l'État de gauche depuis seize mois seulement : « Ce que j'ai appelé le socialisme, je n'en fais pas ma bible » ? Comment le croire lorsqu'il patronne et préface le *Projet socialiste* du PS en 1979, ce texte de combat qui préconise un changement de société abrupt et que, trois ans plus tard, en 1982, il enterre ses orientations ?

Est-il sincère quand il inspire et qu'il endosse les cent dix propositions du candidat de 1981 ou lorsqu'il rédige la *Lettre à tous les Français* du candidat de 1988 ? Le premier prône la rupture et le changement, le second l'unité, la modération et le rassemblement. L'un veut mettre fin à la monarchie républicaine, l'autre la perpétue. L'un annonce la fin du présidentialisme, l'autre s'exclame à la télévision : « La dissuasion, c'est moi. » L'un rêve d'un socialisme radical, l'autre opte pour le radical-socialisme. En 1981, François Mitterrand, tout lyrisme, voulait « changer la vie ». En 1988, patelin et rassurant, il entendait aménager la société. Était-ce parce que, avant le 10 mai, il s'agissait de conquérir le pouvoir et que, sept ans plus tard, il n'était plus question que de le conserver ?

Ses procureurs, fortement majoritaires parmi les auteurs des livres qui lui sont consacrés, concluent en général qu'il aimait beaucoup trop le pouvoir pour prétendre sérieusement à la sincérité. Ses méandres, ses zigzags, ses tête-à-queue ne mentent pas. François Mitterrand avait trop d'ambition pour tenir aux idées, trop de sensualité du pouvoir pour posséder des convictions. Il préférait sa couronne aux promesses, son sceptre aux engagements, son palais à son programme. La théorie dominante en fait donc un *condottiere* de la politique ou, pour reprendre la formule, assassine parce que trop vraisemblable, de Claude Imbert, un « libertin du pouvoir ». C'est effectivement son visage le plus apparent, le plus irritant. Ce n'est pas le seul. François Mitterrand est un Janus asymétrique. Il croit à son étoile, il croit en des idées, il ne met pas toute son ambition dans l'occupation du pouvoir. Il veut aussi l'exercer pour infléchir les circonstances, pour imprimer sa marque. Sans prétendre en faire un ascète de la politique, ou un anachorète de l'ambition, il est possible de le créditer d'objectifs qui n'étaient pas seulement personnels, narcissiques ou cyniques. Il s'est servi de la gauche, mais il a aussi tenté de la servir. Il s'est emparé du pouvoir et il a beaucoup fait pour le conserver. Mais il ne l'a pas seulement exercé pour son plaisir ou pour sa gloire, il a voulu également servir la République.

Qu'il ait considéré, dès le départ, que ses mérites devaient le conduire à la première place, sans doute. Le général de Gaulle ou Valéry Giscard d'Estaing raisonnaient-ils autrement ? Qu'il ait, au fil des années, contredit plus qu'un autre ses promesses et ses propos, cela n'est guère contestable, on l'a vu. Encore n'est-il pas le seul dans ce cas parmi les présidents de la Vᵉ République et peut-il évoquer les duretés de la crise. Qu'il n'ait été qu'un tacticien à courte vue et qu'un réaliste sans principes, c'est pour le coup trop réducteur. La méthode Mitterrand n'est certes pas celle d'un idéaliste. Le bilan Mitterrand n'est pas seulement celui d'un cynique ou d'un opportuniste.

Sous la IVᵉ République, son passage progressif de la droite au centre gauche ne se fait pas sans raisons ni même sans quelque constance. Cela va de soi à propos de la construction européenne, alors combattue sur les deux ailes par les communistes et par la grande majorité des gaullistes. François Mitterrand était inévitablement poussé sur ce point – ce n'était pas un mince sujet de clivage – vers le centre. L'autre grande affaire de l'époque concernait l'agonie de l'empire. François Mitterrand, par la plume, par le verbe et par l'action, s'est rangé parmi les libéraux, partisans d'une évolution et de négociations. Il croyait à l'Union française, beaucoup plus que la plupart de ses pairs, mais il avait compris qu'elle passait par l'émancipation progressive des États d'Afrique. Il l'a démontré, comme ministre

121

notamment, à propos de la Tunisie et du Maroc, tout comme il a soutenu Pierre Mendès France en ce qui concerne la fin de la guerre d'Indochine. Cette attitude lui a valu la haine vigilante de la droite coloniale et des démocrates-chrétiens du MRP, fort répressifs là-dessus. Si François Mitterrand a glissé peu à peu de la droite vers le centre gauche, c'est aussi que ses adversaires l'y ont poussé et que ses convictions l'y ont mené.

Il est vrai que le drame algérien obscurcit le tableau. Ministre de l'Intérieur au moment où éclate l'insurrection, François Mitterrand se rend alors célèbre en s'exclamant martialement à la tribune de l'Assemblée : « La seule négociation, c'est la guerre, car l'Algérie, c'est la France. » Il ne fait aucun doute que, pour lui, à l'époque, l'avenir des départements algériens se situait au sein de la République une et indivisible. Encore faut-il reconnaître que, ministre de l'Intérieur, il lui était difficile de tenir un autre langage. Encore faut-il se souvenir qu'en s'exprimant comme il l'a fait – avec cette éloquence péremptoire et ce goût des formules tranchantes qui lui ont nui plus d'une fois – il reflétait le sentiment d'au moins neuf responsables politiques sur dix à l'époque. Encore faut-il tenir compte du fait qu'au sein du gouvernement auquel il appartenait – celui de Pierre Mendès France – il œuvrait pour des réformes rapides en Algérie et pour une forme d'évolution qui, à la fin de la IVe République, en faisait l'un des rares partisans de l'autonomie interne. Là encore, la droite algérienne ne s'y trompait pas qui en faisait l'un de ses adversaires. Sur ce point, François Mitterrand a été plutôt plus lucide que nombre de ses collègues du gouvernement. En somme, sous la IVe République, il s'est comporté comme un ambitieux, non comme un aventurier de la politique.

La logique institutionnelle de la Ve République, le rapport des forces complètement nouveau créé par le retour au pouvoir du général de Gaulle, l'allergie profonde (et réciproque) de François Mitterrand pour cette famille politique, ont achevé de le pousser vers la gauche. Comme souvent, il en a fait alors beaucoup trop, accusant en particulier à maintes reprises l'homme de Colombey-les-Deux-Églises de créer les conditions d'un régime autoritaire. Avec le recul, sa clairvoyance n'a pas été, durant cette phase-là, à son meilleur. Il s'est trompé sur le sens du régime du Général comme il s'est trompé sur la portée et sur la signification de Mai 1968. En revanche, s'il s'agit de réfuter le cliché selon lequel il ne serait qu'un arriviste sans foi ni loi, cette même période lui offre une argumentation peu contestable.

En effet, François Mitterrand s'engage alors dans une opposition sans concession, qui durera vingt-trois ans : ce n'est pas de l'arrivisme. Il le fait en toute connaissance de cause, sachant bien que la traversée du désert sera longue, pénible et aléatoire. Cela ne le dissuade pas. S'il se rallie alors définitivement à la gauche non communiste, c'est sans doute parce qu'il y discerne désormais son destin. C'est aussi parce qu'il achève ainsi une révolution honorable. Qu'elle ne soit pas le fait d'un idéologue, c'est certain. Elle n'est pas non plus le calcul d'un simple Fregoli de la politique. De 1946 à 1981, sa trajectoire a été ample. Elle a été continue et finalement cohérente, à condition de ne pas feindre de croire qu'il adhérait totalement aux programmes qu'il présentait. En trente-cinq ans, François Mitterrand est ainsi passé de la droite non gaulliste à la gauche non communiste. C'est une conversion, ce n'est pas une abjuration prosaïque.

À partir du moment où son ambition a été satisfaite par son statut présidentiel, où son goût du pouvoir a pu s'exercer durablement, les choses ont semblé beaucoup moins nettes. François Mitterrand est devenu socialiste lorsque le socialisme s'est fait mitterrandien. La gauche lui a permis d'accéder au pouvoir, mais il a fait un étrange Président de gauche. L'exercice de son pouvoir présidentiel n'a été socialiste qu'un temps très bref – deux années sur quatorze –, après quoi il a beaucoup plus relevé du radical-socialisme ou de la social-démocratie que du socialisme [1]. En 1981, le socialisme mitterrandien revendiquait une forte originalité au sein de l'Internationale socialiste. En 1995, lorsqu'il achève son second mandat, c'est le personnage de François Mitterrand lui-même, sa manière d'exercer le pouvoir et de faire de la politique qui constituent la principale originalité de l'expérience. Après quatorze années de mitterrandisme au pouvoir, il n'y a plus d'exception socialiste française, mais seulement la personnalité hors du commun d'un Président élu sur un programme socialiste et avec une étiquette socialiste. Avec le temps, le personnage l'emportera peut-être sur l'œuvre, suggère Laurent Fabius, qui n'est pas le plus mal placé pour en juger [2]. Cela pose à nouveau la question de la sincérité de François Mitterrand.

En fait, contrairement à la légende, celle-ci s'impose beaucoup moins à sa lente évolution tout au long de 1946 à 1981 qu'à l'expérience de sa présidence. Un homme de droite non conformiste s'est progressivement rapproché de la gauche modérée : rien de choquant ni d'incompréhensible à cela. Un candidat socialiste s'est bientôt transformé en Président radical,

---

1. Voir à ce sujet les chapitres VI et VII.
2. Laurent Fabius, *Les Blessures de la vérité*, op. cit.

refaisant ainsi à l'envers, en vingt-deux mois (mai 1981-mars 1983), la moitié du chemin parcouru en trente-cinq ans : cela soulève en réalité beaucoup plus de questions. Les circonstances, on le verra [1], ont certes pesé très lourdement : elles n'étaient pas imprévisibles. François Mitterrand a nécessairement péché, soit par manque de compétence, soit par manque de franchise. Compte tenu de son envergure intellectuelle (et même si l'économie n'a jamais été son fort), la seconde hypothèse apparaît beaucoup plus vraisemblable que la première. Cela ne signifie pas qu'il se soit comporté en cynique. Il a sans aucun doute surestimé l'impact de sa prodigieuse énergie politique. Il a probablement cru qu'une action très volontariste pouvait réellement modifier le cours des choses. Il a fait le pari qu'un grand train de réformes initiales pouvait transformer le rapport des forces économiques et sociales ; de surcroît, il le reconnaissait en privé, il eût été plus grave à ses yeux de décevoir ses électeurs sur-le-champ que de les faire rêver et de leur préparer des surlendemains malheureux. Il a en somme surévalué sa marge économique, se figurant qu'un triomphe politique pouvait intimider les marchés. Il a, tout compte fait, trop cru à la valeur de sa propre méthode, trop eu confiance en sa propre politique. Il a, en quelque sorte, été dupe de son talent.

Son ambition l'a mené au pouvoir suprême mais sa méthode l'a abusé. Pour paraphraser une distinction célèbre de Léon Blum, ce qui valait pour la conquête du pouvoir et pour l'occupation du pouvoir ne valait pas pour l'exercice du pouvoir. François Mitterrand a triomphé comme personne sur le plan électoral (la conquête du pouvoir). Il a duré plus que quiconque à

1. Voir les chapitres VI et VII.

l'Élysée (l'occupation du pouvoir). Présomption, calcul, pari et circonstance se mêlent en l'occurrence inextricablement. François Mitterrand croyait être un hyperréaliste. Il s'est montré plus romantique qu'il ne le croyait. Il avait mis une méthode au service de ses choix. La méthode a réussi, les choix ont échoué. Sa méthode était toute politique. Elle s'appliquait à un moment où la marge de la politique se rétrécissait. En ce sens, François Mitterrand a été aussi présomptueux que cynique. Sa technique était peut-être machiavélique, mais les circonstances, elles, étaient intransigeantes. Il a donc péché par orgueil au moins autant que par cynisme. Il était plus un Don Juan du pouvoir qu'un Machiavel de la politique.

CHAPITRE V

Les inégalités sociales :
l'espérance et la désillusion

Le 10 mai 1981, François Mitterrand n'a pas le triomphe modeste. Pas question de banaliser ou de relativiser sa victoire : il ne s'agit pas d'une simple alternance, d'un classique renversement de majorité et de politique. Il refuse d'être un social-démocrate ordinaire succédant à un Président libéral comme les autres. Le moment doit être historique, forcément historique. La France va connaître un changement de société, la gauche va inaugurer une époque mythique. Il y avait eu le Front populaire, puis la Libération. Il y aura la république socialiste de François Mitterrand.

La fracture politique est donc à l'ordre du jour. Au congrès de Metz, deux ans plus tôt, la motion majoritaire, celle du nouveau Président, avait bien précisé : « [L'objectif du PS] n'est pas de moderniser ou de tempérer le capitalisme mais de le remplacer par le socialisme. » En prenant officiellement ses fonctions le 21 mai 1981, François Mitterrand peut donc s'écrier solennellement, lors de sa première allocution officielle radiotélévisée : « En ce jour où je prends possession de la plus haute charge, je pense à ces millions et ces millions de femmes et d'hommes, ferment de notre peuple, qui, deux siècles durant, dans la paix et la guerre, par le travail et par le sang, ont façonné l'histoire de France sans y avoir accès autrement que par de brèves et glorieuses fractures de notre société. C'est en leur nom d'abord que je parle, fidèle à l'enseignement de Jaurès, alors que, troisième étape d'un long cheminement, après le Front populaire et la Libération, la majorité politique des Français, démocratiquement exprimée, vient de s'identifier à sa majorité sociale. » Cette superbe période oratoire dit tout. Il s'agit bien de réconcilier non seulement la gauche avec le pouvoir, mais aussi le peuple avec la république, et la société avec la justice. François Mitterrand veut être le Président de la justice sociale, c'est-à-dire, à ses yeux, celui par qui la France devient socialiste. La réduction des inégalités va donc être le cœur et le ressort de son projet présidentiel.

Quinze ans plus tard, lorsqu'il disparaît le 8 janvier 1996 et qu'un raz de marée de sondages cherche aussitôt à dresser son bilan, le verdict des Français est sans équivoque : si la personnalité de François Mitterrand suscite dans l'émotion générale les louanges les plus flatteuses, son œuvre, elle, pâtit d'une terrible faillite, la montée irrépressible du chômage. Toutes les enquêtes, sans exception, la placent en tête des échecs du règne. Le chômage constitue la pire des inégalités sociales, or il a cruellement augmenté en quatorze années de mandat. Le candidat socialiste avait tenu là-dessus, durant la campagne présidentielle de 1981, les propos les plus définitifs et les plus imprudents. Il s'était présenté comme le grand exorciste du chômage, comme l'ingénieur social capable de résoudre la question de l'emploi. Au moment de sa mort, malgré leur respect pour la mémoire du défunt, malgré l'admiration de bon nombre d'entre eux à l'égard du personnage, les Français n'oublient pas les promesses déçues et la grande tromperie du double septennat.

C'est sur le front social que le Président de gauche a connu son fiasco le plus retentissant. Les sondages montrent bien que les citoyens ne sous-estiment pas les

130

nouveaux acquis sociaux de la période mitterran-dienne : les trente-neuf heures de travail hebdomadaire et la cinquième semaine de congés payés, la retraite à soixante ans et le RMI (Revenu minimal d'insertion). Ils ont tout cela à l'esprit et le mettent en tête de leurs sujets de gratitude (avec, ou même parfois derrière, il faut le relever, l'abolition de la peine de mort, si impo-pulaire pourtant lors de son adoption). Cela n'efface pas, ne compense pas la montée du chômage. Elle seule suffit à expliquer la désillusion finale. La justice sociale constituait l'ambition centrale de la présidence mitter-randienne. Les trois millions trois cent mille chômeurs de 1995 l'ont ruinée. Le Président socialiste a échoué sur le terrain social : c'est le sentiment fortement majo-ritaire des Français. C'est le paradoxe le plus noir du règne.

Bien entendu, la réalité est en fait beaucoup plus nuancée et contrastée que sa perception. Tout est loin d'être négatif dans la politique sociale de François Mitterrand, même si, au bout du compte, la question du chômage balaie effectivement les autres dimensions. L'élection de François Mitterrand en 1981, sa réélection en 1988 ont considérablement amélioré la cohésion sociale de la France. Pour la première fois, la gauche s'est sentie chez elle au sein de la Ve République. Son long exil intérieur – vingt-trois ans de pénitence – a pris fin le 10 mai 1981. Bizarrement, François Mitterrand peut à la fois se glorifier d'avoir accentué l'intégration politique de la société française et se mortifier de n'avoir pu empêcher la fracture sociale de surgir. Le chômage et la précarité ont déchiré et dévasté le tissu social, alors que la victoire réitérée du candidat de la gauche permettait enfin à la France des salariés de triompher. Le 10 mai 1981 a symbolisé la destruction d'une antique barrière psychologique. Le peuple de gauche se sentait enfin pleinement accepté par les institutions gaulliennes. Quatorze ans plus tard, une profonde déchirure sociale a provoqué un nouveau et terrible clivage. Ce n'est plus l'antagonisme archaïque entre la France bourgeoise et la France ouvrière, mais le contraste impitoyable entre la France protégée et la France exposée, entre ceux dont l'emploi est sûr et ceux qui n'en ont pas ou redoutent de le perdre. L'intégration politique avait progressé spectaculairement, l'intégration sociale avait régressé férocement.

Le succès de la première ne doit pas être effacé par la tragédie de la seconde. La Ve République est née avec le général de Gaulle. Elle est devenue adulte avec François Mitterrand. La solidité des institutions – d'autant plus précieuse que la société est déchirée par le chômage – a été vérifiée, légitimée, complétée, et même achevée par l'alternance absolue que constituait la victoire du candidat de la gauche. Jusqu'alors, le régime et la droite – gaulliste, puis giscardienne – s'étaient totalement identifiés. Les partis politiques de gauche, les syndicats ouvriers, les associations progressistes ne connaissaient que la culture d'opposition. L'arrivée au pouvoir de la gauche et, plus encore, la stabilité de François Mitterrand à la tête de l'État ont bouleversé tout cela. À partir de ce moment, la Ve République est devenue le bien de tous, de ceux qui avaient voté contre les institutions comme de ceux qui avaient voté pour elles, de ceux qui avaient combattu le régime comme de ceux qui l'avaient défendu. Cette étape nouvelle de l'intégration politique et sociale n'a pas constitué une simple péripétie électorale. Pour la première fois depuis deux siècles, la quasi-totalité des Français se reconnaît enfin dans un régime politique. Alors que la

132

société civile se fracture, la société politique se consolide. La société française est plus fragile et plus malheureuse qu'avant le début de la crise. Le régime politique n'est plus contesté, sinon par le Front national. Sous la présidence de François Mitterrand, la société s'est déstabilisée et le régime s'est fortifié.

La participation des ministres communistes au gouvernement de Pierre Mauroy a constitué sous cet angle un pari réussi. Elle s'est faite sans illusion, de part et d'autre. Elle a néanmoins contribué à la réintégration psychologique de la fraction la plus organisée et la plus militante de la France modeste au sein des institutions. François Mitterrand n'était pas obligé de proposer quatre portefeuilles au parti communiste. S'il a fait de Charles Fiterman, alors subtil et mélancolique dauphin de Georges Marchais, un ministre d'État chargé du secteur des transports ; s'il a fait de Jack Ralite, le plus effervescent des quatre, un étrange ministre de la Santé, au grand dam de tout l'establishment médical de France, pour une fois rassemblé ; s'il a confié la fonction publique au compétent, scrupuleux et exigeant Anicet Le Pors ; s'il a chargé le sympathique et courageux Marcel Rigout (celui des quatre qu'il préférait) de la formation professionnelle, ce n'était pas par nécessité. En 1981, il n'était pas le candidat de l'ensemble de la gauche mais celui de la gauche socialiste et radicale, et celle-ci disposait à elle seule de la majorité absolue à l'Assemblée nationale. Il ne s'agissait donc pas d'une combinaison parlementaire mais d'une démarche politique et d'une ambition sociale.

Le nouveau Président voulait asseoir son autorité sur l'ensemble de la gauche. En ce sens, le parti communiste, avec quatre ministres seulement – le dixième du pléthorique gouvernement de Pierre Mauroy –, était contraint de se résigner à la portion congrue. Ainsi François Mitterrand pouvait-il, paradoxalement, achever d'affaiblir le PC, objectif éternel chez lui, tout en renforçant son autorité et son prestige auprès de l'électorat le plus modeste. Le moins que l'on puisse dire est qu'il ne le faisait pas les yeux fermés. Ne confiait-il pas à Jean Daniel, dès 1976 : « Ce qui est à craindre en France, ce n'est pas le parti communiste, c'est la CGT. Avec nos nationalisations, nous allons aboutir à un gouvernement par les syndicats et par la CGT des principales sources de la production en France, nous allons considérablement augmenter sa puissance »; pour ajouter tranquillement : « Eh bien moi, contre la CGT j'ai la nation tout entière [1]. »

Il s'agissait donc très clairement d'utiliser le PC et de surveiller la CGT pour mieux achever l'intégration de la classe ouvrière. En privé, François Mitterrand exposait d'ailleurs ce projet depuis en tout cas la fin des années soixante. Il voulait compromettre le PC pour l'asphyxier, et prendre le risque de renforcer la CGT pour mieux apprivoiser son secteur d'influence. Quant au parti communiste, assommé et désemparé par sa brutale contre-performance à l'élection présidentielle, il espérait refaire ses forces en bénéficiant du prestige du premier gouvernement de gauche de la Ve République, pour se métamorphoser bientôt en censeur inflexible, instruit par l'expérience du pouvoir pour mieux requérir contre lui. Rarement alliance fut conclue entre deux partenaires nourrissant d'aussi mauvaises intentions réciproques.

Politiquement, cette coalition n'était donc pas destinée à durer mais à innover : jamais auparavant le PC

1. Confidences révélées par Jean Daniel dans *Le Nouvel Observateur*, 18-24 janvier 1996.

n'avait participé en France à un gouvernement de gauche unie. À l'époque du Front populaire, il avait appliqué la tactique plus rustique du soutien sans participation. À la Libération, sa présence au sein de l'Exécutif avait lieu sous la férule inflexible du général de Gaulle et au sein d'un gouvernement de large rassemblement, comportant notamment les démocrates-chrétiens du MRP. L'année 1981 constituait donc un précédent et, dans l'esprit de François Mitterrand, un investissement politique à objectif psychologique et social.

Cet investissement n'avait de sens et ne pouvait réussir – fût-ce partiellement – qu'à condition d'inaugurer la présidence de la gauche par un train suffisamment impressionnant de réformes sociales. Là encore, il faut se référer aux confidences de François Mitterrand à Jean Daniel. Évoquant à Latche devant le directeur du *Nouvel Observateur* ce qu'il aurait fait durant ses premiers mois au pouvoir en 1974 s'il l'avait emporté – ce qui avait bien failli se produire –, il s'exprimait ainsi : « [Il aurait fallu] des mesures irréversiblement socialistes de manière à installer et à enraciner en France un régime et une société nouvelle, et de manière à montrer au peuple français, surtout à tout le peuple qui a voté à gauche, pour les communistes et pour moi, à quel point je suis fidèle, et profondément et viscéralement, aux engagements pris. Mais trois mois après, une fois que ces mesures auraient été prises, eh bien, il y aurait eu un incident avec les communistes [1]. » Ce scénario de la bonne foi et de la rupture programmée, c'est très exactement celui qu'il mettra en œuvre trois ans plus tard, après son élection. Pour symboliser fortement sa volonté de changer la société, pour prouver sa sincérité

1. Entretien relaté par Jean Daniel dans les confidences déjà citées.

et sa détermination, François Mitterrand décide un train de réformes sociales d'une ampleur sans précédent depuis la Libération. Cela ressemble à du réformisme révolutionnaire. La démocratie et l'État de droit sont ponctuellement respectés, sous le contrôle très actif du Conseil constitutionnel. L'ambition est de marquer une rupture, de changer de logique. Pierre Mauroy est chargé d'incarner le socialisme à la tête du gouvernement aussi clairement que son prédécesseur, Raymond Barre, personnifiait l'économie sociale de marché. Le maire de Lille a pour instructions d'entamer un authentique changement de société. L'expérience s'achèvera au bout de dix-huit mois, à la fin de 1982. Il y aura bien eu changement de politique sociale. Il n'y aura pas eu changement de société.

Difficile cependant de faire plus et plus vite que Pierre Mauroy, symbole le plus authentique de l'enracinement populaire du socialisme à la française. Dès le 1er juillet 1981, quelques semaines seulement après la victoire de François Mitterrand, le SMIC et les pensions sont augmentés de 10 % d'un seul coup. Ce n'est qu'un début, un cadeau de joyeux avènement. L'année 1982 commence, elle, par une majoration des allocations familiales de 25 %. En dix-huit mois, de l'élection présidentielle à la fin de 1982, les minimums vieillesse, fort en retard il est vrai et d'une faiblesse inouïe pour un pays comme la France, progressent de plus de 60 %. Même si, à l'époque, l'inflation est encore élevée, il s'agit là d'une politique de redistribution sociale comme on n'en a pas vu depuis juin 1968 – il s'agissait à l'époque de sortir de la grève générale, alors que régnaient une grande prospérité et une forte croissance. Il y a donc bel et bien un tournant social, une volonté spectaculaire de justice et de lutte contre le

136

chômage par l'augmentation sensible du pouvoir d'achat des plus défavorisés.

Encore ne s'agit-il là que de redistribution. Simultanément, toute une série de réformes est réalisée. Dès novembre 1981, Pierre Mauroy demande (et obtient aisément) l'autorisation d'utiliser la procédure des ordonnances afin d'accélérer leur mise en œuvre. En janvier 1982, le Conseil des ministres est donc habilité à décider l'instauration d'une cinquième semaine de congés payés et la réduction de la durée hebdomadaire du travail de quarante à trente-neuf heures. François Mitterrand en personne exige, comme le souhaite la CGT (et malgré l'avis contraire, entre autres, de son Premier ministre, du ministre des Finances, Jacques Delors, et de la CFDT), que cela se fasse sans perte salariale. Les critères politiques et sociaux doivent, dans l'esprit du nouveau chef de l'État, l'emporter sur les critères économiques et financiers.

En mars sont adoptés, selon les mêmes procédures d'urgence, le principe de la retraite à soixante ans, celui du chèque-vacances pour les plus modestes, et diverses mesures facilitant le travail à temps partiel et la formation professionnelle. L'année 1982 voit aussi l'adoption de la loi Quillot, qui modifie les rapports entre propriétaires et locataires, au bénéfice des seconds, cela va de soi, et l'instauration hautement symbolique d'un impôt sur les grandes fortunes, que le jeune et brillant ministre délégué au Budget, Laurent Fabius, aurait voulu plus sévère. Pour compléter et achever cet ensemble arithmétiquement et financièrement plus ample que tout ce qui fut fait, sur le même plan, à l'époque du Front populaire ou de la Libération, les lois Auroux sur l'expression des travailleurs dans l'entreprise, adoptées en novembre 1982, ont l'ambition d'innover considérablement en instaurant la notion de citoyenneté dans l'entreprise.

L'objectif n'est pas – ou n'est plus, comme il en était question à gauche dans le sillage de Mai 1968 – de mettre en cause l'autorité du chef d'entreprise ou le droit de propriété. Plus modestement et de façon plus réaliste – la crise est passée par là –, il s'agit de rééquilibrer les pouvoirs en renforçant la protection des droits des travailleurs. Dans toute entreprise de plus de cinquante salariés, une négociation annuelle sur les salaires et les conditions de travail doit donc être organisée. Dans toutes les sociétés de plus de deux cents salariés, des formules d'expression des travailleurs doivent être étudiées. Le droit des comités d'entreprise à l'information économique et sociale sur la stratégie de l'établissement auquel ils appartiennent est élargi. Des comités d'hygiène et de sécurité sont créés. Tout est fait pour rendre les consultations et les négociations plus systématiques et plus efficaces. Au départ, Jean Auroux, ministre du Travail, voulait faire de cette loi « une véritable rupture avec le modèle existant ». À l'arrivée, il s'agit plus d'une réforme pragmatique, ambitieuse néanmoins, que d'une révolution. Le tiers des articles du Code du travail est cependant modifié. Dans la fonction publique, Anicet Le Pors crée une heure mensuelle d'information syndicale, accroît la protection du droit de grève, améliore l'égalité des sexes dans la carrière des fonctionnaires. Au total, la politique sociale française a connu, avec cet ensemble de mesures, son plus grand changement depuis la Libération.

Quinze ans après, lorsque François Mitterrand disparaît, les Français n'en disconviennent pas. Ils reconnaissent, les sondages l'attestent, l'importance des mesures sociales prises au début du premier septennat. Ils demeurent cependant beaucoup plus marqués, cela se comprend, par les douze années de rigueur qui ont suivi. C'est que, malgré sa volonté politique affichée, malgré ses ambitions sociales proclamées, le Président de gauche n'a pas pu résister longtemps à la pression des contraintes économiques et des nécessités financières.

Dès la mi-1982, à peine les munificences spectaculaires du G7 de Versailles achevées, il faut en revenir à la triste logique des faits, des statistiques et des indices. Le romantisme du changement de société n'a duré que cinq ou six saisons. En juin 1982, il faut dévaluer, bloquer les salaires et les prix, adopter un premier plan d'austérité. C'est le retour au monde réel, l'abandon de l'utopie, la fin des grands rêves et des grandes espérances. Au terme du mois de septembre 1982, lors du fameux discours de Figeac, François Mitterrand appelle « la nation tout entière à accepter la rigueur et l'effort ». Deux ans plus tard, en septembre 1984, il explique froidement à la télévision : « Si vous considérez qu'être de gauche interdit de moderniser le pays à cause des souffrances qu'entraîne tout changement, je ne puis vous suivre. » Le lyrisme de mai 1981 est bien loin. Il paraît déjà relever d'une autre époque, d'une autre analyse, d'une autre démarche. À son corps défendant, François Mitterrand doit s'engager dans un processus de restructuration économique douloureux et pénible. L'ambition sociale doit s'effacer devant les nécessités économiques.

Cela ne s'est pas fait en une seule fois, ni de gaieté de cœur. Pendant quelque temps, le thème d'une « parenthèse » désagréable, heureusement appelée à se refermer rapidement, est même agité. Il n'abuse guère. Dès mars 1983, un deuxième plan d'austérité, avec pression fiscale accrue, prélèvements sociaux augmentés, contributions exceptionnelles, est venu s'ajouter au premier. Cette fois, le doute n'est plus possible, les habiletés sémantiques sont inutiles : après le temps des réformes sociales, c'est déjà l'heure de la défense des acquis sociaux qui sonne. Pour moderniser son économie, la France doit se mettre à la diète. De 1982 à 1985, le pouvoir d'achat des salariés va stagner ou baisser, sauf pour les plus défavorisés. À partir de 1984, on rogne sur les allocations chômage. On met en place tout un dispositif d'emplois précaires, de « stages-parkings », de « petits boulots » et de contrats à durée déterminée. Les Français se familiarisent avec les TUC (Travaux d'utilité collective) comme ils le feront plus tard avec les CES (Contrats emploi-solidarité). La « crête des deux millions de chômeurs » que voulait défendre si résolument Pierre Mauroy a été franchie dès le milieu de l'année 1982, et le nombre des sans-emploi grimpe inexorablement. Avec eux, la déception se fait grogne, puis mécontentement et, très vite, ressentiment. La France pauvre a le sentiment d'avoir été dupée.

Car il faut maintenant s'atteler aux grandes restructurations économiques, trop longtemps repoussées, et que François Mitterrand a trouvées avec l'héritage. Il a été imprudent, sur ce sujet-là aussi, lorsque, à la tête de l'opposition, il tranchait et promettait. Il s'était présenté en défenseur naturel des sidérurgistes et des mineurs. Les syndicats l'avaient applaudi. Dans les corons et autour des laminoirs, on en avait fait le sauveur, l'ultime recours. Las ! en mars 1984, il faut se résoudre à la grande chirurgie. Un plan de restructuration sonne le glas des illusions. Dans la sidérurgie, dans les mines, dans l'automobile, dans les chantiers navals, dans l'industrie lourde traditionnelle, il va falloir tailler, couper, fermer, ruiner les espérances, imposer la souffrance. On met en place en toute hâte des « zones de conversion » pour les régions sinistrées, la Lorraine, le Nord-Pas-de-Calais, la Loire, pour les ports. On invente les « contrats de conversion » pour les métallurgistes, on distribue les préretraites. C'est la ruine dans des provinces entières et la désolation dans des dizaines de milliers de foyers. Au lieu de métamorphoser la société, François Mitterrand expérimente maintenant la gestion sociale de la crise. Il fait souffrir au lieu de faire rêver.

Cela se paie sur le plan politique et syndical. Alors que les deux premières années de la présidence socialiste ont permis une paix sociale dont elle s'enorgueillit à juste titre, les grèves se multiplient à partir de l'automne 1983 et surtout du début de 1984. Elles ont lieu dans le secteur automobile (chez Citroën à Aulnay, chez Talbot à Poissy), chez SKF, chez les sidérurgistes du Bassin lorrain, à Longwy notamment. Des manifestations se déroulent à Paris. La gauche est conspuée par les salariés en colère. La gauche, ou plutôt le pouvoir socialiste, car la CGT, dès 1983, suivie progressivement par les autres syndicats, est entrée en opposition. En avril 1984, à *L'Heure de vérité*, Georges Marchais proclame que « ni l'esprit ni la lettre » des accords entre le parti communiste et les socialistes ne sont respectés. Lorsqu'en juillet 1984 Laurent Fabius remplace Pierre Mauroy à la tête du gouvernement, les communistes refusent tout net de poursuivre leur participation. Pierre Mauroy a pu réaliser, avec d'ailleurs courage et réalisme, le « socle du changement ». Laurent Fabius, le plus jeune Premier

141

ministre que la république ait jamais eu, devra s'attacher à la « modernisation » et au « rassemblement ». En clair, pour faire le « sale boulot », la gauche non communiste se trouve désormais seule au pouvoir.

Elle traverse alors un des moments les plus difficiles du double septennat de François Mitterrand. À la déception et à l'amertume du « peuple de gauche » viennent s'ajouter le ressentiment et la colère du « peuple de droite ». Durant cette phase qui prépare, chacun le sait désormais, une défaite aux élections législatives de 1986, la mobilisation sociale de la droite fait pendant à l'indignation de la gauche. Les transporteurs routiers, corporation hautement symbolique de toutes les déstabilisations de la gauche, bloquent la circulation en février 1984. Leur mouvement est suivi avec sympathie par la majorité des Français. Les agriculteurs, très hostiles à la gauche, multiplient les manifestations. Il y a beaucoup plus grave : la querelle scolaire, imprudemment réveillée, prend des proportions phénoménales, réellement impressionnantes.

Depuis décembre 1982, le ministre de l'Éducation nationale, Alain Savary, homme intègre et droit mais peu flexible, a entrepris de mettre en œuvre les engagements du candidat socialiste et d'intégrer l'enseignement privé au sein d'un grand service public, laïc et unifié. C'est très vite la mobilisation massive des parents d'élèves de l'enseignement privé, bien organisés, bien encadrés, et très déterminés. Les manifestations succèdent aux manifestations, les défilés aux défilés, semaine après semaine, toujours plus nombreux, toujours plus applaudis. Le 24 juin 1984, un million de défenseurs de l'indépendance de l'école privée défilent calmement dans les rues de la capitale.

C'est la plus grande manifestation depuis la Libération. Le gouvernement doit reculer. Il le fait. Alain Savary démissionne, Pierre Mauroy s'efface devant Laurent Fabius. Jean-Pierre Chevènement devient le nouveau ministre de l'Éducation nationale. Laïc résolu, c'est aussi un homme d'ordre et d'autorité, qui sait reculer avec l'impavidité des vieilles troupes. La France des salariés est amère, la France des professions indépendantes prépare sa revanche. Le Président de gauche a perdu sa base sociale.

C'est la défaite électorale de 1986 qui le sauve. La gauche a subi un échec, pas une déroute. La cohabitation, première du genre, peut commencer honorablement. François Mitterrand a le réalisme et l'habileté d'appeler aussitôt à Matignon, sans manœuvres ni tergiversations, Jacques Chirac, chef de file de la coalition victorieuse. Tandis que le chef du gouvernement de droite met en œuvre une politique d'inspiration ostensiblement libérale (avec train de privatisations, suppression de l'impôt sur les grandes fortunes, allégement des charges des entreprises, etc.), François Mitterrand, lui, se présente benoîtement en garant de la cohésion sociale. Il refuse tout net de signer une ordonnance sur l'aménagement du temps de travail. Lorsque éclate une grande grève à la SNCF, il reçoit tranquillement une délégation de cheminots, qu'il encourage à demi-mot et à qui il exprime toute sa sympathie. Quand les étudiants et les lycéens défilent en masse contre une réforme de l'Université, il leur adresse de petits signes complices. Il ne laisse pas passer une occasion de célébrer les acquis sociaux et de se présenter comme leur garant. À travers SOS-Racisme ou les syndicats étudiants, il renoue habilement avec la jeunesse.

143

C'est du grand art. S'il ne peut être question de retrouver une virginité sociale, il devient parfaitement possible d'apparaître en bouclier des salariés, face à une politique libérale qui veut tout faire pour adapter l'économie française aux conditions du marché international et de la concurrence. Dans cette redoutable répartition des rôles, le gouvernement de droite incarne l'effort et la rigueur, le Président de gauche, la solidarité sociale et la protection des plus faibles. Sur ce registre, la partie est jouée d'avance. Si le socialisme ne fait plus rêver, un Président social peut rassurer.

Durant la campagne présidentielle de 1988, son ton se veut d'ailleurs modeste et protecteur. Il ne promet plus la lune, mais il adopte la posture du meilleur défenseur des acquis sociaux. En 1981, il était offensif sur le plan social ; en 1988, il se veut et se montre défensif. Il organise une ligne Maginot autour de la sécurité sociale. Dans sa *Lettre à tous les Français*, il écrit prudemment : « Je cherche à éliminer les inégalités sociales qui sont à la portée de la main. » Tout est, bien entendu, dans ce « à portée de la main ». Finies les grandes métamorphoses, les déclarations conquérantes, les promesses mirobolantes ! Le socialiste radical de 1981 est devenu, en 1988, un radical-socialiste. On passe de Léon Blum à Édouard Herriot. Il faut « moderniser les relations sociales », défendre bec et ongles le SMIC, le droit de grève et la sécurité sociale. Le Président sortant préconise la réduction du temps de travail, mais il n'est plus question d'aller vers les trente-cinq heures par semaine à coup de mesures législatives globales. Il chante sobrement les louanges de la politique contractuelle, de la négociation avant tout licenciement, du crédit-formation, de l'aménagement du territoire. La révolution sociale est devenue la gestion sociale. La seule véritable nouveauté de la *Lettre à tous les Français* dans le domaine social concerne la promesse d'instaurer un revenu minimal d'insertion pour que tous les Français puissent au moins manger à leur faim. C'est légitime, et cela ne risque pas de bouleverser les structures sociales.

Largement réélu, et fidèle à sa méthode, François Mitterrand se hâte d'annoncer lui-même, sans perdre de temps, les mesures les plus symboliques et les plus populaires. Il a fait de Michel Rocard, totem de la « deuxième gauche », celle qui sait compter et gérer, son nouveau Premier ministre. Il n'entend pas partager avec lui le bénéfice de ses propositions. Dès le 14 juillet 1988, entamant à peine son second mandat, il rend publics, à l'occasion de la traditionnelle interview télévisée, le rétablissement de l'impôt sur la fortune et l'instauration du RMI, effectivement réalisés avant la fin de l'année. Tout au long de son second septennat, le chantre du mouvement social devient donc le grand prêtre de la cohésion sociale. Il l'est même aux dépens de son Premier ministre puisque, à trois reprises au moins, lors du conflit des infirmières (à l'automne 1989), lors du conflit des enseignants (au début de 1990) et lors des grandes manifestations des lycéens (à l'automne 1990), il reçoit des délégations et débat ou devise aimablement avec elles, comme s'il était toujours en pleine cohabitation. Contrairement à ce qu'affirment la plupart des commentaires de l'époque, il s'agit beaucoup moins d'affaiblir Michel Rocard que de consolider son statut personnel d'arbitre suprême de la société. Naguère, il voulait

145

incarner la rupture; dorénavant, il veut symboliser la cohésion.

Le bilan social du second septennat apparaît, sans surprise, beaucoup moins flamboyant que celui du premier. Le chômage augmente lentement mais sûrement, et il dépassera, sous le gouvernement de Pierre Bérégovoy, le seuil terrible des trois millions de demandeurs d'emploi. Modestes, les réformes sociales ne sont pas inexistantes. Michel Rocard, en réformiste tranquille, a voulu introduire davantage de morale et une plus grande égalité des chances. Les débuts du second mandat de François Mitterrand marquent en effet l'apogée des « années-fric », cette phase meurtrière pour la gauche où simultanément le chômage, la précarité et la grande pauvreté augmentent, tandis qu'à l'opposé le capitalisme financier triomphe, la spéculation bâtit des fortunes rapides, les revenus du capital progressent rapidement.

Michel Rocard a des principes : il accorde la priorité à l'Éducation nationale et à la formation continue, c'est-à-dire à l'égalité des chances. Durant les trois années qu'il passe à l'hôtel Matignon (1988-1991), le budget de l'Éducation nationale augmente de 25 %. Dès janvier 1989, Lionel Jospin, ministre en charge de ce secteur, peut présenter sa loi d'orientation. Elle ne suffira ni à satisfaire le corps enseignant – qui manifeste à plusieurs reprises, jugeant excessifs les efforts nouveaux qui lui sont demandés (en échange cependant de réelles contreparties financières) – ni à apaiser le mécontentement endémique des lycéens. L'effort consenti dans ce domaine n'est cependant pas contestable. Michel Rocard présente par ailleurs, le 15 janvier 1990 [1], la première loi

1. Voir à ce sujet le chapitre VIII.

146

ambitieuse, sinon exhaustive, organisant le financement de la vie politique. Il s'agit de réintroduire de l'éthique là où il y a eu trop souvent concussion, corruption et compromissions, et d'injecter de la transparence là où il y a eu clandestinité, ambiguïté, donc vulnérabilité. La démarche globale du Premier ministre a au moins le mérite de la cohérence et de l'intégrité.

Elle ne satisfait cependant pas François Mitterrand, qui la juge trop timide. Le président de la République s'irrite de voir, malgré la sensible reprise de la croissance de 1988 à 1990, la courbe du chômage repartir à la hausse après une rémission, dès le second semestre 1990. Il redoute, à juste titre, qu'une occasion de modernisation sans trop de douleur, grâce au regain de l'activité, n'ait pas été suffisamment exploitée. Il s'agace de la contestation sociale et des vagues de grèves et de manifestations. Il y perçoit, non sans réalisme, la preuve d'un échec de la gauche auprès des siens. Il attend avec impatience, puis avec humeur (en privé, il se montre carrément exaspéré) une réforme de la Sécurité sociale. Lorsque Michel Rocard rend public son livre blanc sur les retraites au début de 1991, il en déplore à la fois le caractère tardif et – même s'il n'existait pas d'autre solution sérieuse – les nouveaux efforts qu'il suggère. Si l'on ajoute à cela que, dès juin 1990 (au moment où l'on fixe les grandes options du budget 1991), il réclame publiquement un « budget social » et que le 10 mai 1991, célébrant le dixième anniversaire de son élection à la présidence de la République, il s'écrie : « Mes regrets sont de n'avoir pu réduire autant que je l'aurais voulu les inégalités sociales, mais nous ne sommes pas encore au terme », le verdict est clair : la politique de Michel Rocard n'est pas assez sociale pour François Mitterrand.

L'instauration de la CSG (Contribution sociale généralisée), ce prélèvement supplémentaire à vocation sociale, mise en œuvre le 1er février 1991, lui semble caractéristique d'un gouvernement à ses yeux – il le confie volontiers – trop technicien et pas assez politique (d'autant plus qu'il n'a jamais porté Michel Rocard dans son cœur). La CSG, beaucoup critiquée au moment de son adoption, sera pourtant reconnue comme ingénieuse et moderne par la suite. Rien n'y fait. Le Président ne supporte plus le style et le rythme de l'action de Michel Rocard. Il y met donc fin sèchement le 15 mai 1991.

C'est Édith Cresson qui remplace l'homme de la « deuxième gauche ». De même qu'en 1984, au moment où tout allait mal, Laurent Fabius, le plus jeune chef d'un gouvernement républicain, avait succédé à Pierre Mauroy, l'homme de la tradition socialiste, de même, au milieu de l'année 1991, lorsque le climat social se dégrade, c'est – il s'agit d'une première en France – à une femme qu'il fait appel : symbole de changement et d'innovation pour les temps difficiles.

Symbole aussi de cette volonté d'intégration au sein de la société française, dont il n'aura cessé de faire l'un de ses grands objectifs. Le statut des femmes, justement, a été l'une de ses préoccupations. Il a voulu la création d'un ministère des Droits de la femme dès le gouvernement Mauroy. Il a veillé à ce que les garanties juridiques des femmes s'améliorent, à ce que les prestations sociales prennent mieux en compte leurs problèmes spécifiques (y compris avec le remboursement de l'IVG [Interruption volontaire de grossesse] par la Sécurité sociale). Il a encouragé systématiquement des nominations et des promotions féminines

148

au sein du gouvernement ou pour les fonctions d'autorité du secteur public. Le ministère Bérégovoy comptera sept femmes, la liste socialiste de Michel Rocard aux élections européennes de 1994 introduira le principe de la parité. Malgré tous ces efforts, on ne saurait prétendre qu'il a bouleversé la condition féminine. Il aura été, au mieux, un réformiste bienveillant. Comme dans bien d'autres domaines, le premier septennat aura de surcroît été plus entreprenant que le second.

Il en est de même à propos de l'immigration. Voilà un sujet symbolique pour la gauche, un terrain sur lequel elle entend se différencier de la droite. D'ailleurs, le gouvernement Mauroy n'a-t-il pas, quelques mois après les élections de 1981, régularisé la situation de cent trente mille immigrés en position irrégulière ? La France socialiste ne s'est-elle pas alors proposé de donner l'exemple en matière d'accueil des étrangers ? N'a-t-elle pas voulu se montrer plus hardie et plus humaine que les autres nations riches ? Cela non plus n'a pas duré très longtemps. Le virage progressif à droite de la société française, sous les coups de la crise, la montée spectaculaire du Front national ont rapidement refroidi les ardeurs généreuses de la gauche.

Un délai de six mois a été instauré entre la date d'un mariage et l'acquisition de la nationalité française par le conjoint étranger. Il a été voté sous Pierre Mauroy, promulgué sous Laurent Fabius. Les lois Pasqua de la première cohabitation porteront le délai de six mois à un an. Sous la seconde cohabitation, il sera même repoussé à deux ans. Michel Rocard, l'humaniste, convient que la France ne possède pas les moyens « d'accueillir toute la misère du monde ».

La formule fait grand bruit. L'année de la célébration spectaculaire du bicentenaire de la Révolution, François Mitterrand reconnaît qu'en matière d'accueil des immigrés « le seuil de tolérance est atteint ». Édith Cresson approuvera bientôt le principe des charters pour reconduire les immigrés en situation irrégulière dans leur pays d'origine. Même si la gauche accorde de plus grandes garanties judiciaires aux immigrés clandestins, sur le fond elle ne se distingue guère de la droite modérée durant le second septennat. Tous les partis de gouvernement, de gauche comme de droite, prônent l'intégration pour les étrangers en situation régulière et la bataille contre l'immigration clandestine. La droite se montre dans cette lutte plus vigoureuse et plus rigoureuse que la gauche, mais c'est affaire de degré plus que de nature. La société française devient de plus en plus allergique aux nouveaux arrivants. François Mitterrand n'y peut rien. Durant ses dernières années au pouvoir, il veille seulement à ce que la répression se fasse de façon respectueuse des droits de la personne humaine. Là aussi, la réalité a promptement dompté l'utopie. C'était cela ou courir le risque de voir la société tomber dans l'extrémisme. Le Président socialiste n'est pas plus fort que la société. Il ne peut changer ni le monde, ni les hommes, ni la vie.

Peut-il même pacifier réellement la société par temps de crise? En 1982, lorsqu'il impose (à un Pierre Joxe ulcéré, notamment) une amnistie pour les événements liés à la guerre d'Algérie – il s'agit donc en fait de tirer un trait sur les responsabilités de ceux qui se sont compromis avec l'OAS –, le moins que l'on puisse dire est qu'il n'est pas compris par tous, ni dans son camp ni dans celui d'en face. Il pourra expliquer à Jean-Pierre Elkabbach à la télévision, lors de leur fameuse émission-examen de conscience de septembre 1994 : « Mon devoir est de veiller à ce que les Français se réconcilient », les Français ne veulent pas souvent se réconcilier.

La lutte contre le racisme reste cependant un sujet sur lequel il se montre inflexible. Après la profanation du cimetière de Carpentras – des tombes juives brisées ou vandalisées, un cadavre exhumé et martyrisé – en mai 1990, une manifestation immense se déroule à Paris. Deux cent mille personnes défilent à l'appel du CRIF (Conseil représentatif des institutions juives de France). François Mitterrand se joint au défilé. C'est la première fois dans l'histoire des républiques françaises qu'un chef de l'État se mêle ainsi à une manifestation. Il n'est pas indifférent que ce soit sur ce terrain. Les polémiques ultérieures sur le comportement de François Mitterrand à l'époque de l'Occupation [1] et sur ses relations avec René Bousquet terniront là encore ce geste emblématique.

François Mitterrand a voulu transformer en profondeur la société française. Il n'y est pas parvenu. Il a tenté d'enraciner quelques réformes sociales majeures. La montée du chômage, avec son cortège de malheurs, de craintes et de ressentiments, a fortement réduit la portée de ses initiatives. Il pourra bien dire, à coup sûr sincèrement, en décembre 1991 : « Je me sens si proche des exclus et si triste de ne pouvoir toujours répondre à leurs demandes », sa bonne volonté ne cache pas son impuissance. Sous son double mandat, le nombre des chômeurs de longue durée a dépassé le million, dramatique spécificité

1. Voir le chapitre III.

française. Durant ces quatorze ans, le quart des moins de vingt-cinq ans (hors système scolaire) a commencé son expérience de la vie active par un temps de chômage. Sous sa présidence, la xénophobie a progressé en France, l'intégration a reculé. Les quelque cinq cents quartiers en difficulté, comme on dit pudiquement, répartis à travers le territoire, dans les confins et les marges des villes, constituent le symbole de cet échec.

La crise y est certes pour beaucoup, mais François Mitterrand avait fait rêver la France et s'illusionner ses électeurs. D'autres auraient-ils fait mieux ? Peut-être pas, mais ils auraient moins fait espérer, donc moins déçu. Au moment de la mort de l'homme de Latche, Henri Krasucki, ancien secrétaire général de la CGT, a écrit dans *Témoignage chrétien* : « Jamais une chance comme celle-là n'a existé de transformer la société dans le sens des espoirs et des aspirations de l'immense majorité du peuple et tout aurait pu être changé pour la France et en Europe pour le moins. » L'oraison funèbre est rude. Elle est injuste aussi, en ce que François Mitterrand ne pouvait ni effacer la crise d'un coup de baguette magique, ni stopper à lui seul la mondialisation, ni engager avec nos partenaires européens une bataille perdue d'avance.

Son grand tort est cependant d'avoir fait croire qu'il pouvait être plus fort que le marché, plus fort que le capitalisme, plus fort que la crise. Sa responsabilité personnelle apparaît sur ce point proportionnelle à son éloquence. En avril 1995, quelques semaines avant de se retirer, François Mitterrand expliquait lui-même : « Le pouvoir politique ne repose pas sur l'illusion qu'il crée mais sur l'espérance qu'il incarne et

152

qui peut, elle, être illusoire. » On jurerait un autoportrait.

Parce qu'il est le premier président de la Ve République issu de la gauche, parce qu'il est le premier homme d'État socialiste français à avoir bénéficié du privilège de la durée, assorti d'un pouvoir considérable, François Mitterrand porte une responsabilité particulière. Il voulait changer la société : il n'a pas pu le faire ; il entendait réduire les inégalités : elles se sont accrues considérablement pour les cinq millions de Français en situation de chômage ou de précarité ; il voulait plus de justice, de solidarité, de cohésion sociale : il a laissé derrière lui une société fissurée, déstructurée, anxieuse. La France est plus pessimiste, plus incertaine d'elle-même et de son destin après la présidence de François Mitterrand qu'avant. Malgré toute son envergure d'homme d'État, il a échoué sur ce plan. Une société plus inégalitaire, plus individualiste après quatorze ans de règne d'un monarque socialiste, c'est un aveu de fiasco. Le 14 juillet 1993, alors que la gauche venait de perdre le pouvoir pour la seconde fois sous sa présidence, il laissa tomber dans un soupir à propos du chômage : « Depuis douze ans, tout a été essayé. » C'est le testament le plus triste qu'il aura formulé.

CHAPITRE VI

Le paradoxe économique

Dans la mythologie politique française, les rôles sont clairement attribués : la gauche détient le monopole du cœur, la droite, le monopole de la compétence économique. La gauche redistribue bien mais produit et gère mal, la droite redistribue mal mais produit et gère mieux. La gauche, lorsqu'elle a exercé le pouvoir, est parvenue à réussir de grandes percées sociales mais s'est ensuite fracassée contre le mur infranchissable des réalités économiques et financières. C'est ce qui s'est passé à l'époque du Cartel des gauches, sous la houlette d'Édouard Herriot, en 1924. C'est ce qui s'est répété à l'époque du Front populaire, sous la baguette de Léon Blum. Si les mythes s'incarnaient, si les clichés se vérifiaient, si l'Histoire se répétait, François Mitterrand aurait dû léguer une empreinte sociale magique et une trace économique calamiteuse.

Avec ce diable d'homme, rien ne se passe jamais comme prévu. Le Président de gauche a laissé derrière lui un paysage social défiguré par le chômage. Dans l'imaginaire français, il ne restera pas de grande nostalgie sociale mitterrandienne. En revanche, il n'y a pas eu de déroute économique. Sur le terrain social, François Mitterrand a bien commencé et a très mal fini. Sur le terrain économique, il a très mal commencé et a nettement mieux fini. Après quatorze années au pouvoir, l'homme de Latche a culbuté la mythologie, il l'a inversée, installée tête-bêche. Son grand dessein social a échoué. Son entreprise économique a été menée mieux que prévu.

Il est vrai qu'elle ne s'est pas du tout déroulée comme il l'avait voulu, organisé et annoncé. François Mitterrand avait proclamé *urbi et orbi* qu'il allait inaugurer une politique économique spécifiquement socialiste. Il a tenu parole de mai 1981 à juin 1982 ou, si l'on est plus indulgent, à mars 1983. Puis il lui a fallu changer radicalement d'orientation. Il a mené pendant moins de deux ans la politique économique socialiste de son choix, après quoi il a dû opter pour une politique beaucoup plus orthodoxe, selon les canons libéraux. En ce sens, son double mandat se découpe beaucoup moins en deux septennats, comme le voudrait la chronologie politique, qu'en deux parties de longueur très inégale : une période socialiste de deux ans (1981-1983), puis douze années de modernisation à marche forcée, avec des composantes sociales-démocrates et des composantes franchement libérales, le poids de ces dernières ne cessant pas de s'alourdir.

François Mitterrand était arrivé au pouvoir pour mener une politique économique socialiste ; il a finalement été l'homme qui a intégré l'économie française au sein du marché international. Il voulait être le prophète et le symbole du socialisme en économie ; il a été le parrain et le pilote de l'immersion de la France dans l'économie libérale. L'idéologie étant moins forte que la réalité, le marché étant plus fort que les convictions, son pragmatisme lui a fait alors accepter des contraintes inéluctables. Le ressort de sa conversion s'appelle évidemment l'Europe. La France ne pouvant à la fois progresser vers le socialisme et faire avancer l'Europe, il a choisi de privilégier l'Europe. L'Europe avait opté pour le marché, il a opté pour l'Europe. Ainsi a-t-il raté la socialisation de l'économie française, puis réussi sa métamorphose libérale.

Nulle ambiguïté cependant sur ses intentions initiales. François Mitterrand avait clairement mis cartes sur table. Au congrès de Metz, en 1979, deux ans seulement avant l'élection présidentielle, la motion victorieuse qu'il avait rédigée, en en pesant chaque terme, proclamait, on se le rappelle : « Notre objectif n'est pas de moderniser le capitalisme ou de le tempérer mais de le remplacer par le socialisme. » À la même époque, lors d'un comité directeur du PS, il s'écriait : « Le grand capital, maître des leviers de commandes économiques et politiques, est et reste l'adversaire numéro un. [...] Il n'y a pas de compromis possible avec lui. [...] Si l'on veut mettre en œuvre le projet socialiste, on ne fera pas l'économie des nationalisations. Là où est la propriété, là est le pouvoir[1]. » Propos sans équivoque, sans concession, qui exprimaient en public ce qu'il détaillait en privé, et qui définissent réellement ce qu'étaient ses convictions et ses intentions lorsqu'il est entré au palais de l'Élysée. François Mitterrand voulait imposer un changement, non pas seulement de politique économique, mais de système économique. L'État devait se saisir des « leviers de commandes » et devenir à son tour le maître. Pour qu'il n'y ait aucun doute, lors du premier Conseil des ministres, le 3 juin 1981, il martela : « Tous les engagements de la campagne seront respectés[2]. » Il s'agissait bel et bien d'imposer une rupture. C'est ce qu'il a fait, ou plutôt ce qu'il a tenté de faire.

Il rompt en effet sur-le-champ avec les orientations

1. Cité par Édith Boccara, *in Mitterrand en toutes lettres, op. cit.*
2. *Le Monde*, numéro spécial des « Dossiers et documents du *Monde* », avril 1995.

mais aussi avec la logique profonde de ses prédécesseurs. Valéry Giscard d'Estaing et Raymond Barre avaient entrepris une politique de rigueur pour attaquer l'inflation (alors très élevée) à la racine, pour rétablir les équilibres extérieurs dégradés et pour entamer la modernisation du tissu industriel français. C'était, combinée avec l'instauration récente du SME (Système monétaire européen), d'ailleurs sur initiative franco-germanique, une politique néo-libérale classique, même si les prix restaient administrés et que le contrôle des changes encadrait de près les mouvements de capitaux.

François Mitterrand choisit une démarche inverse, avec relance massive de la consommation pour faire reculer le chômage. Augmentation sensible du SMIC, des retraites, des allocations familiales [1], train de réformes sociales imposantes (cinquième semaine de congés payés, retraite à soixante ans, semaine de trente-neuf heures, etc.) : il ne lésine pas et ne manque pas d'audace. Pour symboliser la primauté du politique sur l'économique, Jacques Delors, ministre de l'Économie et des Finances, n'occupe que la seizième place dans l'ordre ministériel protocolaire, humiliation sans précédent dans l'histoire des républiques françaises. Le budget 1982, préparé et présenté par Laurent Fabius, ministre délégué au Budget, grand favori et grand espoir de François Mitterrand, doit financer la mise en œuvre de ce programme vertigineux. Cette année-là, les dépenses de l'État sont en augmentation de... 27,6 %. Pour que la volonté présidentielle émerge nettement, Laurent Fabius scande avec vigueur : « On n'accepte pas vraiment l'alternance quand on refuse l'alternance économique. » L'alternance a bien lieu.

1. Voir le chapitre précédent.

Elle se concrétise avec plus de force encore à propos des nationalisations. Ici, on touche bel et bien au cœur du système. La France possède déjà un secteur public imposant lorsque François Mitterrand arrive au pouvoir. Pétrole, électricité, gaz, transports ferroviaires et aériens, trois grandes banques de dépôt, plusieurs compagnies d'assurances relèvent de l'État, ce qui singularise déjà l'Hexagone au sein du monde occidental.

Le Président socialiste va bien au-delà. Les trente-six premières banques françaises, les deux grandes compagnies financières (Suez et Paribas), plusieurs groupes industriels clés (la CGE, Saint-Gobain, Péchiney-Ugine-Kuhlmann, Rhône-Poulenc, Thomson notamment) entrent dans le secteur public. L'aluminium, la chimie fine, l'électronique, l'essentiel de la construction électrique et de la construction navale, la moitié de la production de verre ou de l'informatique, une partie non négligeable de la pharmacie, du bâtiment et des travaux publics relèvent ainsi désormais du giron de l'État. Aucun pays démocratique au monde ne possède alors un tel secteur public. Sous la direction de François Mitterrand, la France innove, tranche et rompt. Il y a bien alors une exception économique française.

Elle se pratique cependant dans le respect scrupuleux de la loi et même de l'équité. Tout le programme de nationalisations prévu est intégralement respecté. Les filiales des groupes industriels nationalisés restent donc dans le secteur privé, de même que les participations industrielles de banques nationalisées. Les droits des actionnaires minoritaires, *a fortiori* étrangers, dans les nouvelles entreprises du secteur public sont attentivement préservés. Les indemnisations des actionnaires des entreprises et des banques nationalisées sont généreuses, reconnaît même la presse financière internationale.

« Nous voulons que l'État s'assure la maîtrise des pôles industriels qui nous paraissent commander une politique dynamique de l'investissement et de l'emploi », explique sagement Pierre Mauroy, mais il ne s'agit ni de démanteler les groupes ni de les étatiser. Il faut protéger leur autonomie et leur personnalité. Bref, le changement veut se faire dans l'ordre et dans l'efficacité. Il ne peut cependant à la fois rompre et rassurer, métamorphoser et maintenir, obéir à une logique de la concurrence et à une logique d'État. Malgré les précautions, les investisseurs internationaux se défient donc, le franc est durement attaqué, le déficit du commerce extérieur se creuse brusquement. De 1981 à 1983, avant le grand changement de cap, la France devra dévaluer trois fois, ses réserves de devises s'évanouissent. Comment être simultanément beaucoup plus dirigiste et autant intégré dans le marché international ? Comment être en même temps dans le système et contre le système ? Toute la volonté, toute l'autorité, toute la fierté de François Mitterrand n'y peuvent rien. Le système capitaliste supporte la social-démocratie mais rejette le socialisme. Le Président de gauche a présumé de ses forces et de son poids. Une fois encore, il a péché beaucoup plus par orgueil que par cynisme.

Il lui faut donc en rabattre rapidement. Il a cru que la relance de la consommation pouvait concilier la justice sociale et l'efficacité économique : c'était imaginable en phase d'expansion générale. Les experts français, tout comme les conjoncturistes internationaux, avaient fait espérer une forte croissance. Ils se trompaient. La politique d'augmentation substantielle du pouvoir d'achat de la moitié la plus pauvre de la France s'est donc trouvée totalement prise à contre-pied par le ralentissement brutal de l'activité. Quant aux nationalisations, elles ne pouvaient être à la fois créatrices d'emplois, comme le voulait la gauche, et capables de constituer le fer de lance de notre industrie exportatrice, comme l'espérait le gouvernement. De surcroît, elles ne pouvaient élaborer leur propre stratégie internationale si elles étaient en même temps les instruments d'une politique de filières nationales et de créneaux exportateurs, décidée par Jean-Pierre Chevènement, leur ministre de tutelle. Objectifs sociaux et contraintes économiques, autonomie de décision et politique ultra-dirigiste n'étaient pas compatibles. La politique conjoncturelle de François Mitterrand se déroulait à contretemps, sa politique structurelle était porteuse de contradictions internes rédhibitoires. Une réorientation de la première et une clarification de la seconde s'imposaient donc. La France socialiste n'était maîtresse ni de la conjoncture internationale ni de la logique du marché.

Jacques Delors fut le premier à tirer publiquement la sonnette d'alarme. Il le fit dès le 29 novembre 1981 en demandant, à l'occasion d'une interview sur RTL, « une pause [...] dans l'annonce des réformes ». C'était violer l'un des tabous mythiques de la gauche : la « pause » avait été le mot même employé par Léon Blum pour lancer le signal du repli général sur le terrain économique à l'époque du Front populaire. Calcul ou réminiscence inconsciente, le ministre des Finances marquait au bout de six mois ses craintes pour le succès des choix présidentiels. Émoi général, fureur jupitérienne de François Mitterrand, sèche mise au point dès le lendemain de Pierre Mauroy, qui, en service commandé, proclamait : « Les réformes et le changement annoncés par le président de la République et voulus par les Français se feront [...]. Sans accélération ni précipitation mais de manière permanente et continue. Car les réformes sont la condition de la transformation de la société française... donc du succès de la politique gouvernementale. » C'était le moins qu'il pût dire mais le débat était lancé.

À partir de ce moment-là, il va dominer toutes les discussions politiques. Jacques Delors avait peut-être parlé trop tôt, s'était peut-être montré trop franc, mais il avait raison. Un semestre plus tard, les faits confirment d'ailleurs son diagnostic. Le 31 mai 1982, la fameuse « crête des deux millions de chômeurs » que Pierre Mauroy voulait défendre à tout prix est franchie. L'inflation continue de flamber, les déficits publics et ceux du commerce extérieur se creusent. Il faut changer de cap. La décision est prise dès la fin du printemps 1982. Sur le terrain économique, le socialisme à la française n'a donc dansé qu'un seul été.

Dès que le fameux G7 du château de Versailles – la France socialiste recevant les grands de ce monde dans les ors et les pompes du plus célèbre palais de ses rois – a refermé ses portes, la princesse redevient Cendrillon. Pierre Mauroy convainc courageusement (non sans mal) François Mitterrand qu'il faut dévaluer pour la deuxième fois, bloquer les prix et les salaires. C'est la fin de la période de redistribution sociale. François Mitterrand assure certes qu'il s'agit de « la deuxième phase de l'action du gouvernement » mais toujours de « la même politique ». Cela ne trompe guère. Le budget 1983, annoncé à l'automne 1982, rompt brusquement avec la loi de finances précédente. C'est l'heure de la rigueur, de la lutte contre les déficits, du coup de frein aux dépenses de l'État, de l'austérité salariale. Tout n'est certes pas encore joué. François Mitterrand explique une nouvelle fois qu'il faut se concentrer sur la reconquête du marché intérieur, la restructuration industrielle et les investissements. Il n'empêche : il entonne maintenant une ode aux entreprises. Il avoue, le 31 décembre 1982, dans ses vœux aux Français, qu'il faut « savoir avancer à la mesure de [ses] moyens ». On est loin de l'ambition lyrique de l'année précédente.

En fait, depuis le début de l'hiver 1982, le débat a redoublé d'intensité en coulisses. Pierre Mauroy, Jacques Delors, Jacques Attali plaident pour l'arrimage européen, la remise en ordre des finances publiques, l'effort qui débouchera ensuite seulement sur le progrès social, la priorité au renforcement des entreprises, tant publiques que privées. D'autres – le brillant, séduisant et atypique Jean Riboud, un grand industriel, Pierre Bérégovoy ou Jean-Jacques Servan-Schreiber (qui effectue un retour éphémère dans les affaires publiques françaises) – plaident en revanche pour une sortie du système monétaire européen, un relèvement des barrières douanières, une politique volontariste d'investissements, fût-ce en creusant les déficits, une baisse autoritaire des taux d'intérêt[1]. Derrière la polémique publique sur l'efficacité des choix économiques socialistes, c'est déjà la querelle de ce que l'on appellera plus tard « l'autre politique » qui se dessine. François Mitterrand n'a pas encore tranché, il écoute les uns et les autres, il reçoit des dizaines et même des centaines de notes contradictoires de ses collaborateurs, d'experts, d'amis, de visiteurs. Ses convictions et ses préférences idéologiques lui font redouter tout ce qui ressemblerait à un renversement de politique. Son orgueil lui fait craindre ce qui serait ressenti comme un renoncement, comme une normalisation. Son réalisme

1. Voir à ce sujet le très intéressant témoignage d'un ami et collaborateur personnel de François Mitterrand, Charles Salzmann, *in Le Bruit de la main gauche*, Robert Laffont, 1996.

l'oblige à tenir compte des faits et de l'environnement international.

Un premier choix donne cependant une indication dès février 1983. La polémique sur l'autonomie des entreprises nationalisées a redoublé d'intensité. Jean-Pierre Chevènement veut diriger les entreprises publiques comme un chef de guerre dispose ses divisions. Les responsables des firmes nationales entendent exercer pleinement leurs attributions. En Conseil des ministres, François Mitterrand fait une mise au point solennelle. Il souligne, en pesant ses mots et en s'adressant à tous : « Il faut se garder d'un excès de dirigisme et de bureaucratie [...], nous devons laisser leurs responsabilités aux organes dirigeants des entreprises. » Et il ajoute fermement : « Il ne faut pas confondre socialisme et bureaucratie. Je n'accepterai pas que cet interventionnisme se perpétue. » Jean-Pierre Chevènement, qui a du caractère et de la fierté, démissionne. C'est Laurent Fabius, promu, qui le remplace.

L'aile gauche du PS, le CERES et Jean-Pierre Chevènement en particulier, avaient largement inspiré le « projet socialiste » de 1979, contre lequel seul Jacques Delors – déjà – avait osé s'élever. C'est une politique largement inspirée par les idées de cette époque-là, jacobines, nationalisatrices, dirigistes jusqu'à l'autoritarisme, frottées de nationalisme, qui échoue et se fait sanctionner. Le plan d'urgence de l'été 1982 constitue une première victoire du marché sur le socialisme dans un seul pays. La mise au point de François Mitterrand et l'intronisation de Laurent Fabius en constituent une deuxième. La troisième, la principale, est maintenant imminente.

Le grand tournant se produit au mois de mars 1983, durant dix journées décisives (du 13 au 23). Cette fois, les deux camps savent qu'il s'agit de l'affrontement final. Les réserves de change s'épuisent, la France a dû misérablement quémander des crédits internationaux. L'inflation diminue trop lentement, alors que le niveau de vie stagne. La consommation s'essouffle. Le mécontentement, la déception et l'amertume des Français, en premier lieu des électeurs de gauche, augmentent dans des proportions alarmantes. La gauche a reçu un sévère avertissement aux élections municipales. Visiblement, c'est l'heure du choix.

Pierre Mauroy, Jacques Delors, la majorité des grands experts et des conseillers militent vivement pour un deuxième plan de rigueur. Les tenants de « l'autre politique » poussent de toutes leurs forces dans le sens inverse. La Banque de France, la direction du Trésor font parvenir discrètement des avertissements angoissés, mais François Mitterrand se défie des technocrates, poursuit les inspecteurs des Finances d'une vieille animosité et n'aime guère les hauts fonctionnaires qui reflètent ce qu'il appelle en pestant l'« idéologie dominante ». Le basculement de Pierre Bérégovoy et de Laurent Fabius, jusqu'alors plutôt tentés par « l'autre politique » mais soudain alarmés par l'ampleur des risques, a joué un grand rôle. Les deux hommes lui inspirent confiance et figurent parmi ses plus proches. Ils ont été associés de près à la conception et à l'apprentissage de l'exercice du pouvoir.

Finalement, ce ne sont ni les conseils des spécialistes ni les exhortations des politiques qui finissent par convaincre François Mitterrand, mais les enjeux européens. Pierre Mauroy, Jacques Delors, Jacques Attali mais aussi Helmut Kohl font valoir au Président que la sortie du SME signifie un coup d'arrêt majeur, peut-être fatal, à la construction européenne. Si la France et

167

l'Allemagne suivent des politiques économiques et financières incompatibles, antagonistes, c'en est fini du grand rêve européen que le couple franco-germanique est seul capable de concrétiser et de symboliser. L'alternative est claire. Pour poursuivre la politique socialiste qui a été engagée, il faut prendre brutalement des distances vis-à-vis de la construction européenne, au moins pour un temps. Celui-ci risque de n'être jamais rattrapé, la confiance et la dynamique communautaires peuvent ne pas y résister. Symétriquement, le choix du SME, de l'intégration économique et financière au sein de la Communauté européenne, oblige à en finir avec le socialisme à la française et à revenir à une logique plus classique. C'est la victoire finale du marché sur le socialisme.

À contrecœur, avec amertume, avec colère, en refusant bien entendu d'admettre publiquement la portée de son choix, François Mitterrand opte pour l'Europe. Helmut Kohl l'a aidé puissamment, en acceptant à ce moment-là une réévaluation significative du mark, double de la troisième dévaluation du franc. Le chancelier chrétien-démocrate allemand a ainsi sauvé la face du président socialiste français. Jacques Delors, omniprésent durant toute la crise, a remarquablement négocié à Bruxelles, mais c'est Helmut Kohl qui a accepté de partager le fardeau de l'impopularité de sa décision.

En quelques jours, tout est donc joué. Le franc est dévalué pour la troisième fois en deux ans. Un deuxième plan de rigueur est adopté, plus massif que le premier. Augmentation de l'impôt sur le revenu, emprunt forcé, prélèvements sociaux supplémentaires, économies budgétaires, ce n'est plus la pause de 1982 mais la purge de 1983. Pour symboliser ce grand tournant, il eût été logique que Jacques Delors devînt alors Premier ministre. Pierre Mauroy s'y attendait et s'y était préparé. Helmut Kohl le croyait. François Mitterrand l'avait presque décidé. Le ministre de l'Économie et des Finances, bien soutenu tout au long de la crise par le chef du gouvernement, courageux, avisé et loyal, avait fait plus que quiconque pour arracher la solution. Jacques Delors, lucide sur les grands choix mais pas toujours habile tacticien politique, a cependant trop exigé de François Mitterrand. Il voulait cumuler la direction du gouvernement et le ministère de l'Économie et des Finances, pour ne plus avoir à lutter interminablement contre des ministres réticents.

C'était rééquilibrer brusquement les pouvoirs entre le chef de l'État et le Premier ministre, au détriment du premier, au bénéfice du second. C'était personnaliser le changement de politique, incarner une ligne ostensiblement différente de celle qui avait précédé. C'était en somme avouer implicitement que Jacques Delors avait vu juste depuis longtemps, alors que François Mitterrand s'illusionnait. On ne force pas la main du roi. C'est donc Pierre Mauroy qui, contre tous les pronostics, conserve la tête du gouvernement, au sein duquel Jacques Delors devient numéro deux en titre. Tout au long de cette crise, François Mitterrand, s'il ne s'est pas comporté en grand économiste, s'est comporté en grand Européen.

La seconde partie de son double septennat, celle qui dure douze ans – même s'il faut en réalité l'amputer des deux cohabitations –, va cependant prouver que, même en économie, François Mitterrand sait faire face aux réalités. S'il n'a évidemment pas dans ce domaine la culture et la rigueur d'un Pierre Mendès France ou l'expertise et l'ingéniosité d'un Michel Rocard, il

169

possède au moins la capacité politique de faire les grands choix, de les appliquer ensuite avec vigueur et d'en accepter les conséquences. En 1974, il confiait plaisamment lors d'une interview à propos d'économie, justement : « Je ne prétends pas tout savoir, loin de là, je me mets en situation de tout comprendre [1]. » Ceux qui l'approchaient à cette époque peuvent attester qu'en économie, effectivement, il ne savait pas tout et même qu'il en savait assez peu. Avant son élection, l'impression dominante qu'il laissait dans ce domaine était que ses engagements idéologiques obscurcissaient son jugement et qu'il surestimait considérablement les effets de la détermination politique sur les facteurs économiques. De 1983 à 1995, il a prouvé au contraire que son jugement l'emportait sur ses préjugés. Paradoxalement, il s'est peu à peu tellement plié aux lois du marché qu'il n'a pas utilisé toute la marge que pouvait encore lui ménager la volonté politique.

Au moins, à partir de 1983, fait-il preuve, dans la mise en œuvre de ses nouvelles options, de vigueur et de cohérence. Presque trop bien converti au réalisme économique, il en assume les conséquences. De 1984 à 1988, il s'engage donc dans une entreprise de modernisation accélérée de l'économie française. En guise de vœux, il vient jeter rudement : « Je ne promets rien d'autre que la poursuite de l'effort de redressement national. » Il tient parole. Le prophète du socialisme se métamorphose en grand modernisateur de l'économie mixte. L'économie mixte, c'est d'ailleurs son nouvel horizon officiel. Il a employé l'expression avec fierté dans une interview à Serge July, pour *Libération*, quotidien dont le style social-moderniste le séduit alors. Il

1. Interview à l'hebdomadaire *Les Informations*, 1er avril 1974. Cité par Édith Boccara, *in Mitterrand en toutes lettres, op. cit.*

fait donc de l'économie mixte son nouveau concept-fétiche, puisqu'il lui semble concilier sa conversion au réalisme avec son originalité initiale. C'est l'habillage idéologique de son grand tournant, un habillage aussi modeste cette fois-ci qu'il avait été flamboyant auparavant. Deux hommes incarnent ce nouveau cours. À l'équipe Mauroy-Delors a en effet succédé l'équipe Fabius-Bérégovoy. Les deux personnages ont suivi une évolution très proche de celle de François Mitterrand : comme lui, ils ont cru à la tentative socialiste originelle ; comme lui, ils ont été tentés par « l'autre politique » ; comme lui, ils y ont renoncé et ont résolument adopté la logique du marché, l'impératif industriel, la volonté de moderniser rapidement l'économie française avec, comme lui, l'espérance qu'après cette rude cure il redeviendrait possible de mener une politique plus sociale.

Laurent Fabius est le plus doué et le plus méthodique des mitterrandistes. Jusqu'à présent, il a eu la réputation de trop se protéger et de ne pas vouloir assumer les décisions impopulaires. Devenu Premier ministre, le plus jeune depuis le duc Decazes (sous Louis XVIII), il démontre qu'aux commandes il sait, contrairement à la légende, prendre ses responsabilités. Malgré de fortes résistances sociales, des grèves et des manifestations (transporteurs routiers, mineurs, sidérurgistes de Lorraine, agriculteurs, etc.), il mène de front restructuration à la hache des industries traditionnelles (mines, sidérurgie, chantiers navals) et politique de rigueur. À l'époque, il est critiqué, puisqu'il symbolise une normalisation française. Avec le recul, son bilan de deux ans (1984-1986) apparaît enviable : si les prélèvements atteignent alors un niveau record, le chômage se stabilise, l'inflation est maîtrisée (Jacques Delors ayant

171

largement amorcé le mouvement), le commerce extérieur s'améliore et le pouvoir d'achat progresse. Quant à Pierre Bérégovoy, apôtre du franc fort et de la désinflation compétitive, il entreprend alors une modernisation ambitieuse du marché financier et monétaire. Sous ce gouvernement de gauche, la Bourse flambe d'ailleurs comme jamais.

François Mitterrand a défini lui-même son nouveau refrain. Participant à l'émission économique de François de Closets, *L'Enjeu*, il avait expliqué : « L'entreprise est une priorité qui commande toutes les autres. Il faut produire, produire plus, produire mieux, modérer les charges sociales et financières, investir, savoir vendre et être compétitif. [...] Seuls ceux qui peuvent dégager des profits sont en mesure d'investir. Il faut d'abord gagner de l'argent pour investir. » Ce pourrait être extrait d'un éditorial du *Wall Street Journal* ou du *Financial Times* : les deux plus célèbres quotidiens des milieux d'affaires anglo-saxons tressent justement des couronnes à ces socialistes si raisonnables. Le Président français a d'ailleurs fait à l'époque un voyage dans la Silicon Valley, où il découvre en somme l'Amérique. Dans ce haut lieu de la technologie d'avant-garde, il se convainc des vertus de l'innovation, de l'initiative, de la compétition. Les chefs d'entreprise cessent d'être des ennemis de classe pour devenir des porteurs d'avenir. *Sic transit...*

Parallèlement – là est d'ailleurs la cohérence –, le Président de gauche poursuit à belle allure son aventure européenne. Au très important Conseil européen de Fontainebleau (juin 1984), il dénoue à grands frais la crise britannique et parraine les candidatures espagnole et portugaise, acceptées sous ses auspices. Jacques Delors va devenir, avec l'appui d'Helmut Kohl,

172

un président précieux, inventif et actif de la Commission de Bruxelles. La photo mythique et noire de l'immense chancelier allemand et du grave Président français, main dans la main sur les lieux du pire massacre franco-germanique, à Verdun, donne toute sa portée, symbolique et historique, à la perspective européenne. En décembre 1985, l'Acte unique est adopté à Luxembourg. Il est signé par les États en février 1986, et sera ratifié par les Parlements nationaux quelques mois plus tard.

Le marché unique ainsi mis sur pied verra le jour en 1992 [1]. La libre circulation des biens et des capitaux qu'il organise consacre à sa manière la victoire du marché international sur le socialisme hexagonal. Réhabilitation de l'entreprise, rétablissement des grands équilibres, progression spectaculaire de la construction européenne, François Mitterrand n'a pas évolué à moitié.

Cela ne l'empêche pas de perdre les élections de 1986 – et avec elles la maîtrise de la politique économique –, mais cela contribue certainement à limiter l'ampleur de la défaite. Lorsque Laurent Fabius cède la place à Jacques Chirac à Matignon, il peut dire sa « fierté pour l'œuvre de réforme et de gestion [...] accomplie aux côtés du président Mitterrand. Le nouveau gouvernement va trouver une économie assainie, une inflation ramenée à son plus bas niveau depuis vingt ans, la paix sociale et une France modernisée ». Ce n'est pas faux, à condition d'ajouter que le chômage touche plus de deux millions d'individus et que le socialisme n'est pas inclus dans le bilan. Pour le reste, en période de cohabitation,

1. Voir le chapitre IX.

la politique économique relève désormais incontestablement du gouvernement. Le Président ne peut donc pas empêcher le Premier ministre et son puissant ministre de l'Économie, des Finances et de la Privatisation, Édouard Balladur, de mener la politique franchement libérale sur laquelle ils se sont fait élire. Tout juste peut-il, et il ne s'en prive d'ailleurs pas, mener une petite guerre de retardement et de harcèlement, lorsque les circonstances s'y prêtent.

Dans le domaine économique, il refuse ainsi de signer l'ordonnance sur les privatisations mais ne fait pas obstacle à l'adoption des mesures par la voie législative classique. À propos des nominations à la tête des entreprises publiques ou aux principaux postes de l'administration économique et financière, il marchande pied à pied et contraint le gouvernement à des lenteurs et à des compromis. Finalement, le plus utile pour lui durant cette période reste la démonstration faite par ses adversaires des différences qui subsistent entre une politique économique de droite et celle qu'il inspirait depuis l'abandon de la ligne socialiste initiale. Privatisations en chaîne, suppression de l'impôt sur les grandes fortunes, allégement de la fiscalité sur les entreprises et (modestement) sur les ménages, liberté des prix et des échanges commerciaux, simplification des réglementations, économies budgétaires et sociales. L'électorat de gauche en voulait à François Mitterrand en raison de ses promesses évanouies et de ses changements de cap abrupts. L'électorat de droite raillait ses échecs et ses renoncements. Voici que, de nouveau, se dessinent des clivages profonds, certes beaucoup moins caricaturaux que ceux en vigueur avant 1981 mais néanmoins bien perceptibles. Ajoutés aux divisions traditionnelles de la droite, aux troubles universitaires, aux polémiques sur la sécurité, à la Nouvelle-Calédonie et à la Corse, ils contribuent à sa réélection en mai 1988.

En ce qui concerne l'économie, sa campagne s'est montrée presque humble, ce qui n'était pas dans ses habitudes ou dans son tempérament. Il se pose en garant de la cohésion sociale [1] et choisit comme symbole économique un modeste « ni-ni ». Ambitieux en ce qui concerne l'Europe, offensif sur le terrain politique, qu'il affectionne, prudent en matière sociale, il se montre timide en matière économique. Il n'y aura ni privatisation supplémentaire, assure-t-il (en fait, il y aura des privatisations partielles), ni nouvelle nationalisation. Il y aura derechef un impôt sur la fortune, moins emblématique cependant que le premier. Chacun sent bien que le temps des ruptures est passé, que la phase du réalisme continue. À la tête du gouvernement, il nomme d'ailleurs Michel Rocard, qui possède une réputation d'économiste compétent et imaginatif mais pragmatique. C'est de nouveau Pierre Bérégovoy qui s'installe au ministère des Finances. En 1981, la Bourse avait plongé avec l'élection de François Mitterrand, et le franc avait dangereusement faibli. En 1988, la Bourse salue sa victoire, ainsi que le choix des hommes qu'il charge de la politique économique et financière. Le franc fait preuve du plus grand flegme. À l'étranger comme en France, tout le monde a cette fois compris qu'il n'est plus question de répudier le capitalisme mais de l'apprivoiser et de le gérer le plus humainement possible.

C'en est fini des chimères et des grandes espérances. Sur le terrain économique, la gauche française de gouvernement est devenue sociale-démocrate, pour ne

1. Voir le chapitre précédent.

pas dire radicale-socialiste. Le premier septennat de François Mitterrand avait commencé de façon téméraire. Le second se déroulera de manière raisonnable et, sur la fin, presque conservatrice.

Ce n'est pas que Michel Rocard et Pierre Bérégovoy se soient montrés inertes. Sur le registre social, ils ont tenté de prouver que leur gestion était plus protectrice pour les petits salariés, les fonctionnaires et la France pauvre que celle de leurs prédécesseurs [1]. Dans le domaine économique, leur politique affiche un style très orthodoxe, avec une allure presque technique chez Michel Rocard et un ton excessivement classique chez Pierre Bérégovoy. C'est bien là le temps de la normalisation. Ainsi le Premier ministre met-il sa fierté typiquement calviniste – orgueil sobre et rationalité dominatrice – à réaliser des réformes aussi utiles que peu visibles pour les non-spécialistes : modernisation de la célèbre grille salariale des fonctionnaires, vestige de la Libération, passant pour intangible ; globalisation des crédits de fonctionnement des administrations, étape décisive pour mettre en place leur déconcentration ; réforme des PTT, modernisation des services publics, etc. Il met son point d'honneur à donner l'avantage au substantiel sur l'apparent. C'est le triomphe de la vertu et l'enterrement du lyrisme.

Quant à Pierre Bérégovoy, successivement ministre de l'Économie et des Finances (1988-1992) puis ultime Premier ministre socialiste (1992-1993), il incarne, affichant une réelle détermination, la politique du franc fort. Avec lui – il aime le souligner –, on ne dévalue pas, on ne joue pas avec l'inflation, on reconstitue les réserves de devises, on améliore les résultats du commerce extérieur. La communauté internationale

1. Voir le chapitre précédent.

applaudit, la presse anglo-saxonne le couvre de fleurs. Le voilà sacré champion de l'orthodoxie, parangon de ce qui commence à être sévèrement critiqué sous le sobriquet de « politique unique ». La question qui se pose après coup est plutôt de savoir si le choc de la réunification allemande n'aurait pas dû être l'occasion d'un décrochage du franc par rapport au mark. C'eût été réaliste, et sans doute précieux pour faire refluer le chômage. Ni François Mitterrand, ni Michel Rocard, ni Pierre Bérégovoy ne l'ont voulu. La fierté nationale ne choisit pas toujours le meilleur siège et le meilleur *tempo*.

Ce qu'on perçoit mal à l'époque et qui apparaît aujourd'hui de façon éclatante, c'est que les années Rocard sont en matière économique les années les plus heureuses et les plus réussies du mitterrandisme. La croissance culmine (en 1988 et 1989, elle est supérieure à 4 %, avant de revenir l'année suivante à 2,5 %), le chômage n'augmente plus et recule même lentement ; le commerce extérieur, déficitaire de 1981 à 1991, atteint symboliquement son équilibre en 1991, lorsque Michel Rocard quitte l'hôtel Matignon. L'inflation est maîtrisée ; les déficits des budgets de l'État et de la Sécurité sociale restent alors modestes ; le pouvoir d'achat augmente à un bon rythme. Ce n'est ni l'aventure ni la rigueur, mais le répit. Michel Rocard aura été l'homme de la rémission.

Il est aussi, avec Pierre Bérégovoy, l'homme du pragmatisme. Sous leur direction conjointe (ce qui ne signifie pas sans nuages, car ils s'entendent mal sur un plan personnel), les entreprises publiques obtiennent l'autorisation de lever les capitaux privés sur le marché financier. Des firmes étrangères peuvent de nouveau entrer dans le capital des entreprises publiques françaises.

Des privatisations partielles sont autorisées à Elf Aquitaine, au Crédit local de France, à Rhône-Poulenc, chez Total. L'ouverture jusqu'à 49 % du capital des entreprises nationalisées aux actionnaires privés est même autorisée dans le secteur des assurances. En 1981, Michel Rocard s'était battu en vain – sans illusions d'ailleurs – pour que justement les nationalisations ne se fassent qu'à hauteur de 51 %. François Mitterrand avait écarté brutalement cette méthode moins coûteuse, plus pragmatique, moins emblématique. En 1981, il s'agissait de nationaliser pour toujours. En 1991, même s'il ne le reconnaît pas, on privatise par paliers.

Par la suite, mitterrandistes et libéraux ont beaucoup reproché à Michel Rocard et à Pierre Bérégovoy de n'avoir pas utilisé avec assez de vigueur et d'ambition les circonstances favorables dont ils bénéficiaient, pour mener les réformes nécessaires. Les critiques sont d'ailleurs contradictoires, les uns regrettant (à droite) que la France ne se soit pas plus désendettée, assainie sur le plan budgétaire, allégée sur le plan fiscal. À gauche, c'est l'inverse : on fait grief aux deux hommes de ne pas avoir mené alors les réformes de structures nécessaires pour faire reculer le chômage. Le coût des mesures sociales (réforme Jospin de l'Éducation nationale, RMI, etc.) limitait cependant la marge de manœuvre. En privé, François Mitterrand reprochait beaucoup à Michel Rocard la prudence de sa gestion et la timidité de ses recettes. C'est d'ailleurs pourquoi il le remplace par Édith Cresson en mai 1991 puis, après le désastre historique pour la gauche des élections régionales et cantonales de mars 1992, par Pierre Bérégovoy lui-même. Dans les deux cas, François Mitterrand veut imposer une politique économique plus volontariste, moins technique et massivement mobilisée autour de la lutte contre le chômage.

Ces politiques échouent spectaculairement, parce que, entre-temps, la conjoncture mondiale s'est brusquement renversée. La croissance internationale de la période Rocard avait largement été favorisée par la spéculation financière, anglo-saxonne et japonaise principalement. Les années quatre-vingt-dix et la fin de la présidence Mitterrand se caractérisent en revanche par un freinage, une stagnation de la croissance et même, un moment, par une récession. On vérifie alors ce qu'avait de fragile la reprise des années précédentes, et aussi l'injustice de certains des procès faits à Michel Rocard : s'il avait mené une politique de rigueur en période de croissance, on l'aurait en effet accusé d'être responsable du freinage ultérieur ; s'il avait mené une politique de réformes audacieuses (réduction substantielle de la durée du travail par exemple), il aurait été taxé d'avoir déréglé la machine économique, au moment où elle semblait aller mieux.

Quoi qu'il en soit, ses deux éphémères successeurs (Édith Cresson sera Premier ministre moins de onze mois, et Pierre Bérégovoy moins d'un an) subissent de plein fouet le choc de la fin de la croissance. Tout se dérègle aussitôt : le chômage reprend son ascension brutale, les déficits publics se creusent (la récession les multipliera par trois), le niveau de vie stagne. Malgré les efforts – Édith Cresson tente d'aider les petites et moyennes entreprises ainsi que l'exportation, son ministre du Travail, Martine Aubry, met au point plusieurs formules ingénieuses pour combattre le chômage, Pierre Bérégovoy allège les charges des entreprises, lutte contre l'hégémonisme américain à travers les négociations du GATT –, la fin des années

179

Mitterrand diffuse un sentiment d'impuissance sur le plan économique.

À partir de la seconde cohabitation (1993-1995), le Président socialiste n'a plus de prise directe sur la politique économique. Édouard Balladur, instruit par la première cohabitation, sait comment prendre les décisions sur ce terrain sans s'exposer à une confrontation avec le chef de l'État. Il parvient donc à mener une politique vigoureusement libérale (nouveau train de privatisations, aides aux entreprises, allégements fiscaux, grand emprunt, stimulation de la consommation par un système de primes), que François Mitterrand n'approuve pas mais ne combat plus. Gravement malade, opéré à deux reprises, il n'est pas, contrairement à ce qui s'était passé de 1986 à 1988, en rivalité directe avec le chef du gouvernement. Il n'est plus l'inspirateur quotidien du parti socialiste, encore moins son futur candidat. Il concentre donc ses forces sur le domaine international et, par priorité, européen. C'est là qu'il appose son ultime marque. C'est à travers cette action diplomatique qu'il influence obliquement la logique économique.

Durant tout son second septennat, *a fortiori* durant ses derniers mois au palais de l'Élysée, François Mitterrand a donc concentré ses efforts et jeté ses ultimes feux au service de la construction européenne. Celle-ci a des implications économiques directes et substantielles. Or, de 1988 à 1995, le Président réélu lui accorde la priorité. En 1990, il anticipe la mise en œuvre de la libération des capitaux prévue par l'Acte unique : la France s'intègre alors, pleinement et délibérément, sous la conduite du Président socialiste, au marché mondial des capitaux. Cela l'oblige à diminuer aussitôt la fiscalité de l'épargne. Cela incite ses gouvernements à la rigueur monétaire et budgétaire. S'immerger dans le marché mondial, c'est en effet en accepter les règles, les contraintes et les méthodes. Lorsque, le 1er janvier 1993, le marché unique se met en place dans sa totalité (capitaux, biens et services), la France s'engage en fait dans une logique économique absolument opposée à celle de 1981.

Entre-temps, François Mitterrand et Helmut Kohl, poussés par Jacques Delors, ont décidé ensemble de tout faire pour que l'union politique et l'union monétaire de l'Europe progressent de façon décisive et parallèle. Malgré quelques flottements entre le Président et le chancelier au moment de la réunification allemande, ils enclenchent dès 1990 le processus qui va mener au traité de Maastricht. L'initiative franco-allemande veut jeter les fondements d'une politique extérieure commune, d'une politique judiciaire et policière coordonnée, mais surtout d'une monnaie unique.

Cette fois, il ne s'agit plus d'intégrer totalement le marché mondial mais de mettre sur pied une politique monétaire européenne, symbolisée par une monnaie, l'Euro (au début, elle devait s'appeler l'Écu). Ses implications sont considérables. Si elle voit effectivement le jour le 1er janvier 1999, cela signifiera que les politiques budgétaires, financières et fiscales des pays qui participeront au premier cercle devront durablement converger et s'harmoniser. Tel est le pari que François Mitterrand veut prendre au nom de la France. Il jette tout son poids dans la balance. Le trio Mitterrand-Kohl-Delors parvient, non sans mal, à faire adopter le traité à Maastricht par les Douze, en décembre 1991 [1]. C'est un compromis dont le volet social est insuffisant et dont la Grande-Bretagne et le Danemark sont parve-

1. Voir le chapitre IX.

nus à se faire exempter. C'est un accord qui déclenche en France un débat d'une ampleur sans précédent à propos de l'Europe. François Mitterrand prend le risque de le soumettre à référendum. La campagne est passionnée, et lorsque la victoire qui semblait évidente au départ paraît soudain incertaine, le Président s'engage lui-même sans hésiter. Le oui l'emporte, avec 51 % des voix seulement. L'électorat populaire, notamment celui des régions où le socialisme est traditionnellement bien enraciné, ainsi que ces bataillons de petits salariés votant à gauche ont choisi en majorité le non. Pour faire de l'Europe une grande puissance collective, pour que la France continue d'y jouer un rôle décisif, François Mitterrand a forcé le destin. La gauche tout entière en est ébranlée et fissurée. Si la monnaie unique voit le jour à l'échéance prévue – ce qui ne peut se faire qu'avec la France –, le socialisme mitterrandien aura engagé le pays dans une logique de marché irréversible, à l'intérieur de l'Europe comme au-dehors. Cela aura été la dernière influence majeure exercée par le Président.

Il serait évidemment injuste de réduire l'empreinte économique de François Mitterrand à cet ultime choix. Il n'empêche : lui qui voulait assujettir initialement l'économie à son idéologie a dû au contraire subordonner la seconde à sa marche économique. Le monde réel a été plus fort que l'univers des concepts. François Mitterrand voulait socialiser l'économie française, rompre avec le capitalisme, prendre le contrôle des principaux lieux de pouvoir économique et financier. C'est ce qu'il a fait au début. En vain. Moins de deux ans plus tard, il fallait choisir entre l'Europe et le protectionnisme, entre le marché et le socialisme. L'Europe et le marché l'ont emporté. Cela ne s'est pas fait sans amertume ni même sans colère de la part du Président. Son échec l'a meurtri. Tout ce qu'il avait entrepris n'a cependant pas été négatif. Même les nationalisations ont obligé l'État à jouer pleinement, pour la première fois, son rôle d'actionnaire. À défaut de correspondre à un dessein, cela a au moins été parfois très profitable. Pour le reste, du socialisme démocratique à la social-démocratie, puis au libéralisme social, la trajectoire, sans être continue, car scandée de repentirs et de nostalgies, a suivi une pente aisément perceptible.

Paradoxalement, s'il a échoué en tant que socialiste sur le plan économique, François Mitterrand n'en laisse pas moins sur ce terrain un bilan honorable. Sous son autorité, l'économie s'est modernisée. L'ironie veut que, partant d'une théorie archaïque, il soit parvenu à une pratique modernisatrice. L'inflation maîtrisée, le commerce extérieur redressé, la compétitivité des entreprises sensiblement améliorée, les déficits supportables jusqu'au tournant des années quatre-vingt-dix, un franc finalement plus robuste que d'habitude sous la gauche, une industrie restructurée, le solde serait positif s'il n'y avait eu deux échecs terribles : la montée du chômage, la capitulation des ambitions sociales.

En somme, ayant voulu subordonner l'économique au social, il a dû finalement sacrifier le social à l'économique. Il l'a fait à contrecœur, en s'employant de son mieux à en humaniser les effets. Le socialisme contre le marché, peut-être aurait-il tenu bon. Le socialisme contre le marché et l'Europe, c'était trop. Les cruautés du marché l'ont donc emporté sur les illusions du socialisme. François Mitterrand n'a pas si mal géré mais il n'a pu rêver.

CHAPITRE VII

François Mitterrand,
la culture et la télévision

Avec l'élection de François Mitterrand à la présidence
de la République, c'est un intellectuel, un artiste du
pouvoir qui entre au palais de l'Élysée. Le premier chef
de l'État socialiste de la Ve République est le plus littéraire des Présidents depuis 1958. Si le général de Gaulle
a été un mémorialiste éclatant, avec des fulgurances de
style et un ton à la fois épique et altier qui n'appartiennent qu'à lui, il restait cependant avant tout stratège et homme d'action, soldat et homme d'État.
Georges Pompidou, normalien, agrégé de l'Université,
était assurément un homme de culture et de livres, de
surcroît bon connaisseur de l'art contemporain. Le
monde de l'industrie et de la finance, le droit et la
banque, son goût et son talent pour la gestion
occupaient cependant une part importante de son univers. Sa dimension intellectuelle évidente, ses goûts littéraires et culturels paraissaient moins déterminants
dans sa personnalité que dans le cas de François
Mitterrand.

Valéry Giscard d'Estaing, de formation scientifique,
haut fonctionnaire, possède une culture bourgeoise traditionnelle distinguée. Malgré son goût de l'écriture et
une intelligence hors du commun, il ne peut être quali-
fié de littéraire, et la culture relève chez lui plus de
la vie privée que de la vie publique, alors que chez
François Mitterrand les deux dimensions ne font
qu'une. Quant à Jacques Chirac, depuis qu'il est président de la République, il a renoncé à traiter son jardin

187

culturel personnel – peut-être le plus original de tous – comme un secret honteux. Il ne joue pas au littéraire mais, s'il est infiniment plus cultivé qu'il n'a voulu le laisser paraître durant des décennies, ce n'est pas un intellectuel au pouvoir mais avant tout un homme d'action. Il y a donc bien, sur ce champ-là, une spécificité de François Mitterrand.

Elle s'inscrit d'ailleurs dans la tradition socialiste française. Les trois dirigeants socialistes les plus marquants de l'histoire de nos républiques – Jean Jaurès, Léon Blum et François Mitterrand – ont tous été des intellectuels en politique. Tous les trois ont beaucoup publié – Jean Jaurès avec plus d'éclat que les deux autres –, tous les trois étaient des littéraires, des orateurs, des écrivains très proches du milieu culturel de leur époque, et même très intégrés dans les cercles parisiens. François Mitterrand fut sans aucun doute le moins conceptuel des trois – la théorie, la doctrine et même l'idéologie n'étaient pas son fort –, mais il aura été le seul à exercer durablement le pouvoir. Président de la République pendant quatorze ans, il a pu mener une politique culturelle et audiovisuelle aussi marquante que contestée. Il a contrôlé et inspiré directement ce secteur d'action. De 1981 à 1995, la France a vécu sous un régime de monarchie culturelle. François Mitterrand s'est comporté en despote éclairé. Son intérêt pour les affaires culturelles et audiovisuelles était constant et intense. Son autorité était pressante et souveraine. Ses choix ont été, au bout du compte, toujours impérieux, souvent audacieux, parfois heureux.

Que François Mitterrand ait été tout au long de sa vie, et de façon particulièrement visible durant sa présidence, un homme de culture, un intellectuel au pouvoir, qui pourrait en douter ? Ses goûts affichés, ses fréquentations ostensibles, ses intérêts réels, ses opinions tranchantes, la passion exigeante qu'il mettait à être obéi, plus peut-être que dans n'importe quel autre secteur relevant de la politique intérieure, tout convergeait. Le Président socialiste se faisait une certaine idée de la politique culturelle de la France. Il entendait la superviser lui-même, beaucoup plus directement que ne l'avaient fait ses prédécesseurs et que ne le fait son successeur. Il a bouleversé délibérément le paysage audiovisuel. Il a apposé sa marque personnelle sur les grands travaux de Paris, sujets d'intenses polémiques. Il a confié à Jack Lang, metteur en scène, chef d'orchestre et rôle-titre de cette ambition culturelle, des moyens sans précédent et fixé des orientations sans ambiguïté. Durant quatorze ans, la France a mené une politique culturelle hardie et active, sans peur sinon sans reproches. La longévité de François Mitterrand au pouvoir, la présence durant dix années (1981-1986 et 1988-1993) de Jack Lang à ses côtés, sous tous les gouvernements socialistes, tout cela a donné un relief particulier à cette entreprise certes fervente et mobilisatrice mais dénigrée autant que remarquée.

François Mitterrand aime par-dessus tout la littérature et l'histoire. Toute sa vie, il ne cessera de dévorer livre sur livre et de cultiver la compagnie des écrivains. Enfant et adolescent, il a lu avec avidité les classiques qu'on lui enseignait, avec une prédilection pour Pascal, Chateaubriand, Lamartine, Vigny, et pour la NRF, qui dominait alors la production française et qu'il trouvait dans la maison familiale. Ainsi découvre-t-il Valéry et Gide, Claudel et Drieu La Rochelle. Au 104 de la rue de Vaugirard, il se plonge dans Bernanos, qui le marque, dans Giraudoux, qui le charme, dans Benda, qui l'intrigue. Il aime Tolstoï, il savoure les auteurs anglais de l'époque – il confessera une nostalgie mineure et attendrie pour Charles Morgan. Il apprend à connaître les Américains, Hemingway et surtout Faulkner. Il vénère François Mauriac, le grand écrivain de sa province, relation familiale qui l'introduit à Paris : « Il aurait pu comme moi-même être un écrivain, raconter des histoires au lieu de vivre des histoires. Il a choisi de les vivre. Mais ce choix impliquait un durcissement de sa nature. Il s'est endurci », diagnostique justement François Mauriac [1]. Dans son esprit, c'est un regret élogieux.

Adulte, François Mitterrand continue de lire sans cesse et partout, au Palais-Bourbon et chez lui, en vacances et en voyage. Lorsqu'il devient Président, et à ce titre l'objet d'une curiosité permanente, il est sans cesse photographié et filmé un livre à la main. En avion, on le surprend lisant Suétone ou Julien Gracq. Dans les Landes, il explore volontiers la littérature nord- ou sud-américaine. Il aime Pablo Neruda et William Styron, Gabriel García Marquez et Mario Vargas Llosa. Chez les Français, il apprécie Marguerite Duras et Jean-Marie Le Clézio, François Nourissier et Michel Tournier. Il professe un respect particulier pour Milan Kundera. Il a des goûts éclectiques mais l'exigence du style. Il peut parler des heures littérature ou histoire (il lit et relit mémoires et biographies). *L'Histoire des deux Restaurations* du peu célèbre Achille de Vaulabelle revient plus qu'à son tour dans sa conversation, lui inspirant anecdotes et réflexions récurrentes : coquetterie d'homme cultivé. Il aime tester les lectures des autres, disserter et trancher. Il a entretenu une correspondance avec Saint-John Perse, et déteste qu'on lui tienne tête à propos d'un auteur qu'il connaît bien. Il est

1. En 1959, dans une chronique pour *L'Express*.

en fait à la fois grand lecteur, bibliophile, érudit, voire précieux ou pédant. Sur son bureau du palais de l'Élysée s'empilent les derniers romans reçus...

Il s'entoure d'écrivains. À l'Élysée, Régis Debray, Erik Orsenna, Paul Guimard sont près de lui. Il reçoit souvent des intellectuels de renom, prie à sa table Fernand Braudel ou Claude Lévi-Strauss, Bernard-Henri Lévy ou Michel Serres. Marguerite Duras ou Françoise Sagan sont ses invitées personnelles lors de voyages officiels. Il rend visite, impromptu, à Jean Guitton ou à Michel Tournier, d'un vol d'hélicoptère. Il est fasciné par Ernst Jünger, qu'il rencontre à plusieurs reprises. Il dialogue longuement avec Élie Wiesel, organise des promenades littéraires avec Robert Badinter. Il aime les lieux où ont vécu, travaillé, où sont enterrés les écrivains qui comptent pour lui. Il s'y rend assidûment. À chaque grande occasion, de l'autocélébration du Panthéon après son élection en mai 1981 jusqu'à son départ, il associe écrivains et intellectuels, écrivains plus qu'intellectuels. Il est, comme aucun autre Président, un homme de livres : « Je suis un homme politique, pas un écrivain. Si j'avais voulu l'être, je l'aurais été », confie-t-il avec plus qu'une pointe d'orgueil. Il écrit lentement, difficilement, rature beaucoup, surcharge énormément ses manuscrits d'ajouts, de renvois, de repentirs. Il rend toujours ses épreuves en retard, repousse les publications. Il a néanmoins un style cursif, acide, railleur, serré. S'il n'avait pas choisi la politique et le pouvoir, il aurait embrassé à coup sûr la littérature.

Il ne s'intéresse pas seulement à cela. Il se passionne pour l'architecture, depuis toujours. Bien avant d'être élu Président, il a même confié, dans une chronique imprudente, publiée dans *L'Unité*, alors hebdomadaire du parti socialiste : « Dans toute ville, je me sens empereur ou architecte. Je tranche, je décide et j'arbitre [1]. » De fait, qu'il s'agisse de Palladio et de Bofill, il est disert, informé, avec un jugement catégorique. Les lieux mythiques où la main de l'homme a été inspirée lui parlent intimement. Cela se sentira, on y reviendra, avec la querelle des grands travaux. La sculpture ne lui est pas indifférente non plus. Il apprécie – ou, pour être précis, il a sur le tard appris à apprécier – Dubuffet et Tinguely. Alors qu'il était maire de Château-Chinon, il a même fait édifier une œuvre cocasse et tonitruante de Niki de Saint-Phalle au beau milieu de cette sage petite ville de province. En revanche, il n'est guère musicien et, s'il aime la peinture, il ne manifeste ni compétence particulière ni familiarité notoire avec le sujet. Georges Pompidou lui en aurait à coup sûr remontré là-dessus. Aussi bien est-il trop avisé pour prétendre à l'universalité.

Il aime le théâtre, depuis toujours, et, jusqu'à ce que la maladie le terrasse, il lui arrive d'aller assister à l'improviste, en compagnie de quelques proches, à une pièce à la mode, surtout si elle est d'avant-garde. Il a cependant confié à une étudiante qui faisait un mémoire sur ses goûts cinématographiques : « Pendant longtemps, j'ai été plus sensible au théâtre ; maintenant, je le suis peut-être plus au cinéma [2]. » Il s'y rend en moyenne une fois par semaine, impromptu ; il se fait également projeter des films au palais de l'Élysée. Jeune, il a aimé les grandes épopées romantiques : *Les Révoltés du Bounty* avec Charles Laughton, *Autant en emporte le vent*, *Les Hauts de Hurlevent*. Par la suite,

1. Elle est reproduite dans François Mitterrand, *La Paille et le Grain*, Flammarion, 1975.
2. Il s'agir de Sandrine Dumarais. Interview au *Figaro* du 2-3 mars 1996.

explique-t-il toujours à l'étudiante qui l'interroge, il aura une prédilection pour Visconti (notamment *Mort à Venise* et *Senso*) mais aussi Buñuel, parfois Fellini – pas toujours –, et généralement Woody Allen. Chez les Français, il place Carné au-dessus du lot, privilégie Tavernier, Blier, Rohmer (« pas de très grandes œuvres mais de qualité »), Lelouch quelquefois. Il adore Depardieu, c'est bien connu, le reçoit et le choie; il aime Auteuil, Piccoli, Trintignant et Anglade. Il a toujours eu un faible pour les actrices. Il a en somme les goûts de sa génération et de son milieu. Dès qu'il parle littérature, histoire ou architecture, il peut éblouir, même s'il ne supporte pas d'être contredit. Pour le reste, il a des connaissances et des vues plus banales. Ce Président-là est décidément avant tout un littéraire.

Il entre au palais de l'Élysée avec de grandes ambitions culturelles et quelques idées personnelles. Celles-ci n'ont d'ailleurs guère inspiré les célèbres cent dix propositions du candidat Mitterrand. En fait, dans ce domaine, François Mitterrand se fie davantage à ses propres capacités qu'à l'élaboration collective d'un projet. « La façon dont la France traite les affaires de la culture n'est pas transposable dans les autres pays d'Europe, même les plus proches », fait justement remarquer Jacques Rigaud, sans doute le meilleur connaisseur du sujet [1]. De fait, il existe en France une solide tradition de colbertisme, c'est-à-dire d'interventionnisme, de dirigisme et de financement public. « Nous nous faisons en France une certaine idée collective de la culture. Pas depuis M. Mitterrand. Pas même depuis Malraux ou Pompidou. Depuis des siècles [2] »,

1. Jacques Rigaud, *L'Exception culturelle. Culture et pouvoirs sous la Ve République*, Grasset, 1995.
2. *Id., Ibid.*

193

ajoute le même auteur. Si sur ce point notre pays se différencie substantiellement et depuis fort longtemps des autres grandes nations, François Mitterrand lui donne cependant une dimension supplémentaire. En France, contrairement aux autres pays libéraux, l'État élabore et met en œuvre une politique culturelle active, au lieu d'abandonner le terrain aux initiatives privées. Socialiste et passionné de culture, le quatrième président de la Ve République pousse plus loin cette politique, lui donnant davantage de moyens financiers, la supervisant personnellement, lui fixant une ambition remarquable. Au-delà de cette action – qui constitue déjà en soi une singularité –, il s'agit aussi d'inventer une approche qui se veut exemplaire et qui met en scène la vocation culturelle particulière de la France.

François Mitterrand veut faire de son pays un foyer culturel exceptionnel, un lieu privilégié de rencontres et de créations intellectuelles. C'est un projet quelque peu prométhéen, à coup sûr immodeste, conforme néanmoins aux éternelles aspirations françaises – la vocation à l'universalité – et susceptible de donner un relief particulier au chef de l'État. Celui-ci s'y emploie avec constance et détermination. Auprès de lui, Jack Lang rallie avec un enthousiasme infatigable les artistes ; Jacques Attali prend contact avec les intellectuels les plus marquants du monde entier ; Élie Wiesel attire une escouade de prix Nobel d'inclination progressiste. En 1983 se réunit en grande pompe à la Sorbonne un congrès qui s'intitule « Création et développement ». La République n'a pas lésiné sur les invitations. On y rencontre Sean MacBride et Breyten Breytenbach, Susan Sontag et Volker Schlöndorff, William Styron et John Galbraith. En 1988, soixante-quinze prix Nobel sont conviés en conclave au palais de l'Élysée. En 1993, Élie

Wiesel inaugure à la Pyramide du Louvre une « Académie universelle des cultures ». Le propos est ambitieux mais les retombées sont peu spectaculaires. Pierre Billard n'a pas tort de railler dans *Le Point* « trois grandes liturgies consacrant le rôle de la France et de François Mitterrand comme protecteur de la création et de la pensée universelle [1] ». Dès qu'il s'agit de culture, la république mitterrandienne est prétentieuse. Cela ne signifie pas qu'elle soit stérile.

Le chef de l'État s'occupe personnellement de la francophonie. Il lui donne des ressources, des institutions, un secrétariat d'État et un élan nouveau. « Réussirons-nous à inscrire dans l'espace et à sculpter dans la matière notre projet de culture ? De toute mon énergie je m'y emploierai », promettait le candidat François Mitterrand quelques semaines à peine avant son élection. Il a, en somme, mieux réussi à le sculpter dans la matière qu'à l'inscrire dans l'espace. Son œuvre monumentale restera forcément. Sa politique culturelle a réveillé la France plus qu'elle n'a impressionné le monde.

Non pas que l'action de Jack Lang soit à dédaigner. Le style personnel du ministre de la Culture, brillant jusqu'au mirobolant, audacieux jusqu'au provocateur, séducteur jusqu'au démagogique, éclectique jusqu'au bariolé, mitterrandolâtre jusqu'à la flagornerie, ce style baroque et chatoyant, s'offrant à toutes les polémiques, a trop souvent occulté le sérieux, la cohérence et la hardiesse de l'entreprise. « La culture dans l'État a reçu de Malraux la grandeur, de Duhamel la rigueur, et de Lang la modernité », note équitablement Jacques Rigaud [2]. Elle a reçu aussi, grâce sans doute à l'intérêt constant

1. Pierre Billard, *Le Point*, 13 janvier 1996.
2. Jacques Rigaud, *Libre Culture*, Gallimard, 1990.

de François Mitterrand mais aussi à l'enthousiasme et à l'opiniâtreté de Jack Lang, les moyens qui lui manquaient jusqu'alors cruellement. On peut parfaitement contester, comme le fait avec brio Marc Fumaroli et avec lui le clan des intellectuels libéraux élitistes, la légitimité d'une politique culturelle volontariste. Si, en revanche, on en admet le principe, alors Jack Lang a été le premier à obtenir le financement de ses ambitions.

Avec lui, le budget du ministère de la Culture a en effet plus que doublé, pour frôler le 1 % mythique qu'il s'était assigné comme horizon. Cela lui permet de renforcer ce qui existe – les crédits des conservatoires nationaux de musique augmentent ainsi sensiblement, le nombre d'écoles d'art plastique, d'écoles de musique, de villes dotées d'un musée croît vigoureusement –, mais aussi d'innover. Jack Lang n'a jamais cessé d'être un ministre entreprenant, sous la férule parfois sourcilleuse et toujours très présente de François Mitterrand. On lui a beaucoup reproché son éclectisme. Il est vrai qu'en élargissant le domaine des affaires culturelles jusqu'au rap et au tag, en intégrant avec ostentation la chanson et la cuisine, les bandes dessinées et le cirque au sein du cercle vénérable des arts reconnus, il était sûr de provoquer des protestations indignées et des controverses infinies. Elles n'ont pas manqué. Jack Lang – et avec lui la politique culturelle de François Mitterrand – s'est fait accuser d'électoralisme, de poujadisme intellectuel, on a raillé sa brocante artistique, son entreprise de récupération de la jeunesse par tous les moyens. C'est à partir de cette phase-là que François Mitterrand, interrogé de surcroît en style branché par Yves Mourousi à la télévision, s'est vu représenté en rocker par Plantu.

La conjonction des grands chantiers parisiens

196

– réalisation ambitieuse autant que théâtrale – de François Mitterrand et de l'action culturelle – avec ses frontières hétéroclites – de Jack Lang a ainsi suscité une réaction mandarinale prévisible, provoqué le courroux des classiques, cristallisé une réputation sulfureuse. La France adore les grandes polémiques culturelles, avec clivages abrupts entre anciens et modernes, campagnes de presse indignées, dénonciations outragées. Les républiques successives, la monarchie et l'Empire ont été traversés par ces orages-là. En l'occurrence, le goût de mordre des plus voraces a trouvé l'occasion de s'assouvir. La personnalisation de la politique culturelle du duumvirat Mitterrand-Lang, la hardiesse de l'inspiration, l'emphase des projets et souvent la disparate des confins ont créé un climat de contestation. Même si la monarchie culturelle de François Mitterrand en a pris gaillardement le risque, la politique de Jack Lang mérite de la considération.

Il n'est certes pas contestable que son entreprise de séduction de la jeunesse, au demeurant assez efficace, a eu quelque chose d'irritant à force d'intentions politiques transparentes. Il est évident aussi que, durant ses premières années rue de Valois, le ministre de la Culture – il ne pouvait agir sans l'aval de François Mitterrand tant il apparaissait en ministre de la Maison du Roi – a versé parfois dans le sectarisme, notamment antiaméricain. Son refus abrupt d'inaugurer le Festival du film américain de Deauville, ses diatribes contre l'impérialisme culturel des États-Unis, accusé de tous les maux alors que la glaciation culturelle de l'URSS le laissait silencieux, son voyage à Cuba durant l'été 1982, avec amabilités envers Fidel Castro en échange de la libération d'un poète emprisonné, tout cela s'exposait aux réquisitoires adverses avec un mélange de provocation et de maladresse.

D'autres reproches, en revanche, étaient beaucoup moins justifiés. Si François Mitterrand a concentré ses grands travaux dans la capitale, si Jack Lang affichait un ton, un style, des goûts, un type de culture ostensiblement parisiens, il est faux de prétendre que rien n'a été fait pour la province. Outre les écoles de musique et d'art plastique déjà citées, de grands musées furent rénovés à Nantes, à Rouen, à Lyon. Marseille (avec la danse), Angoulême (avec la bande dessinée), Grenoble (avec l'art contemporain), Nice (avec le musée Matisse), Arles (avec l'archéologie) ne furent pas oubliés. L'aide aux théâtres de province, l'institution de fonds régionaux d'art contemporain (les FRAC), la réussite du Carré d'Art de Nîmes et la restauration des superbes corderies royales de Rochefort prouvent bien que la province n'a pas été négligée. En fait, la volonté de François Mitterrand de mener une politique culturelle marquante et influente conduisait à privilégier la capitale, vitrine naturelle d'une France jacobine, unitaire, dirigiste et même volontariste.

Cette approche, certes aussi peu libérale que possible, n'avait pas que de mauvais côtés. La loi organisant la fixation d'un prix unique pour le livre a permis de sauver des centaines de petites librairies et d'encourager de nouveaux auteurs. La législation fiscale dérogatoire sur le financement du cinéma et de la production pour la télévision a sauvegardé une industrie alors en situation très périlleuse. La politique des commandes d'État aux artistes – tradition bien française, datant d'ailleurs de l'Ancien Régime – a stimulé et organisé l'activité artistique. Paris a reconquis une place éminente dans le marché de l'art et comme foyer de création. L'autorisation du mécénat d'entreprise – d'inspiration non socialiste cette fois, puisqu'elle doit beaucoup à Jacques Rigaud – a produit des effets très positifs. Si la politique culturelle de Jack Lang n'était pas innocente, si elle avait quelque chose de racoleur et d'outrecuidant, au moins était-elle imaginative, hardie et, tout compte fait, a-t-elle fouetté l'ambition culturelle française. Si elle n'était pas toujours distinguée, elle était de surcroît joyeuse – la Fête de la musique en est le symbole patent –, ce qui n'est pas si fréquent dans le bilan socialiste.

Les grands travaux, eux, ont relevé directement de François Mitterrand. Ils ont également suscité d'immenses controverses et provoqué des débats passionnés. Jamais, depuis le baron Haussmann sous le second Empire, Paris n'aura été aussi transformé que sous le double septennat de François Mitterrand. On peut certes s'interroger sur les ressorts ultimes de sa passion de bâtisseur. On n'a d'ailleurs pas manqué de le faire. Désir d'éternité ? Volonté de symboliser son empreinte sur la société ? Besoin de mesurer, de démontrer aussi le poids de son autorité personnelle ? Rêves de grandeur, ambition de faire de Paris le miroir d'un projet pharaonique ? Prurit monarchique, aveu d'une passion de puissance ou d'une fringale de pouvoir ? Goût avéré pour l'architecture de ce citadin cultivé ? Toutes les hypothèses ont été avancées, toutes les interprétations, des plus grandioses aux plus morbides, ont été risquées.

François Mitterrand lui-même a expliqué : « Modeler le regard, la mémoire, l'imagination des générations est une ambition pour la France », et l'architecture peut « restituer à la France les moyens de sa grandeur, mieux encore, l'inspiration de sa grandeur [1] ». Qu'il ait attaché à ces grands travaux la plus extrême

1. Interview au *Nouvel Observateur*, décembre 1984.

importance, qu'il ait débloqué pour cela des sommes gigantesques (quelque trente milliards au total, l'équivalent de deux porte-avions nucléaires), qu'il en ait suivi personnellement, quotidiennement, presque vétilleusement la moindre décision, la plus petite option, qu'il ait disserté des heures durant avec les architectes, visité assidûment les travaux, veillé au choix des matériaux, des couleurs, au respect impératif du calendrier – lui qui pouvait par ailleurs se montrer si imprévisible, voire si capricieux dans la gestion du temps –, tout cela est avéré, proclamé, confirmé. Ce monarque socialiste a été un prince bâtisseur et il a voulu faire de ces grands travaux le symbole même de son principat, la marque indélébile de son passage, sa signature sur la France.

Il a donc, pour cela, pris les plus grandes précautions afin que rien ne vienne ralentir, stopper ou remettre en cause ses projets, pas même les difficultés économiques majeures de la France, pas même les deux cohabitations qui ont ponctué ses mandats. D'ailleurs, dès février 1982, il rencontre Jacques Chirac, maire de Paris. Les deux hommes se combattent durement, même s'il leur est arrivé d'avoir des intérêts communs, pour barrer par exemple la route à Valéry Giscard d'Estaing. S'ils s'opposent, ils se comprennent. En l'occurrence, à propos des grands travaux de la capitale, ils ne sont pas adversaires. Leur long tête-à-tête, le plus long vraisemblablement que François Mitterrand ait eu avec un chef de file de l'opposition en deux mandats – autre signe de l'importance qu'il accorde au dossier –, débouche sur un accord personnel. Les projets du président de la République valoriseront considérablement la capitale – esthétiquement, financièrement aussi car ils susciteront un afflux de touristes; en échange, Jacques Chirac ne lui mettra pas de bâtons dans les roues, alors qu'il dispose des moyens de le faire. Il se montrera même discrètement coopératif (à propos des terrrains à débloquer par exemple), et il tiendra parole durant les cohabitations. Les grands travaux de François Mitterrand se sont réalisés avec l'assentiment tacite du maire de Paris. Les quelques tiraillements au sujet du Louvre ou de la Bibliothèque de France resteront mineurs. Démonstration *a contrario* sur un sujet proche : lorsque les deux hommes s'opposent à propos du projet présidentiel d'Exposition universelle à Paris, celui-ci est très vite écarté.

Les choix esthétiques et leur coût financier déclenchent en revanche d'intenses polémiques tant politiques que culturelles. Elles n'opposent pas François Mitterrand à Jacques Chirac mais à la droite, à la presse conservatrice et à certains intellectuels. La réalisation, la transformation et l'achèvement des chantiers lancés par Valéry Giscard d'Estaing (musée d'Orsay et Institut du monde arabe) ne suscitent pas de controverses. Le parc de la Villette, avec la Cité des sciences et de l'industrie, la Géode et la Cité de la musique, provoque lui aussi peu de remous. En revanche, l'étrange péage surplombant la Seine, quai de Bercy, où doit emménager à regret le ministère des Finances, est beaucoup plus critiqué. Quant à l'Opéra-Bastille, il déclenche des polémiques homériques. Le projet architectural fait l'objet d'une campagne de critiques spectaculaires. Tout y est contesté : l'esthétique, l'emplacement, les aménagements intérieurs, l'accès. Comble de malheur : la gestion et la direction musicale seront, pour de tout autres raisons, à l'origine d'une vague supplémentaire de controverses. En privé, François Mitterrand reconnaît d'ailleurs que les choix de Bercy et de l'Opéra-Bastille ne l'ont pas enchanté. Il

201

se retranche derrière les votes et les décisions des jurys chargés de préparer les verdicts finals. L'argument n'est pas très convaincant, car le Président socialiste a toujours su, en ce qui concerne les grands travaux, imposer sa volonté.

D'autres sont salués comme de grands succès : l'Arche de la Défense, la Bibliothèque de France et, peut-être plus encore, le Louvre. Aucun de ces trois projets n'a cependant été accueilli avec enthousiasme au départ. L'Arche de la Défense (dont la vocation initiale – un centre de communications internationales – fut abandonnée) a d'abord été présentée comme une aberration, altérant la perspective unique qui commence avec le Carrousel pour s'achever à l'Arc de triomphe. Une véritable cabale criait alors à la défiguration d'un paysage urbain exceptionnel. Par la suite, le sentiment changea jusqu'à s'inverser.

La Bibliothèque de France est l'occasion d'une violente bataille d'architectes et d'une intense contestation menée par les spécialistes des bibliothèques et des archives. Son coût de gestion est assurément prohibitif. Son esthétique suscite en revanche l'approbation des revues internationales spécialisées les plus exigeantes et les plus renommées. Le caractère monumental de l'entreprise, bien dans la logique culturelle mitterrandienne, ne constitue cependant pas une spécialité française. Les États-Unis, la Grande-Bretagne, l'Allemagne, la Chine, ont eu la même ambition. Il est vrai qu'il y a quelque démesure monarchique dans la multiplication des chantiers de François Mitterrand. Le vocabulaire ne trompe pas : Grand Louvre, Très Grande Bibliothèque, Grande Arche, l'ambition pharaonique surgit irrésistiblement.

La réussite du Grand Louvre, ce que François

Mitterrand a peut-être fait réaliser de plus beau, de plus équilibré, de plus accompli, fait figure d'emblème. Lui aussi a provoqué au départ une intense campagne de dénigrement. Les sans-culottes socialistes allaient altérer le palais des Valois par haine de la monarchie. On put lire de telles accusations dans une fraction de la presse, déchaînée. D'ailleurs, l'architecte (le Sino-Américain Ieoh Ming Pei) n'était-il pas un étranger ? François Mitterrand n'avait-il pas choisi personnellement, souverainement, son projet ? L'incomparable esplanade du Louvre n'allait-elle pas subir d'irréparables outrages ? Aujourd'hui, la Pyramide est plébiscitée, au moins esthétiquement. Ceux qui en ont été les procureurs les plus exaltés y célèbrent parfois leurs anniversaires en grande pompe. L'orgueil mitterrandien a coûté cher à la France, mais il a bien servi Paris et il témoigne d'une ambition culturelle qu'une nation si attachée à son image et à son rayonnement ne peut, à terme, qu'adopter. Surtout lorsque le temps aura effacé la très forte personnalisation de l'œuvre du prince bâtisseur.

En architecte de l'audiovisuel, François Mitterrand s'est en revanche montré beaucoup plus ambigu. Il l'a même été doublement : socialiste, il a fait passer l'audiovisuel français de l'ère du monopole public à celle, plus contemporaine, de l'économie de marché. Farouche défenseur du pluralisme et des libertés publiques, il n'en a pas moins conservé sur la télévision et sur la radio une emprise qui, pour être plus discrète et plus subtile qu'en d'autres temps, est toujours restée très active. En 1990, le Président socialiste confiait à Pierre Favier et à Michel Martin-Roland : « L'un des acquis de mon premier septennat est que, jusqu'ici, il n'y a pas eu une seule pression du pouvoir exécutif sur les moyens d'information. [...] Je dis que le cordon ombilical est coupé [1]. » C'est beaucoup s'avancer. La réalité fut moins édifiante et plus paradoxale. François Mitterrand, adversaire du libéralisme économique, a largement soumis à ses règles le secteur audiovisuel, qui, jusqu'alors, y échappait presque complètement. Partisan du libéralisme politique, il est loin de l'avoir appliqué intégralement à la télévision et à la radio.

Certes, sous son double septennat, le régime de l'audiovisuel s'est métamorphosé et, globalement, modernisé. François Mitterrand connaissait bien le dossier. Sous la IVe République, il avait exercé la tutelle sur la RTF (Radiodiffusion-Télévision française). Sous la Ve République, chef de file de l'opposition au gaullisme, il avait subi avec fureur l'ostracisme de la télévision et il était résolu depuis des années à en bouleverser les règles et le statut. Premier secrétaire du parti socialiste, il avait même, lors d'un épisode burlesque, été appréhendé, en juin 1979, dans les locaux mêmes de son parti, pour participation à une émission d'une radio interdite. Celle-ci s'appelait Radio-riposte, avait été créée par le PS et appartenait à ces « radios libres » alors illégales.

À peine élu président de la République, François Mitterrand entreprend donc de remodeler le paysage audiovisuel de fond en comble. En fait, il met fin au quasi-monopole de l'audiovisuel public. La loi de juillet 1982 a l'ambition de refonder ce secteur. Elle proclame fièrement : « La communication audiovisuelle est libre. » Les petites radios privées, locales, associatives, qui étaient brouillées et saisies sous le septennat

1. Pierre Favier, Michel Martin-Roland, *La Décennie Mitterrand*, Le Seuil, 1990, t. I, « Les ruptures 1981-1984 ».

de Valéry Giscard d'Estaing, sont officiellement autorisées. Elles se multiplient aussitôt et essaiment, jusqu'à atteindre le nombre de mille huit cents. L'absence initiale de publicité puis, après son autorisation sur les antennes, la rationalité économique en diminuent le nombre. À la fin du principat de François Mitterrand, elles seront encore près de mille cinq cents. De même, les réseaux locaux câblés de télévision, qui n'avaient pas reçu d'autorisation avant 1981, seront une centaine en 1995, même si l'absence de projet d'ensemble les a handicapés.

C'est cependant la naissance d'une télévision privée hertzienne sous les auspices de François Mitterrand qui crée le plus grand choc et bouleverse le plus les habitudes, les influences et les équilibres. Vient d'abord la naissance de la chaîne cryptée Canal Plus, en 1984. André Rousselet, collaborateur intime, ami à la fois très proche et plus indépendant que d'autres de François Mitterrand, en arrache l'autorisation. Personne ne croit à son entreprise, notamment chez les hommes politiques. Ce sera un triomphe sur tous les plans. Le monopole de la télévision publique est mort cette année-là, et les grandes chaînes généralistes, subitement vieillies, ont dû s'adapter en toute hâte. La sous-estimation initiale du projet Rousselet lui évite le gros des polémiques. En revanche, la controverse s'embrase dès qu'il est question d'une cinquième chaîne, généraliste celle-là. C'est encore un ami intime de François Mitterrand, chef d'entreprise brillant et non conformiste, Jean Riboud, qui, très malade, arrache l'autorisation. Il le fait, de surcroît, sur la suggestion impérieuse du chef de l'État, en association avec le sulfureux Silvio Berlusconi, alors partenaire privilégié de Bettino Craxi, chef de file des socialistes italiens.

Le tandem est baroque, et fort peu innocent : l'Élysée ne se cache pas de vouloir mettre sur pied une télévision commerciale grand public avant les élections législatives de 1986, pour lesquelles la droite est donnée largement favorite. Il s'agit bel et bien de se ménager une place forte, un contrepoids. L'affaire est réglée fin 1985. La cinquième chaîne émettra juste avant que la gauche ne perde la majorité. Son histoire, mouvementée, s'achèvera tristement après un passage dans les mains de Robert Hersant puis de Hachette ; la chaîne laissera ultérieurement la place à ARTE et à La Cinquième, dont la vocation est culturelle et éducative. Le pluralisme économique, l'ouverture au marché relevaient ici d'intentions politiques transparentes. Elles n'ont pas abouti à l'objectif recherché. Elles se sont heurtées au départ à l'opposition violente de tous ceux qui voulaient défendre l'audiovisuel public – avec à gauche Jack Lang notamment, farouchement hostile au projet – ou qui, à droite, dénonçaient la manœuvre, cependant que les intellectuels s'offusquaient des programmes agressivement commerciaux. François Mitterrand, ayant passé outre, a finalement essuyé un échec.

Par là même, il a facilité pour la droite la privatisation de la première chaîne et légitimé la transformation de la sixième chaîne en M6, à capitaux privés et à vocation élargie. François Mitterrand voulait créer un secteur audiovisuel privé pour défendre ses intérêts politiques. Il a fait basculer l'ensemble de la télévision au sein de l'économie de marché, sans pour autant atteindre ses objectifs partisans. Sous sa présidence, la télévision privée a effectué une percée spectaculaire, et la télévision publique a dû se métamorphoser.

Cette dernière s'est par ailleurs émancipée – ce n'était

pas initialement l'intention ou la priorité du Président mais celui-ci a dû finalement s'en accommoder. Cela ne s'est cependant pas réalisé sans cahots ni grincements. Lorsqu'il est arrivé au pouvoir en 1981, il a contraint les présidents des chaînes publiques de télévision et de Radio-France à démissionner. Il l'a fait courtoisement mais résolument. Il a également obligé au départ ou mis en pénitence plusieurs journalistes connus, les traitant en adversaires. L'influence modératrice de Pierre Mauroy a empêché d'autres vindictes de ce genre et permis à Pierre Desgraupes, dont les qualités professionnelles et l'humeur indépendante étaient célèbres, de prendre la tête d'Antenne 2. Si la nomination de Michèle Cotta à la présidence de Radio-France consacrait elle aussi une journaliste incontestable, la première et la troisième chaîne furent au départ beaucoup moins bien loties, ou plutôt régies de façon ostensiblement partiale. L'audiovisuel public fut, au commencement de la présidence mitterrandienne, un terrain de revanche politique.

Cette logique rustique n'était cependant pas compatible avec le projet d'ensemble. À partir de juillet 1982, après un an de noviciat vengeur, la naissance de la Haute Autorité, présidée avec subtilité par Michèle Cotta, impliquait une démarche plus sophistiquée. Le président de la République et l'exécutif renonçaient à toute emprise directe et avouée. La logique du marché, la pression de la concurrence, la nécessité du pluralisme y poussaient. François Mitterrand ne renonçait pas pour autant à toute influence, tant s'en faut. Il se débarrassa dès qu'il le put de Pierre Desgraupes, même si la résistance de Michèle Cotta le bloqua quelque temps et l'irrita fort. De toute façon, l'alternance de 1986 imposa un renouvellement des hommes, moins brutalement cependant qu'en 1981. Le remplacement de la Haute Autorité par la CNCL (Commission nationale de la communication et des libertés), sous la première cohabitation, puis par le CSA (Conseil supérieur de l'audiovisuel), sous son second septennat, enracina laborieusement le pluralisme politique au sein de l'audiovisuel public. En ce qui concerne l'information, la loi du marché et les alternances successives ont constitué une saine thérapeutique, d'ailleurs inachevée.

À l'expérience, François Mitterrand s'est convaincu – il le confiait volontiers en privé – que la nomination à la radio et à la télévision de partisans brevetés ou de compagnons de route étiquetés se retournait immanquablement contre le pouvoir politique en place. Mieux valait donc feindre d'être vertueux et respecter les apparences, puisque l'intérêt politique y poussait. Inauguré dans l'ostracisme, le règne mitterrandien s'est donc achevé dans un pluralisme élargi, alors incarné par Jean-Pierre Elkabbach à la tête de France Télévision et par Hervé Bourges à la présidence du CSA. Si dans ce domaine le premier septennat avait été houleux et même traversé de tempêtes, le second fut beaucoup plus serein, presque civilisé. Deux cohabitations et la pression du marché n'y furent pas pour rien. L'audiovisuel a en bonne partie cessé à ce moment-là d'être une colonie du pouvoir.

Cela ne signifie pas que François Mitterrand ait renoncé pour autant à utiliser de son mieux ses atouts et ses cartes à la télévision. Simplement, ses méthodes ont progressivement évolué. Il a eu recours, de plus en plus savamment, aux occasions rituelles de s'adresser aux Français. Ses vœux du 31 décembre, son interview du 14 juillet, ses conférences de presse n'ont cessé de se professionnaliser. Plus son utilisation d'un instrument

– la télévision – qui l'avait tant effarouché se faisait efficace, plus il se pliait aux règles de l'information. Enfin sûr de son talent et de son autorité à la télévision, il devenait plus respectueux des principes de l'information. Il choisissait son heure, sa chaîne et ses interlocuteurs, selon une tradition quasi monarchique en vigueur depuis le général de Gaulle. Il lui arrive parfois de participer à une émission régulière – *7 sur 7, L'Heure de vérité, L'Enjeu*, par exemple –, mais le plus souvent, il s'exprime lors d'émissions spéciales, généralement réalisées à l'Élysée. Il préfère des interlocuteurs qu'il connaît bien à des sympathisants avérés. Tour à tour séducteur ou souverain, il entretient d'ailleurs des contacts savants avec tout un éventail de journalistes aux opinions et aux sensibilités fort diverses, à condition toutefois qu'il puisse espérer les influencer. Il pèse discrètement mais très attentivement sur le choix des hommes dans l'audiovisuel public et, lorsqu'il le peut, dans l'audiovisuel privé. Il le fait le plus souvent par personnes interposées, par messages relayés et parfois déformés. Il est passé en quatorze ans d'une stratégie de pouvoir affichée à une stratégie d'influence camouflée. Le résultat est plutôt meilleur.

Ses méthodes et ses choix ne simplifient cependant pas ses relations avec la presse écrite. Celle-ci lui reproche à bon droit d'avoir, en développant l'audiovisuel privé et en introduisant l'audiovisuel public au sein du marché, littéralement détourné la publicité. Elle lui tient rigueur de privilégier, malgré son goût personnel pour l'écrit, l'image et la parole. Elle lui en veut d'avoir négligé les problèmes économiques et sociaux croissants de la profession. Elle l'accuse volontiers de cynisme sur ce plan. Elle n'a pas tort.

C'est aussi un grief que les intellectuels sont

nombreux à lui faire. L'instrumentalisation de l'audio-visuel les a choqués. L'ambition de la politique culturelle ne les a pas convaincus. Paradoxalement, François Mitterrand a été le premier dirigeant historique de la gauche à ne pas pouvoir compter sur l'appui de l'intelligentsia. Il a séduit le monde artistique, grâce notamment à l'aide de Jack Lang. Il a entretenu des liens personnels privilégiés avec nombre d'écrivains, grâce à son charme, sa culture, son brio et surtout sa fonction. En revanche, il n'a pas pu s'appuyer sur les intellectuels. Cela s'explique en partie par les circonstances : il a pris le pouvoir en pleine phase de désintoxication idéologique, de rejet du marxisme, de refuge dans l'anti-totalitarisme. Cela s'explique aussi par son amoralisme, qui lui a toujours aliéné les grands clercs. Les mandarins de première classe n'aiment pas Machiavel. Ils ont cru le reconnaître sous les traits de François Mitterrand. Celui-ci a, en somme, bien réussi sa politique culturelle – avec certes quelques défauts voyants – mais sans ou contre la Haute Église intellectuelle. Ce qui n'a pas manqué de l'irriter et de le frustrer.

CHAPITRE VIII

La république, les libertés

Voici peut-être le terrain le plus paradoxal et le plus dérangeant pour juger l'empreinte spécifique de François Mitterrand. La république, les libertés, la démocratie, cette sainte trinité laïque est à coup sûr l'un des domaines sur lesquels il a pu apposer sa marque la plus vigoureuse et la plus positive. Indéniablement, François Mitterrand a globalement fait progresser l'État de droit. Il a élargi les libertés, complété et renforcé l'enracinement démocratique de la Ve République. Ce bilan favorable, aisé à démontrer, a cependant été complètement brouillé, altéré et défiguré par les « affaires ». François Mitterrand a grandement amélioré l'équilibre des pouvoirs, il a modernisé la société politique. Les polémiques qui ont entaché son règne, les nominations trop nombreuses et parfois discutables qu'il s'est réservées ont gâché ses efforts. La Ve République est plus démocratique et plus moderne après François Mitterrand qu'avant. Elle n'en a cependant pas la réputation. Sur ce point, le visage réel vaut mieux que le masque dont il s'est affublé. François Mitterrand a démocratisé la Ve République mais il a diabolisé la présidence. La démocratisation restera, la diabolisation s'éteindra. La seconde a cependant beaucoup plus frappé les imaginations et influencé les jugements que la première. Ici, François Mitterrand s'est nui à lui-même.

Sur le théâtre international, si peu propice cependant à l'épanouissement de ces principes, il a agité l'étendard

213

des libertés et des droits de l'homme sans jamais se lasser. Il a été jusqu'à le brandir au Kremlin à l'époque finale des grandes glaciations, plaidant pour les dissidents sous les dorures et les lourdes tentures des salons d'apparat, au risque de créer un incident diplomatique. Pas un voyage dans un pays de l'Est sans qu'il n'ait reçu ouvertement à l'ambassade de France les figures les plus symboliques de l'opposition démocratique. Il a écrit lui-même, dans ses *Réflexions sur la politique extérieure de la France* [1] que la politique étrangère ne peut « au bout du compte se définir autrement que par les droits de l'homme, selon qu'elle sert la liberté ou l'emprisonne, qu'elle aide à vivre ou qu'elle tue ».

L'officialisation du devoir d'ingérence humanitaire sous son second mandat est allée, elle aussi, dans ce sens. Elle a été utilisée par la communauté internationale, pour la première fois et sous son égide, à propos des Kurdes d'Irak ou de la Somalie. Sa tentative si contestée pour lier ostensiblement aide financière au développement et extension des libertés en Afrique a reflété la même orientation. François Mitterrand a toujours voulu que la référence démocratique et le critère des libertés s'inscrivent explicitement au cœur de sa politique extérieure. Il répétait solennellement ce principe à chaque discours aux Nations unies. Il reliait cela à la sécurité collective, à l'arbitrage international et au désarmement progressif. Il le mentionnait longuement dans nombre de textes officiels, y compris dans les communiqués communs âprement négociés lors des visites à l'étranger. Beaucoup en discutaient l'efficacité, l'opportunité ou même le bien-fondé. Son impact n'a pas toujours été irrésistible. Il n'empêche : la

1. François Mitterrand, *Réflexions sur la politique extérieure de la France*, Fayard, 1986.

diplomatie mitterrandienne aura été marquée par cette volonté. Le fait n'est en tout cas pas banal.

C'est cependant avant tout sur la scène nationale que l'œuvre de François Mitterrand doit, sur ce plan, être jugée. Depuis son entrée dans la vie publique, le Président socialiste s'est toujours fait une certaine idée de la république, de la démocratie et des libertés. Il l'a proclamé, revendiqué et largement concrétisé. Il n'en est pourtant guère crédité. François Mitterrand était d'abord un républicain de gauche, pour qui le respect des institutions, de la loi, des formes juridiques et des droits de l'homme primait sur tout le reste. « Ma vie n'aurait pas de sens si elle ne s'identifiait pas avec la défense des libertés », lançait-il en 1974 lors d'une conférence de presse en pleine campagne présidentielle [1]. Il n'imaginait pas de sacrifier ces valeurs à un intérêt électoral. En 1973, à l'apogée de l'union de la gauche qui unissait alors PS, PC et radicaux de gauche pour la conquête du pouvoir, il s'était écrié, au plus fort de la campagne législative : « Je préfère la liberté à l'union de la gauche. Si j'avais le sentiment que l'une empêche l'autre, je choisirais la liberté [2]. »

Élu Président en 1981, il veille attentivement au respect de la loi et des droits, fût-ce parfois à son détriment. L'épisode de l'indemnisation des actionnaires, lors des nationalisations massives, en est un exemple frappant. À aucun moment, au plus intense de cette phase politique convulsive, il ne tolère le moindre écart avec les normes juridiques, même si cela ralentit brutalement le mouvement, coûte fort cher aux finances publiques et altère son image personnelle de gauche.

1. Le 12 avril 1974. Cité par Michel Martin-Roland *in Il faut laisser le temps au temps, op. cit.*
2. Le 7 janvier 1973, à la convention nationale du parti socialiste. Cité par Michel Martin-Roland, *in Il faut laisser le temps au temps, op. cit.*

François Mitterrand voulait qu'avec lui l'État de droit progresse. Il est parvenu à le faire mais pas à le faire croire.

L'accession d'un Président socialiste au palais de l'Élysée, l'exceptionnelle longévité de sa présence à la tête de l'État ont eu elles-mêmes un effet démocratique direct. Jusqu'en 1981, durant vingt-trois ans, la Vᵉ République a été gaullienne avec le Général, gaulliste avec Georges Pompidou, puis post-gaullienne avec Valéry Giscard d'Estaing. La gauche, majoritairement hostile aux institutions, cantonnée malgré elle dans l'opposition, se sentait presque étrangère dans sa propre société politique. La majorité des salariés modestes qui votaient ponctuellement pour ce camp-là n'a jamais eu l'occasion de se reconnaître dans la coalition au pouvoir, ni dans quelque gouvernement que ce fût depuis 1958. Comme de surcroît, à cette époque, la bataille politique était particulièrement manichéenne, une fraction importante des citoyens se sentait plus ou moins exclue du régime. Cette situation prend fin dès l'élection de François Mitterrand. L'explosion de joie du 10 mai, aux inflexions revanchardes, la célébration théâtrale de la victoire au Panthéon, la présence initiale de ministres communistes au sein du gouvernement, tout met en scène une rupture.

En fait, c'est exactement l'inverse qui se produit. Le triomphe de la gauche permet l'intégration de tous au sein du régime et des institutions. Cette fois, la Vᵉ République devient bel et bien la république de tous les Français. Le général de Gaulle a fondé et inauguré le régime. François Mitterrand le consolide et l'enracine. Juridiquement et politiquement, la Vᵉ République est née en 1958 ; psychologiquement et sociologiquement, elle atteint l'âge adulte en 1981.

Cette thérapeutique, la banalisation de l'alternance et

la réélection de François Mitterrand, en 1988, lui feront franchir une étape supplémentaire. La victoire de 1981 fut à la fois l'occasion d'une liesse populaire et une revanche politique. À partir de 1986 et du retour de la droite au pouvoir, il y a normalisation. On sort de l'exceptionnel, de l'inconnu, pour entrer dans une société civilisée, où la victoire et la défaite restent ordinaires, ne sonnent pas comme le glas du destin mais comme une péripétie de la vie démocratique.

Le fait que François Mitterrand ait choisi la cohabitation sans le moindre état d'âme, plutôt que d'envisager une démission fracassante suivie d'une candidature présidentielle de combat, tout cela va encore dans la même direction. Dans sa phase gaullienne, la Ve République a fait l'apprentissage de la stabilité parlementaire et de l'autorité de l'exécutif. Dans sa phase mitterrandienne, elle a appris l'alternance et la cohabitation, c'est-à-dire le respect de l'autre et la circulation du pouvoir. Cinq élections successives, marquées par autant de changements d'équipes gouvernementales (1981, 1986, 1988, 1993, 1995), ont achevé de familiariser les Français avec cette pédagogie. Chacun a désormais toute sa place au sein de la nation. Après deux mandats mitterrandiens, deux cohabitations et cinq renversements de majorité présidentielle ou législative, la Ve République s'est grandement démocratisée.

D'autant plus que François Mitterrand ne s'est évidemment pas borné à conduire, à subir ou à symboliser des alternances. Il a pris également toute une série de mesures dont l'objectif était bel et bien de faire progresser l'État de droit, la démocratie et le partage des pouvoirs au sein de la Ve République. Il a donné lui-même l'exemple en renonçant aux poursuites et aux censures pour offense au chef de l'État. Il s'agissait d'une survivance monarchique : la mise en cause du chef de l'État pouvait, jusqu'en 1981, donner lieu à poursuites et à condamnations. Les prédécesseurs de François Mitterrand y avaient eu recours, notamment le général de Gaulle. À partir de 1981, c'en est fini. Quelle que soit la violence des polémiques, des attaques, des libelles et des pamphlets – ils se multiplient –, le chef de l'État se refusera à faire appel à la justice. En démocratie, le Président n'est pas un être d'essence divine qu'on ne peut offenser qu'à ses propres dépens. Le crime de lèse-majesté disparaît avec lui.

Il y a plus ambitieux. François Mitterrand, fidèle là-dessus à ses promesses et à ses convictions, met fin très vite à toutes les juridictions d'exception, cet anachronisme français, ce lourd déficit démocratique de la Vᵉ République. La Cour de sûreté de l'État, mise en place pour lutter contre l'OAS au début du régime, est supprimée dès le mois de juillet 1981. Le Tribunal permanent des forces armées, autre paradoxe en démocratie, est à son tour supprimé l'année suivante. Le Président a fait de Robert Badinter, juriste célèbre et défenseur intransigeant des droits de l'homme, son garde des Sceaux. Ce choix emblématique l'engage, impressionne les milieux intellectuels, ulcère les partisans d'une justice répressive donnant la priorité au tout-sécuritaire. Robert Badinter supprime la peine de mort avec la caution de François Mitterrand. C'est un choix courageux, car impopulaire auprès de la majorité des Français. Accompagné par la suppression des quartiers de haute sécurité avec isolement carcéral, cet acte place la France à la hauteur des démocraties les plus avancées. L'opposition tempête, la presse conservatrice s'indigne, beaucoup de braves gens s'inquiètent. Le ministre de la Justice est conspué. La France en a fini avec les juridictions d'exception, qui sont la marque des régimes autoritaires, et renonce à l'exécution capitale, à l'instar de la plupart des démocraties occidentales. On abroge de surcroît, peut-être imprudemment en pleine vague de terrorisme, la loi Sécurité et Liberté. Des amnisties beaucoup plus généreuses envers les prisonniers purgeant de petites peines sont décidées. La réforme du Code pénal en vigueur depuis 1810 et celle du Code de procédure pénale compléteront plus tard le dispositif. Tout cela s'inscrit résolument dans une démarche qui élargit les droits des citoyens, fait progresser l'État de droit, effarouche une bonne part des citoyens. L'adhésion de la France au régime du recours individuel devant la Cour européenne des droits de l'homme couronne et symbolise ce grand bond en avant. La nation fondatrice des droits de l'homme a, en ce début du premier septennat de François Mitterrand, rejoint le peloton des États de droit les plus progressistes.

Sur le plan institutionnel, François Mitterrand provoque aussi un changement considérable avec la mise en place des lois de décentralisation. La République jacobine et ultra-unitaire subit ainsi sa plus lourde défaite. Le candidat de la gauche s'était engagé à le faire. Pierre Mauroy considérait qu'il s'agissait de « la plus grande affaire du septennat ». Ce fut en tout cas l'une des plus marquantes. Le ministre de l'Intérieur, également maire de Marseille, Gaston Defferre, y tenait passionnément. L'affaire fut menée tambour battant. Elle nécessita un nombre record de lois et surtout de décrets. Le pouvoir décisif passe dorénavant, au sein des départements, du préfet (provisoirement rebaptisé commissaire de la République) au président du conseil général. La tutelle s'allège, les contrôles se font désormais *a posteriori*. La démocratie locale a réussi là son avancée la plus impressionnante depuis la loi de 1871.

Dans un premier temps, l'opposition se bat de toutes ses forces contre ce qu'elle appelle un démantèlement de l'autorité de l'État. Après quoi, elle s'y rallie progressivement, s'en accommode et s'avise même que, plus puissante que la gauche sur le terrain local, elle en devient la principale bénéficiaire. À aucun moment elle ne cherchera par la suite à revenir en arrière, preuve que cette importante réforme était souhaitable. Certes, elle soulève maints problèmes nouveaux, financiers notamment, car les ressources des collectivités locales n'augmentent pas proportionnellement à leurs responsabilités toutes neuves. L'État, de surcroît, tentant de limiter ses propres dépenses, s'efforce de les transférer sur les collectivités locales, dont les charges s'alourdissent dangereusement. Il n'empêche : au total, la démocratie locale a progressé sensiblement sous le principat de François Mitterrand.

On peut en dire autant de la réforme de l'audiovisuel. La France avait sur ce point, on l'a vu, un lourd handicap à combler. Le monopole public de la télévision créait une situation détestable, propice à toutes les tentations du côté du pouvoir, qui nommait directement les dirigeants et tenait simultanément les cordons de la bourse. François Mitterrand avait toujours dénoncé, et parfois avec véhémence, une information qu'il jugeait déséquilibrée, lorsqu'il était dans l'opposition. Parvenu à la tête de l'État, il modifie donc le régime de l'audiovisuel. Il met en place une commission de sages (elle s'appellera successivement CNCL, Haute Autorité, CSA aujourd'hui) chargée de choisir les présidents des chaînes publiques de télévision et de Radio-France. Il demande que soit rédigé un cahier des charges à l'intention de l'audiovisuel. Il se résout finalement à autoriser la naissance d'une télévision privée : la chaîne cryptée Canal Plus, au statut fort privilégié, l'éphémère Cinq de Silvio Berlusconi puis de Robert Hersant verront ainsi le jour. La privatisation de TF1 par le gouvernement de Jacques Chirac (1986-1988) en sera grandement facilitée. En même temps, il autorise la création des radios libres sur la modulation de fréquence. Elles seront bientôt des centaines. Là encore, il y a eu assouplissement d'un système jusqu'alors archaïque et centralisé à l'extrême.

Bien entendu, François Mitterrand ne peut pas pour autant apparaître comme une sorte d'archange libérateur des ondes, magnanime et désintéressé. Il ne s'est pas interdit d'écarter, comme ses prédécesseurs, les journalistes qui le gênaient ou les dirigeants en qui il voyait, à tort ou à raison, des adversaires[1]. Il a tenté de faire nommer ses propres hommes, souvent avec succès. Il a, comme ses devanciers, cherché des garanties et mis en place des alliés. Il a voulu se ménager des sympathies et écarter des gêneurs. Il a exercé des pressions, même à travers les instances autonomes qu'il avait créées, pour atteindre ses objectifs. Il n'a agi ni en arbitre impartial ni en idéaliste édifiant. Il a, comme tous les monarques républicains, obéi à ses passions et suivi ses intérêts.

Il n'empêche : même s'il tentait d'obtenir, plus obliquement que d'autres, les mêmes résultats, il a aussi modifié positivement le système. L'évolution du statut des télévisions et des radios s'est incontestablement modernisée sous son double septennat. S'il a tenté d'employer pour son propre bénéfice des réformes qui

1. Voir le chapitre VII.

contribuaient à faire évoluer la société politique dans la bonne direction, ces manœuvres de récupération secondaire ne doivent pas brouiller le progrès général. À la radio et à la télévision, la marge des libertés s'est accrue sous son règne. Il a proclamé : « J'ai voulu personnellement casser le monopole de la télévision et de la radio [1]. » Il l'a fait. Il s'est glorifié que « jamais, dans l'histoire du pays, le droit d'expression n'a été aussi libre [2] ». Malgré ses roueries et ses ruses, c'est également vrai.

C'est aussi durant son double septennat que le Conseil constitutionnel a enfin trouvé sa place, son poids et son prestige. La France, là encore, accusait un retard consternant par rapport à la plupart des grandes démocraties occidentales. Elle manquait cruellement d'une autorité constitutionnelle incontestée et incontestable. Valéry Giscard d'Estaing avait certes sensiblement amélioré la situation en permettant aux parlementaires de saisir eux-mêmes, directement, le Conseil constitutionnel. C'est cependant sous François Mitterrand que le système a fonctionné pleinement, impartialement, avec une influence croissante. Il a fallu pour cela une volonté commune de jouer le jeu, de trouver des compromis juridiques honorables, d'accepter la modification des textes, de se plier aux interprétations du Conseil constitutionnel, de ne rechercher ni épreuve de force ni intimidation. Un président de la République n'est pas sans ressources face à cette institution : il en nomme directement le président et trois membres sur neuf. Il influence la nomination des autres membres par les présidents de l'Assemblée

1. Cité par Michel Martin-Roland, *in Il faut laisser le temps au temps, op. cit.*
2. *L'Express*, 14 janvier 1989. Cité par Michel Martin-Roland, *in Il faut laisser le temps au temps, op. cit.*

nationale et du Sénat, lorsque ceux-ci appartiennent à son camp. Il peut, au pis, réviser la Constitution pour contraindre le Conseil constitutionnel. Le texte de 1958 lui en ouvre la possibilité.

Ces risques existaient bel et bien en 1981. François Mitterrand n'avait jamais caché le peu d'estime qu'il portait au Conseil constitutionnel, trop timide et trop docile à son goût, sous ses prédécesseurs. Il n'a cependant pas cherché la confrontation. Il a certes nommé à la tête du Palais-Royal des hommes politiquement proches de lui : Daniel Mayer, puis Robert Badinter, enfin, lors d'une de ses ultimes décisions avant de quitter le palais de l'Élysée, son ami intime Roland Dumas. Encore tous les trois étaient-ils des juristes qualifiés, reconnus en ce qui concerne les deux derniers. Tous étaient bien décidés à remplir leur rôle, un rôle accru. François Mitterrand s'est plié aux décisions et aux interprétations du Conseil constitutionnel.

Celui-ci en a pris de fort importantes, de marquantes même, durant le double septennat, quelle qu'ait été la majorité parlementaire en place. À partir de 1981, il a été saisi, et a donc dû se prononcer, beaucoup plus fréquemment. Il a été consulté sur des sujets clés : les nationalisations et les privatisations, mais aussi les lois sur la presse, sur l'immigration, sur les droits de l'homme, sur le statut de la Corse, sur la loi électorale ou sur l'enseignement privé. Autant de dossiers essentiels qui ont permis au Conseil constitutionnel d'établir clairement son autorité, de démontrer son indépendance, vis-à-vis de la gauche comme de la droite, vis-à-vis du gouvernement comme du Parlement et du Président. Le professeur Olivier Duhamel, le constitutionnaliste le plus marquant de la nouvelle génération avec le professeur Guy Carcassonne, a pu conclure : « Le

Conseil constitutionnel a su contenir l'alternance socialiste dans les bornes libérales de 1789, et l'alternance conservatrice dans les bornes socialistes de 1946. » On ne saurait mieux dire. L'institution s'est hissée à la hauteur de ses responsabilités et des ambitions éternelles de la France à paraître exemplaire. François Mitterrand l'a voulu. Cette avancée incontestable des libertés publiques est à mettre à son crédit.

Il a d'ailleurs, plus largement, multiplié les instances arbitrales chargées d'améliorer les contrôles, les statuts, les transparences et les conformités avec la loi. Sous sa présidence, outre le Conseil constitutionnel et la CNCL déjà citée, on a vu apparaître et se développer la COB (Commission des opérations de Bourse), chargée de mettre de l'ordre et d'établir la transparence dans un marché en pleine expansion et en pleine modernisation. Elle a pu au moins améliorer la situation. La France, retardataire notoire, s'est ainsi rapprochée des normes internationales, même si elle n'a pas encore atteint le niveau de ses homologues anglo-saxons. De même, la CNIL (Commission nationale de l'informatique et des libertés) a pu imposer progressivement une règle du jeu démocratique en matière d'informatique, secteur immense, jusqu'alors largement abandonné à lui-même et à ses débordements. Là encore, comment nier les progrès accomplis ? En 1995, lorsque François Mitterrand quitte définitivement le palais de l'Élysée, la France est un État de droit plus complet et plus exigeant qu'à son arrivée.

Même sur le terrain le plus controversé, celui de l'argent, il y a eu sous son double mandat des avancées significatives. Avant lui, le financement de la vie politique – partis et campagnes électorales – était en état de jachère légale, c'est-à-dire condamné au vide juridique. Depuis la fin des années soixante, les dépenses politiques augmentaient à un rythme effarant, sous la pression de la modernisation des techniques. Marketing, conseils en communication, affichages de masse, mailings, plaquettes, tracts, meetings à grand spectacle, sonorisation, cassettes et films de promotion, musiques même, les budgets avaient été multipliés par dix en une décennie. L'élection présidentielle au suffrage universel direct avait métamorphosé la technique des campagnes, soudain beaucoup plus professionnelles mais aussi beaucoup plus dispendieuses. Or, face à cette inflation des dépenses, aucun financement légal n'était prévu ou organisé. La clandestinité, l'illégalité, l'irrégularité, l'argent noir s'imposaient, avec tous les risques que cela signifiait pour la démocratie. Telle était la situation lorsque François Mitterrand a pris ses fonctions.

Lorsqu'il les a quittées, quatorze années plus tard, il serait candide d'imaginer que tout était désormais clair et bien organisé. Son premier septennat a été sur ce point totalement stérile. Il a fallu l'explosion des « affaires » et les polémiques fracassantes qui les ont accompagnées pour que François Mitterrand se décide à modifier les choses et à mettre en place une législation et une réglementation. Jacques Chirac, Premier ministre, les a organisées (en partie à la demande de l'Élysée) en 1988, juste avant la campagne présidentielle. Michel Rocard, tout à fait convaincu, lui, de l'impérieuse nécessité d'une moralisation, a mis au point et fait adopter la fameuse loi du 15 janvier 1990, qui constitue en réalité l'acte fondateur français dans ce domaine.

On peut regretter qu'elle soit survenue si tard; on peut reconnaître qu'elle n'est pas parfaite et que des pans entiers de financement lui échappent encore ; on peut surtout s'offusquer du trop célèbre amendement-amnistie qui a défiguré cette législation et fait passer, bien à tort, pour une défense de la corruption ce qui était une victoire de l'éthique. Les dépenses électorales se trouvent désormais rigoureusement plafonnées et contrôlées. Elles ont d'ailleurs spectaculairement diminué lors des campagnes législative de 1993 et présidentielle de 1995. Les contrevenants ont été condamnés et plus d'une fois déclarés inéligibles. Symétriquement, le financement a été réglementé et vérifié. La situation s'est précisée et assainie. Le tohu-bohu provoqué par l'amendement-amnistie, improprement appelé auto-amnistie puisque les députés n'en étaient justement pas les bénéficiaires (les condamnations que plusieurs d'entre eux ont subies et purgées depuis le démontrent), a malheureusement éclipsé le progrès. La moralisation est passée pour un arrangement, sinon une compromission. Elle aurait dû apaiser. Elle a scandalisé.

C'est très exactement ici que se noue le grand malentendu entre François Mitterrand et les Français, à propos de la république et des libertés. S'il a donné à beaucoup le sentiment d'un échec, c'est que des scandales ont entaché son œuvre et éclaboussé son règne. Les authentiques progrès de l'État de droit sous sa présidence se sont ainsi trouvés littéralement occultés et cannibalisés par les « affaires » et par une pratique institutionnelle trop visiblement contradictoire avec ses propos et ses écrits antérieurs. En arrivant au pouvoir, François Mitterrand s'était présenté en professeur de vertu, il avait par ailleurs milité avec une pugnacité et un éclat incomparables contre les institutions de la Vᵉ République et leur dérive monarchique. En quatorze ans, il n'a pratiquement pas modifié l'équilibre des pouvoirs entre le Président, le gouvernement et le Parlement. Cette double déception a provoqué un effet d'optique désastreux : alors que l'État de droit s'était affermi, que les libertés s'étaient élargies, que la démocratie avait progressé, les Français ont considéré que la monarchie républicaine continuait immuablement et que les mœurs se dégradaient. François Mitterrand a payé ainsi un prix exorbitant pour des fautes certes réelles.

Non qu'il s'agisse de nier ou de minimiser ce qu'Edwy Plenel a dénommé « la part d'ombre [1] ». L'affaire du *Rainbow Warrior*, provoquant une mort d'homme (même si c'est par accident), employant des méthodes parfaitement illégales, ne peut être que désapprouvée. Aucune raison d'État n'imposait cette action, François Mitterrand ne pouvait l'ignorer, même si rien ne prouve formellement qu'il l'ait lui-même ordonnée. Différente de l'affaire Ben Barka, à l'époque du général de Gaulle, elle reste, fût-ce par maladresse, un crime d'État.

L'affaire des écoutes téléphoniques [2], la création même d'une cellule antiterroriste directement rattachée aux services de l'Élysée pour court-circuiter les filières et les structures ordinaires, sont indéfendables. Mettre quelque cent cinquante « cibles » sous écoutes illégales [3] – journalistes, avocats, magistrats même –, enregistrer des milliers de conversations sans contrôle judiciaire, c'est impardonnable. Ce l'était déjà au départ lorsqu'il s'agissait de combattre le terrorisme, car la République ne manque ni de structures, ni d'effectifs, ni de moyens pour se défendre. Rien ne justifie ici que

1. Edwy Plenel, *La Part d'ombre*, Stock, 1992.
2. Voir le chapitre II.
3. Jean-Marie Pontaut, Jérôme Dupuis, *Les Oreilles du Président*, Fayard, 1996.

l'on agisse en dehors de la loi, car les procédures organisent fort bien les répliques nécessaires en cas d'urgence. A *fortiori*, mobiliser ces moyens pour protéger la vie privée du chef de l'État, employer des méthodes dignes d'un mauvais *thriller* pour éviter à tout prix que ne s'ébruite l'existence d'une « seconde famille » ne sont pas des mœurs démocratiques. Que François Mitterrand en ait ou non connu le détail et les modalités importe finalement assez peu. S'il créait les structures, en marge des normes ordinaires, s'il tolérait leur clandestinité, il devenait le responsable suprême de leurs agissements, fussent-ils à son insu, couvrant ainsi de son autorité des gendarmes agissant en toute illégalité. Mœurs indignes d'un État de droit.

Quant aux scandales financiers (Carrefour du développement, URBA, Société générale, Péchiney, etc.), rien ne prouve que sa responsabilité, directe ou indirecte, ait été engagée. Il n'en était ni l'organisateur, ni l'instigateur, ni l'informateur. Des proches, des amis, des collaborateurs ont cependant été mis en cause, poursuivis, parfois condamnés. Il ne pouvait pas ne pas en être éclaboussé. Cela prouve qu'il avait au moins de mauvaises fréquentations ou qu'il manquait de discernement sur les hommes. Il était en tout cas parfaitement impossible, pour exprimer les choses avec mesure, de dénoncer l'emprise de l'argent, de monter en chaire pour donner des leçons à tout l'univers, de prôner la morale, d'invoquer la justice, et de se trouver par ailleurs entouré d'hommes si peu recommandables. On ne peut être à la fois aussi ambitieux et aussi imprudent. Un sentiment d'hypocrisie et de double langage, certes soigneusement entretenu et alimenté par des adversaires acharnés, mais néanmoins délétère, s'est alors manifesté. François Mitterrand a fait progresser la loi, mais autour de lui les mœurs l'ont parfois bafouée. Cette progression boiteuse lui a finalement grandement nui.

D'autant plus que, sur le plan des institutions, le décalage était flagrant entre ses réquisitoires assassins et inflexibles du temps de l'opposition et son propre comportement, une fois qu'il fut parvenu au pouvoir. François Mitterrand avait dénoncé, avec un exceptionnel talent, les déséquilibres des institutions et les dangers ainsi courus par la démocratie. Une fois élu président de la République, il n'a pas corrigé ce déséquilibre, il n'a pas exorcisé ces dangers. Sa philosophie, ironique et cynique, se résume à cette boutade dont il était si friand qu'il l'a utilisée à maintes reprises : « Les institutions ? Avant moi, elles étaient dangereuses ; après moi, elles pourraient le redevenir ; avec moi, ça va. » Au-delà de son goût de la provocation et du bon mot affleure l'extrême réalisme mâtiné d'orgueil qui le caractérisait, même dans ce domaine qui lui tenait authentiquement à cœur.

Dès les premiers jours de la Vᵉ République, François Mitterrand s'était en effet situé à la pointe du combat contre la nouvelle Constitution. Il avait adopté la posture du républicain outragé par la dérive monarchique des institutions. Il n'avait pas eu de mots assez durs pour fustiger le texte du 4 octobre 1958. Il y avait même consacré, en 1964, un pamphlet, *Le Coup d'État permanent* [1], qui avait eu son heure de célébrité et passait pour la critique la plus virulente de la loi fondamentale de la Vᵉ République. Il y qualifiait, par exemple, le régime gaulliste de « dictature, parce que c'est vers un renforcement continu du pouvoir personnel qu'inéluctablement il tend, parce qu'il ne dépend plus de lui de

1. François Mitterrand, *Le Coup d'État permanent*, Plon, 1964.

changer de cap ». Dans les cent dix propositions du candidat François Mitterrand, en 1981, figuraient donc en bonne place la limitation de la durée du mandat présidentiel (une fois sept ans ou deux fois cinq ans), la restauration des droits du Parlement (avec usage restreint du vote bloqué), la réforme du Conseil supérieur de la magistrature. Le rééquilibrage démocratique des pouvoirs était à l'ordre du jour du candidat Mitterrand. Le Président élu et réélu se montrera en revanche d'un grand conservatisme dans ce domaine. Une présomption de duplicité sera donc agitée en permanence par ses adversaires durant les quatorze années de magistrature suprême. Homme d'opposition, François Mitterrand exigeait une République sans pouvoir personnel. Chef de l'État, il ne fut pas moins monarque républicain que ses prédécesseurs.

Ceci s'expliquait certes en partie par les circonstances. C'est grâce à l'institution présidentielle, qu'elle avait tant décriée, que la gauche a pu conquérir le pouvoir, pour la première fois depuis 1958. C'est grâce à la solidité et à la souplesse d'institutions qu'elle avait tant vilipendées qu'elle a pu exercer et conserver ce pouvoir si longtemps. François Mitterrand a eu besoin, grand besoin, des prérogatives immenses que lui confiait la Constitution pour traverser les crises et surmonter ses défaites électorales législatives et locales. Certes, son talent politique unique y a puissamment contribué. Mais il n'aurait pas suffi. Pour garder le pouvoir, François Mitterrand devait faire, en matière institutionnelle, le contraire de ce qu'il avait dit pendant un quart de siècle. Lorsqu'on avait l'occasion d'en parler avec lui ou de l'interroger publiquement à ce sujet, il apparaissait clairement que cela ne le troublait guère. Tout corrodait cependant l'image de républicain exemplaire qu'il revendiquait.

Un autre obstacle à toute réforme des textes, à tout rééquilibrage des pouvoirs, s'appelait, il est vrai, le Sénat. Le palais du Luxembourg, constamment dominé par une majorité conservatrice, soucieuse de surcroît d'empêcher toute évolution qui aurait pu, de près ou de loin, limiter ses propres pouvoirs, a bloqué net plusieurs tentatives d'évolution institutionnelle. En 1984, en pleine querelle scolaire [1], le Président a envisagé d'organiser un référendum qui aurait permis d'interroger directement les Français sur cette question hautement symbolique. La manœuvre n'était certes pas innocente. Le Sénat a empêché cet élargissement du pouvoir des citoyens. De même, en 1990, le palais du Luxembourg s'est opposé à l'ouverture à tous les citoyens du droit de saisir le Conseil constitutionnel, comme cela se pratique dans plusieurs grandes démocraties occidentales. C'était l'un des grands objectifs de Robert Badinter. Le Sénat s'est refusé tout net à cette démocratisation. Pour le coup, François Mitterrand n'y est pour rien.

Reste que le Président socialiste s'est lui-même montré très conservateur. Il n'a réellement abordé la question de la réforme des institutions qu'en 1992 avec la commission confiée au doyen Vedel, le plus illustre constitutionnaliste français. C'était plus de onze ans après sa première élection à la tête de l'État et à quelques mois d'élections législatives qui ne pouvaient être que perdues par la gauche. Il s'agissait donc de prendre date et de provoquer un effet d'image. Des propositions raisonnables de cette commission, seules la création d'une Cour de justice de la République (pour juger la responsabilité pénale des ministres à l'occasion des actes accomplis dans l'exercice de leurs fonctions) et

1. Voir le chapitre v.

la réforme du Conseil supérieur de la magistrature (modification de sa composition, élargissant les garanties d'indépendance des magistrats) ont été retenues. Elles n'ont été votées qu'avec l'accord et le soutien d'Édouard Balladur, et même à son initiative durant la seconde cohabitation. François Mitterrand doit donc en partager largement le modeste mérite.

L'apport principal de François Mitterrand en matière institutionnelle se résume finalement à deux points : il a fait légitimer par la gauche la Constitution de la Ve République. Il a enraciné l'alternance et la cohabitation. En ne modifiant pas l'équilibre fondamental des institutions, malgré toutes ses prises de position antérieures, il a sacrifié ses convictions idéologiques personnelles aux nécessités politiques du moment – conserver le contrôle des instruments du pouvoir – et sans doute à son propre tempérament. En inaugurant l'alternance et la cohabitation, il a démontré la souplesse et l'adaptabilité de la Ve République. Après lui, l'alternance est devenue presque banale, en tout cas normale. Avec lui, la cohabitation a, par deux fois, prouvé que les institutions permettaient même la coopération de deux majorités politiques antagonistes, en l'occurrence une majorité présidentielle de gauche et une majorité parlementaire de droite. L'inverse pourrait aussi bien se produire. Il a fait la preuve, entre 1986 et 1988, puis entre 1993 et 1995, que, dans ces circonstances complexes à l'extrême, le gouvernement pouvait effectivement gouverner, et le Président continuer de présider authentiquement.

Avec Jacques Chirac Premier ministre (1986-1988), il a fallu que chacun marque son territoire. La politique extérieure (diplomatie, défense, coopération) a donc été partagée mais avec une primauté présidentielle, qui s'est vérifiée aux sommets du G7 (à Tokyo notamment) et aux Conseils européens, ainsi qu'à propos de la loi de programmation militaire.

En politique intérieure, c'est en revanche le Premier ministre qui dominait, François Mitterrand pouvant seulement refuser la procédure des ordonnances, négocier les nominations et... critiquer l'action du gouvernement. Il ne s'en est d'ailleurs pas privé, lors des manifestations de lycéens et d'étudiants ou lors des grèves de cheminots par exemple. Avec Édouard Balladur, un précédent existait, et le Premier ministre, ex-numéro deux du gouvernement Chirac, l'avait déjà pratiqué. L'état de santé très délabré de François Mitterrand, l'hégémonie écrasante de la droite au Parlement, le fait que le Président sortant n'allait évidemment pas se représenter en 1995 ont accru les pouvoirs d'Édouard Balladur, qui aura sans doute été le chef de gouvernement ayant disposé de l'autonomie la plus large sous la Ve République. Cela n'a pas empêché quelques frictions à propos de nominations ou bien lorsque le Premier ministre s'aventurait trop ostensiblement sur les territoires du Président (voyages en Chine ou en Arabie Saoudite, décisions d'engagement militaire en Bosnie). Globalement, par deux fois, la cohabitation a bien fonctionné. Elle pourra le faire désormais sans querelle de légitimité. François Mitterrand a, en ce sens, bien servi la Ve République et malmené sa propre doctrine constitutionnelle.

Il l'a d'autant plus abjurée implicitement que sa pratique ne relevait pas moins du pouvoir personnel que celles des Présidents précédents. François Mitterrand a respecté scrupuleusement les formes de la Constitution (ce à quoi, par exemple, le général de Gaulle ne s'était pas astreint), mais il n'a pas laissé échapper une seule bribe de son pouvoir. En ce sens, il a illustré lui-même les dérives et les travers qu'il reprochait si véhémentement à ses prédécesseurs. Il a tenu la bride serrée à ses Premiers ministres, lorsqu'ils appartenaient à son camp. Si Pierre Mauroy, Laurent Fabius, Michel Rocard, Édith Cresson et Pierre Bérégovoy ont dirigé, plus ou moins bien selon les cas, l'action quotidienne du gouvernement, l'inspirateur résidait clairement à l'Élysée. La politique extérieure lui appartenait alors pleinement. La politique européenne s'élaborait rue du Faubourg-Saint-Honoré. Les grands choix, les grandes options de politique intérieure lui revenaient. Le Président possédait de surcroît un pouvoir d'évocation permanent : entrait dans son domaine ce qu'il lui plaisait d'y mettre. Ainsi les grands travaux et la politique culturelle n'ont-ils cessé, avec les Premiers ministres socialistes successifs, de relever de la Couronne. Lorsqu'il s'agissait de décider, aux moments essentiels et dans tous les domaines, c'est François Mitterrand qui tranchait.

Pierre Mauroy, pressé par Jacques Delors, veut-il courageusement prendre le tournant de la rigueur économique ? Les dix jours dramatiques qui précèdent le choix se passent principalement au palais de l'Élysée. La querelle scolaire menace-t-elle de mal tourner ? François Mitterrand annonce en direct, à la télévision, que le projet gouvernemental est enterré. Laurent Fabius modifie-t-il le mode de scrutin ? C'est François Mitterrand qui en explique les raisons. Michel Rocard et Lionel Jospin prennent-ils une décision qui enfièvre les lycéens ? François Mitterrand reçoit leurs représentants et leur fournit les apaisements que le gouvernement, informé après coup, doit exécuter sans broncher. Édith Cresson s'adresse-t-elle aux petites et moyennes entreprises ? François Mitterrand scande ses

234

propos et défend ses options. Pierre Bérégovoy part-il en guerre contre la corruption ? Le chef de l'État note et commente. Le pouvoir ordinaire appartient au Premier ministre. Les décisions essentielles se prennent à l'Élysée. François Mitterrand avait beaucoup critiqué la dérive institutionnelle qui imposait la responsabilité du chef du gouvernement devant le chef de l'État, beaucoup plus que devant le Parlement. Elle n'avait effectivement aucun fondement constitutionnel. Le Président socialiste a cependant agi exactement comme tous ses prédécesseurs : c'est à lui qu'en toute priorité les Premiers ministres successifs devaient rendre des comptes.

Plus : à ces dérives traditionnelles, il en a ajouté deux autres de son propre chef. Avec lui, le parti socialiste n'a cessé d'être conseillé et conduit par le président de la République. Sous son premier septennat, il en recevait même officiellement et régulièrement les dirigeants pour un petit déjeuner (Lionel Jospin, en compagnie du Premier ministre) ou un déjeuner hebdomadaire (ministres et dirigeants mitterrandistes surtout). L'emprise du chef de l'État sur le parti dominant était ainsi symbolisée et soulignée, ce que François Mitterrand reprochait pourtant avec fureur à ses deux prédécesseurs, lesquels prenaient beaucoup plus de gants que lui pour le faire. Sous son second septennat, son autorité sur le PS fut beaucoup plus contestée par ses propres troupes. Il y eut rébellion et meurtre symbolique du père au funeste congrès de Rennes (1990), qui vit les socialistes s'entre-déchirer férocement en public. La main de François Mitterrand avait pesé si lourd qu'elle avait semblé soudain insupportable. Cela ne l'empêchait pas de continuer à agiter ses partisans contre Michel Rocard, chef du gouvernement. Le chef de l'État manquait alors à son devoir républicain, en agissant en partisan et en semant la zizanie au sein de son propre camp.

Il s'exposait aussi à de fortes critiques en se mêlant étroitement, minutieusement, parfois jalousement, aux nominations dépendant du pouvoir politique. C'était une façon typiquement monarchique de démontrer son pouvoir et de laisser paraître la jouissance qu'il en éprouvait. Il en faisait bénéficier amis, alliés, collaborateurs et obligés [1]. Il en faisait aussi une arme politique redoutable, notamment en période de cohabitation. Ainsi, lorsqu'il comprend que les élections de 1986 seront perdues, François Mitterrand, par un décret en Conseil des ministres (août 1985), élargit brusquement le cercle des hauts fonctionnaires et des dirigeants d'entreprise publique qui ne pourront être nommés qu'avec son accord explicite. Ce pouvoir-là, il l'exercera sur deux fois plus de responsables que ne le faisait à son époque le général de Gaulle. Le François Mitterrand de l'opposition aurait brillamment fustigé un président de la République agissant d'une telle manière.

C'est d'ailleurs toute l'histoire de ce malentendu. Républicain sourcilleux, juriste cultivé, amoureux très sincère des libertés et des droits de l'Homme, François Mitterrand s'est aussi comporté en monarque impérieux. Il a fait progresser la démocratie en général mais il n'a pas concédé un pouce de son pouvoir. Il a fait œuvre d'humaniste mais il a joué de tous les ressorts d'un despotisme éclairé, le chef de l'État étant son propre maître et son seul juge. Démocrate pour les autres, monarchique pour lui-même, il s'est ainsi privé du bénéfice moral des progrès qu'il a fait effectuer à la Ve République.

1. Voir le chapitre II.

CHAPITRE IX

L'Europe, l'identité nationale et le rang de la France

La politique extérieure a toujours constitué la grande passion et le champ de prédilection des présidents de la Vᵉ République. C'est là qu'ils ont le sentiment – ou l'illusion – de faire l'Histoire. C'est là qu'ils s'identifient naturellement le mieux à la France, là qu'ils bénéficient le plus, vis-à-vis de leurs principaux interlocuteurs étrangers, du privilège de la durée, là qu'ils incarnent de la meilleure façon l'autorité spécifique qui leur est garantie dans ce domaine par les institutions. En politique étrangère, un chef de l'État français inspire les choix, représente la nation, choisit les exécutants et mène lui-même l'action. Dans ce vaste secteur, il dispose d'une autonomie propre, vis-à-vis du Parlement par exemple, très supérieure à celle de ses homologues des grandes démocraties. Là plus encore qu'ailleurs, le Président français est un monarque républicain aux larges prérogatives, avec une liberté de manœuvre et de ton accentuée par la stabilité. Durant ses quatorze années au pouvoir, François Mitterrand a encore accusé ces traits. La politique étrangère de son double septennat fut *sa* politique étrangère. S'il est un terrain sur lequel on peut confronter ses ambitions et son œuvre, c'est celui-là.

Avant d'être élu président de la République, François Mitterrand n'avait ni réputation personnelle ni prestige particulier en politique extérieure. On le savait européen déterminé, cela au moins était clair, attaché à l'Alliance atlantique, attentif aux droits de l'homme – il s'en était déjà fait une spécificité –, partisan de longue date d'une politique d'émancipation en Afrique[1]. On lui prêtait de l'amitié pour Israël, on lui connaissait de l'allergie envers la grandeur fracassante de la politique étrangère gaullienne ainsi qu'une ironie blessante et réductrice à l'égard du legs giscardien. C'était à peu près tout et c'était maigre. Avant 1981, François Mitterrand avait beaucoup voyagé – en Europe, en Asie, en Afrique, aux États-Unis –, mais il ne parlait aucune langue étrangère et lisait fort peu la presse internationale. Virtuose reconnu, comme opposant, en politique intérieure, il devenait un chef de l'État énigmatique en politique extérieure.

Sa marge d'autonomie paraissait *a priori* singulièrement étroite. Il parvenait au pouvoir en pleine crise économique, et peut-être grâce à elle. La France devait faire face aux grands désordres internationaux – monétaires, financiers et commerciaux. Elle s'immergeait lentement, violemment, douloureusement, dans une spirale de mondialisation. Une forte inflation et un commerce extérieur en piteux état renforçaient encore cette pression et cette dépendance. La construction européenne était bloquée depuis deux ans par Margaret Thatcher. La glaciation terminale du système soviétique provoquait de fortes tensions entre l'Est et l'Ouest et une course apocalyptique au surarmement nucléaire. Dans ces circonstances, la sécurité de l'Europe dépendait plus que jamais de Washington. L'influence de la France semblait donc déclinante. Le Président socialiste prenait rang parmi les principaux dirigeants occidentaux alors que l'Hexagone était exposé à des métamorphoses d'une brutalité sans précédent depuis la guerre. La France

1. Voir le chapitre IV.

risquait de perdre sa position d'acteur influent. Il n'était pas facile, de surcroît, d'imposer sa marque en politique étrangère pour un homme de gauche. L'ombre gigantesque du général de Gaulle écrasait ce domaine plus que tout autre. Georges Pompidou et Valéry Giscard d'Estaing avaient connu cela avant François Mitterrand. Sur le terrain international, chaque idée neuve, chaque initiative, chaque accord conclu était jaugé à l'aune du grand homme disparu, avec un parti pris de moindre rayonnement, d'autorité plus modeste, d'impact plus limité. L'affaiblissement du poids de la France depuis la fin du gaullisme gaullien figurait en bonne place parmi les idées reçues de la plupart des commentateurs. Sans de Gaulle, après de Gaulle, la politique étrangère ne pouvait connaître que le déclin. Avec un Président venu de gauche, ce préjugé devenait aussitôt un précepte, dans l'Hexagone comme dans les capitales étrangères.

S'y ajoutait enfin la défiance spécifique, à Washington notamment, envers un Président qui faisait entrer des ministres communistes au sein de son gouvernement, alors même que Moscou semblait plus menaçante et plus expansionniste que jamais. Les illusions mêmes des propres amis du chef de l'État constituaient un handicap supplémentaire. Hubert Védrine, son plus proche collaborateur personnel en politique extérieure durant ces quatorze années, en témoigne ironiquement : « La vision de certains partisans de François Mitterrand est également erronée. Pour eux, il va être un combiné de Léon Blum et d'Olof Palme. Il va appliquer ses 110 propositions, juger du bien et du mal, condamner les méchants, bannir la force, faire reculer les canons, proclamer la paix et la sécurité collective par l'arbitrage ou la médiation [1]. »

En somme, en politique étrangère, François Mitterrand avait les mains libres mais il n'avait pas de mains. Président, il pouvait agir presque à sa guise mais dans un monde convulsif et hostile, où sa marge semblait exiguë. Ses adversaires proclamaient à l'avance qu'il ne compterait pas, ses amis attendaient souvent de lui une ligne utopique et candide. Il avait tout à démontrer. Au bout du compte, il a néanmoins pesé, au moins durant les onze premières années, de 1981 à 1992. Sur le terrain européen, il a été, avec Helmut Kohl et Mikhaïl Gorbatchev, l'un des trois protagonistes du bouleversement de tout un continent. Sur le théâtre mondial, il a été évidemment moins influent, prenant cependant des positions remarquées, sinon décisives, au Proche-Orient et aux Nations unies, agissant en Afrique. Pour l'essentiel, il a poussé de toutes ses forces, nettement déclinantes les trois dernières années, à l'investissement résolu de l'influence française dans la puissance collective européenne naissante. Là aura été son pari, là il a concentré l'utilisation de sa marge.

Lorsque François Mitterrand arrive au pouvoir, en mai 1981, le dossier international qui domine ne concerne cependant pas la construction européenne, alors bloquée par l'inflexible Margaret Thatcher, mais le rapport des forces entre l'Est et l'Ouest. C'est encore l'avenir du continent européen qui est en jeu, mais d'une tout autre manière. La priorité absolue du moment n'est pas de faire avancer l'architecture pacifique et progressive de la Communauté européenne, mais de faire face au déséquilibre menaçant et

1. Hubert Védrine, *Les Mondes de François Mitterrand. À l'Élysée 1981-1995*, Fayard, 1996.

immédiat qu'est en train de provoquer l'Union soviétique. C'est la dernière grande épreuve de force de la guerre froide. À l'époque, sa gravité a largement été sous-estimée par l'opinion, focalisée, cela se comprend, sur la montée du chômage et les terribles dérèglements sociaux qu'il entraîne. Aujourd'hui, cette phase reste éclipsée par l'effondrement du mur de Berlin, la dislocation du système soviétique, l'implosion de l'URSS. De 1981 à 1984, la politique étrangère sera pourtant suspendue à l'évolution de cette crise. Ce sera la première grande épreuve internationale que devra affronter François Mitterrand. Il y fera preuve de résolution et de sang-froid. Sans être aussi directement concernée que l'Allemagne, ni aussi influente, cela va de soi, que les États-Unis ou que l'URSS, la France a joué alors un rôle marquant. Le chef de l'État socialiste y a gagné la confiance et la reconnaissance d'Helmut Kohl, ainsi que la considération rassurée de Ronald Reagan et de Margaret Thatcher.

Tout de suite il démontre en effet très clairement dans quel camp il se situe et quel caractère est le sien. Il ne s'agit pas là, pour le coup, d'habileté narcissique ou d'ambiguïté manœuvrière. L'URSS vient d'étendre son influence à la Somalie, à l'Angola (par Cubains interposés), au Yémen du Sud, au Viêt-nam, au Nicaragua et, bien sûr, à l'Afghanistan. Offensive, elle marque des points. En Europe, l'Armée rouge dispose, sur le plan des armes conventionnelles, d'une évidente supériorité quantitative par rapport à l'OTAN. Elle est en train, c'est le nœud de l'affaire, de prendre également un avantage décisif en matière nucléaire. Depuis 1977, elle déploie en effet des fusées SS 20 à moyenne portée (cinq mille kilomètres) qui placent toute l'Europe occidentale sous sa menace. L'OTAN ne dispose pas d'armes équivalentes. Le chancelier social-démocrate Helmut Schmidt, un homme énergique et lucide, soutenu par Valéry Giscard d'Estaing, a obtenu du président Jimmy Carter, en 1979, que soient déployées en Allemagne, à partir de décembre 1983, des fusées Pershing II d'une portée d'un peu moins de deux mille kilomètres, cependant que simultanément des missiles de croisière d'une portée légèrement supérieure seraient basés en Grande-Bretagne. L'URSS fait tout pour empêcher ce rééquilibrage, en s'appuyant notamment sur une opinion publique européenne pacifiste et myope.

Ce n'est pas le cas de François Mitterrand. Il a compris que, si les Américains renoncent à déployer leurs Pershing II sans que les Soviétiques aient auparavant retiré et démantelé leurs SS 20, Moscou remportera par l'intimidation et par la manipulation de l'opinion une très grande victoire : l'Europe occidentale sera sinon à sa merci (il restera la dissuasion des fusées intercontinentales à longue portée), du moins en situation d'extrême vulnérabilité. De surcroît, sa sécurité dépendra plus que jamais de la résolution américaine de mettre en jeu son propre territoire et sa propre population, au nom de la solidarité.

Très vite, dès juillet 1981, le ministre des Relations extérieures, Claude Cheysson (qui a tenu à cet étrange changement de dénomination du Quai d'Orsay), proclame que la France approuve « entièrement » les décisions de l'Alliance atlantique de déployer Pershing II et missiles de croisière si les Soviétiques ne retirent pas et ne neutralisent pas leurs propres armes. En septembre 1981, lors de sa première conférence de presse, le Président lui-même confirme ce refus de se résigner au déséquilibre nucléaire en faveur de l'URSS. Il décide de porter de deux à trois le nombre des sous-marins nucléaires français lanceurs d'engins (SNLE) en patrouille permanente. Lors du premier conseil de défense (octobre 1981), il ordonne la construction d'un septième SNLE, armé de missiles plus puissants (les M4). Les crédits militaires français augmenteront modestement mais augmenteront en francs constants en 1982 et 1983. La loi-programme militaire votée au printemps 1983 crée une force terrestre d'action rapide (FAR) susceptible d'être employée sur le théâtre européen aux côtés des forces de l'OTAN. On annonce le lancement en l'an 2000 du premier porte-avions nucléaire français. La réduction du service militaire à six mois (une des cent dix propositions du candidat Mitterrand) est abandonnée. Face à la menace soviétique, la France de Mitterrand consolide son appareil militaire et s'engage ostensiblement dans la voie de la fermeté. Tant pis si le parti communiste s'indigne ou si certains socialistes s'inquiètent ! François Mitterrand fait ce qu'il juge bon de faire.

Jusqu'à son départ, le président Giscard d'Estaing, fidèle à la tradition gaullienne, avait fait passer avant toute autre considération l'obsession de tenir la France à l'écart du bras de fer entre le pacte de Varsovie et le Pacte atlantique, afin que la force de dissuasion nationale ne soit en aucun cas comptabilisée par les Soviétiques avec celle des Américains : indépendance d'abord et souci perpétuel, dans ces affaires, de se démarquer de Washington. Le Président socialiste, lui, voit les choses autrement. S'il refuse formellement, tout au long des négociations, que l'armement nucléaire français soit additionné avec celui des États-Unis, cela ne l'empêche en rien de prendre résolument position contre les prétentions soviétiques et d'apparaître ainsi plus hostile à Moscou que ses trois prédécesseurs, le général de Gaulle, Georges Pompidou et Valéry Giscard d'Estaing. Chez lui, la volonté française classique de non-alignement sur les États-Unis ne risque pas d'inhiber ses sentiments profonds. Il donne sans ambages raison à l'Alliance atlantique et tort aux Soviétiques.

Il est vrai qu'au même moment il irrite plus d'une fois Ronald Reagan, le défie, lui tient tête, refuse de rentrer dans le rang. Tout au long de ses quatorze années à l'Élysée, François Mitterrand ne cessera de pratiquer, vis-à-vis des États-Unis, l'art bien français du contrepoint. Il est chaque année au moment du G7, qui réunit les principaux dirigeants occidentaux, l'éternel empêcheur de tourner en rond. Il plaide pour un renforcement de l'aide au tiers-monde et une politique de relance concertée des grands pays industriels : refus poli des Américains. Ronald Reagan voudrait étendre la zone d'intervention de l'OTAN, globaliser les questions de sécurité en y intégrant le Japon, organiser des embargos ou des limitations des échanges commerciaux avec l'URSS ou avec la Pologne de Jaruzelski : opposition courtoise mais ferme de la France.

Et puis, dès 1981, François Mitterrand a violé un tabou en manifestant de la sympathie pour les sandinistes du Nicaragua, de l'intérêt pour la gauche salvadorienne, et en lançant à Mexico son fameux appel (improprement surnommé de Cancun) où il s'écrie solennellement : « Salut aux humiliés, aux immigrés, aux exilés sur leur propre terre. [...] Salut à celles et à ceux qu'on bâillonne, qu'on persécute ou qu'on torture. [...] À tous, la France dit : courage, la liberté vaincra [1]. » La harangue est fameuse, au demeurant fort éloquente. Il en restera d'ailleurs très satisfait par la suite,

---

1. François Mitterrand, *Réflexions sur la politique extérieure de la France, op. cit.*

assurant en privé à ses interlocuteurs sceptiques qu'il s'agit d'un de ses meilleurs textes. Sur le moment, elle est reçue comme une critique ouverte de la politique américaine au sud du Rio Grande. Ronald Reagan ne cache pas sa colère : un État européen s'immisçant dans les affaires américaines, quel scandale ! Washington s'émeut, y discernant des traces sulfureuses de rhétorique anti-yankee. Ce Président socialiste semble décidément imprévisible, allié beaucoup plus fiable en Europe que Washington ne l'escomptait, contestataire encore plus dérangeant que prévu ailleurs... En pure perte il est vrai.

Ces discordes, ces querelles et ces dissentiments s'effacent cependant, même s'il subsistera toujours une vigilance discrète vis-à-vis de l'allié français, devant la netteté de l'engagement de François Mitterrand face au péril des SS 20. En janvier 1983, à un moment crucial de la négociation, le chef de l'État français, invité par le nouveau chancelier fédéral Helmut Kohl, prononce devant le Bundestag un discours retentissant. Il l'a retravaillé jusqu'à la dernière seconde. S'exprimant dans un pays alors fortement traversé par un courant de pacifisme qui draine chaque semaine des foules considérables de manifestants, il s'écrie : « Pour que l'équilibre soit rétabli – rétabli et non maintenu, parce qu'il a été rompu unilatéralement par les SS 20 –, il faut que la détermination commune des membres de l'Alliance atlantique et leur solidarité soient clairement confirmées, si l'on veut que la négociation aboutisse. Faute de quoi, le déploiement [des fusées occidentales Pershing] sera inéluctable [1]. » C'est à cette même époque qu'il lance sa célèbre et cruelle formule : « Les fusées sont à l'Est et les pacifistes sont à l'Ouest. »

1. *Id., ibid.*

Sa prise de position fait grand bruit. Helmut Kohl ne l'oubliera jamais et date de ce 20 janvier 1983 sa confiance en François Mitterrand. Ronald Reagan le remercie avec effusion. Margaret Thatcher, elle, a pu vérifier dès 1982, à l'occasion de la guerre des Malouines, que le Président socialiste affichait et démontrait sa loyauté dans les épreuves. Il l'a aussitôt assurée de sa solidarité, et a démontré son amitié, aussi bien aux Nations unies que sous la forme d'une coopération militaire discrète mais significative en matière d'armements sophistiqués notamment. Devant le risque de déséquilibre nucléaire, le renfort du chef d'État français a compté, ne serait-ce qu'en désarçonnant les sociaux-démocrates européens. Il a donc sa part dans l'issue positive des négociations et le démantèlement final des SS 20.

Une autre circonstance lui permet de prouver encore que, tout attaché qu'il soit aux bonnes relations traditionnelles entre la France et l'URSS, il ne se laisse pas intimider par la puissance soviétique. En juin 1984, invité à Moscou en visite officielle, il enfreint délibérément les usages diplomatiques. Lors du dîner de gala, offert dans la Chambre des facettes du Kremlin par Constantin Tchernenko, alors numéro un soviétique, François Mitterrand lance à ses hôtes pétrifiés, dans un silence de plomb : « Toute entrave à la liberté pourrait remettre en cause les principes librement acceptés [par les accords d'Helsinki]. C'est pourquoi nous vous parlons parfois des cas de personnes, dont certaines atteignent une dimension symbolique. C'est comme cela qu'il faut comprendre l'émotion qui existe en Europe [...] Pour ce qui touche à des citoyens de votre pays. [...] C'est le cas du professeur Sakharov... » Jamais auparavant quiconque – officiels français compris – n'avait osé élever pareille protestation sous les ors et les lourdes tentures du Kremlin. Les dirigeants soviétiques avaient pourtant multiplié mises en garde et pressions. Ils considéreront ces propos comme une offense et une provocation.

C'est une autre dimension de la politique extérieure de François Mitterrand qui s'exprime de cette façon : par-delà les rites diplomatiques et les rapports d'amitié ou de coopération, le Président français tente de peser en faveur des droits de l'homme, aussi souvent qu'il le peut, où qu'il se trouve, quelque désagrément provisoire qui puisse en résulter. Ainsi, invité dans les différentes capitales des pays de l'Est avant l'effondrement de l'Empire soviétique, reçoit-il systématiquement à un petit déjeuner à la résidence de France les dissidents les plus notoires qui peuvent se déplacer.

Il y a le Mitterrand chef des armées qui lance froidement à la télévision : « La pièce maîtresse de la stratégie de la dissuasion de la France, [...] c'est moi [1]. » Il y a le Mitterrand diplomate qui résiste à Washington ou qui tient tête à Moscou. Et puis il y a le Mitterrand humaniste qui, dès qu'il le peut, agit en faveur des libertés. Il y a aussi, c'est beaucoup moins glorieux, le Mitterrand qui ferme les yeux devant l'opération du *Rainbow Warrior* et qui fait tout pour empêcher la vérité d'éclater. Il y a encore le Mitterrand qui, un temps, nourrit des illusions sur le colonel Kadhafi et ses menées au Tchad. Toujours sa face noire, et son goût du secret et de la clandestinité qui, finalement, se retourne contre lui et lui réussit infiniment moins bien que ce qu'il entreprend au grand jour...

1. À *L'Heure de vérité*, sur Antenne 2, en novembre 1983.

Le premier champ d'action et d'influence du Président socialiste s'appelle cependant l'Europe. C'est là qu'il va apposer son empreinte essentielle, là qu'il va contribuer à faire l'Histoire, là qu'il va s'investir le plus et voir le plus loin (au moins jusqu'au début des années quatre-vingt-dix, les dernières années de présidence n'ayant pas un éclat comparable, même dans ce domaine). L'Europe a été son grand, son principal chantier international. Elle domine son action diplomatique de 1984 à 1992.

François Mitterrand est un Européen de toujours. Il n'en a certes pas fait une mystique, comme nombre de démocrates-chrétiens sous la IVe République. Il n'a pas la religion du fédéralisme. L'Europe est cependant chez lui un choix constant, profond, insubmersible, né de sa réflexion ancienne sur la guerre. Pour empêcher que se renouvellent pareilles atrocités, pour interdire que se reproduisent tant d'horreurs, de déchirements, de convulsions et de ruines, une seule solution : bâtir l'Europe, la construire autour du couple franco-allemand (il déteste l'expression « axe franco-allemand »), qui constitue sa colonne vertébrale naturelle. Là est l'avenir de la France, son champ d'influence : « L'Europe, ce dépassement de l'Histoire [1] », est aussi la poursuite d'une ambition française. Premier secrétaire du parti socialiste, il l'a défendue, sans l'ombre d'une hésitation, contre le parti communiste, contre l'aile gauche du PS (Jean-Pierre Chevènement, voire certains de ses propres amis, comme Pierre Joxe ou Claude Estier). Il lui est arrivé de remettre en jeu son mandat pour cela, le temps d'un psychodrame de vingt-quatre heures. Parvenu au pouvoir, il fera finalement passer son grand dessein européen avant tout autre, avant

1. François Mitterrand, *Réflexions sur la politique extérieure de la France*, op. cit.

250

même le socialisme. S'il y a un domaine dans lequel ce manœuvrier retors n'a jamais varié, c'est celui-là ; s'il y a un terrain sur lequel ce grand pragmatique s'est métamorphosé en grand visionnaire, c'est encore celui-là. Pendant quatorze années, François Mitterrand a toujours avancé l'œil fixé sur l'horizon européen.

Cela ne signifie pas pour autant qu'il a pu bâtir l'Europe de ses vœux. En 1974, durant la phase sans doute la plus idéologique de sa trajectoire, il avait lancé imprudemment, lors d'une conférence de presse : « L'Europe sera socialiste ou ne se fera pas [1]. » Elle se fera pourtant, sans être socialiste. Dès le premier Conseil européen auquel il participe en tant que président de la République – c'est à Luxembourg, en juin 1981 –, il propose de créer un espace social européen, de mettre au point un plan industriel à l'échelon du continent pour lutter contre le chômage et la concurrence extérieure, d'imaginer une réduction du temps de travail progressive et concertée. Ce n'est pas l'Europe socialiste, mais c'est une Europe très sociale qu'il dessine là. Aucun de ces objectifs ne sera atteint quatorze années plus tard. Il laisse derrière lui une Europe plus libérale qu'il ne l'avait trouvée en arrivant.

En revanche, elle aura, malgré les circonstances très difficiles – la crise mondiale, la réunification allemande, l'effondrement de l'Union soviétique, les déchirements de l'ex-Yougoslavie –, spectaculairement progressé durant cette période. François Mitterrand y aura été pour beaucoup. En 1981, l'Europe est enlisée, empêtrée dans ses contentieux, immobilisée par la volonté de Margaret Thatcher déterminée à paralyser toute décision avant d'avoir obtenu pour son pays les compensations financières auxquelles elle estime (à

1. Le 3 décembre 1974.

tort) avoir droit. L'élargissement à l'Espagne et au Portugal doit donc attendre. Les réformes budgétaires et agricoles doivent être repoussées. Jusqu'à la présidence française de 1984, la Dame de fer ne bougera pas d'un pouce, bloquant sans états d'âme la fragile mécanique communautaire.

Durant ces trois années, François Mitterrand rend visite à toutes les capitales de la Communauté européenne, met sur pied des sommets annuels bilatéraux avec l'Italie, l'Espagne et la Grande-Bretagne : pour former bloc avec l'Allemagne sans indisposer le reste de l'Europe, mieux vaut tisser des liens avec les autres pays. La crise monétaire de mars 1983[1] a démontré à tous quelle est sa priorité : entre sortir du SME (Système monétaire européen) ou sortir du socialisme, il choisit la seconde option. Sans doute, sur le fond, n'a-t-il pas vraiment d'autre solution. Comme l'explique lumineusement Élisabeth Guigou, alors conseiller à l'Élysée pour les affaires européennes : « La France a saturé ses possibilités d'endettement extérieur sans conditions. Si le franc sort du SME, la France, pour financer sa balance des paiements, sera conduite avant la fin de l'année à solliciter des prêts auprès de la CEE ou du FMI. Mais cet argent ne nous serait prêté qu'à la condition d'appliquer un plan de redressement imposé de l'extérieur[2]. » C'eût été une humiliation pour la souveraineté française et pour l'orgueil national. Une fois de plus, on constate que, contrairement aux idées reçues, l'Europe et le rang de la France se marient beaucoup plus qu'ils ne se combattent.

1. Voir les chapitres v et vi.
2. Cité par Hubert Védrine, in Les Mondes de François Mitterrand, op. cit.

En revanche, l'Europe et le socialisme ont davantage de mal à cohabiter. Dans cette circonstance essentielle, François Mitterrand choisit l'Europe. Il préfère renoncer aux illusions de l'exception socialiste plutôt qu'à l'intégration de la France dans la Communauté européenne. C'est, avec son discours du Bundestag, son deuxième acte fondateur en politique extérieure, à seulement quelques semaines d'intervalle de surcroît. Lorsque la France accède, le 1er janvier 1984, à la présidence tournante de la Communauté européenne, les choix du Président de gauche sont donc devenus clairs aux yeux de tous.

Le prestige nouveau qui en naît et la reconnaissance qu'il vient de s'acquérir auprès d'Helmut Kohl vont l'aider à atteindre son objectif : débloquer et relancer la mécanique européenne. Là aussi, cet épisode majeur a été largement éclipsé en France – occulté même – par les tensions internes de l'époque, avec le paroxysme de la crise scolaire et la fin tumultueuse du gouvernement Mauroy. L'affaire est pourtant d'importance. Avec l'appui d'Helmut Kohl, François Mitterrand parvient, lors du sommet de Fontainebleau (juin 1984), à réussir ce que huit Conseils européens successifs ont échoué à faire : « désembourber l'Europe », selon son expression favorite. Il fléchit l'indomptable Margaret Thatcher, contre un milliard d'écus il est vrai, après un marchandage homérique. Les questions budgétaires agricoles sont résolues, les obstacles à l'entrée de l'Espagne et du Portugal sont levés. C'est une grande victoire pour l'Europe et une jolie prouesse pour François Mitterrand. Helmut Kohl et le Président français tombent d'accord par ailleurs pour que Jacques Delors devienne, le 1er janvier 1985, président de la Commission des Communautés européennes, poste qu'il occupera dix ans, avec un poids sans précédent. Le trio moteur de la construction européenne – Mitterrand, Kohl, Delors – se trouve ainsi constitué.

Son premier objectif va être de faire accepter un Acte unique, organisant un marché unique des biens, des hommes et des capitaux, qui devra s'ouvrir le 31 décembre 1992. C'est un pas en avant considérable vers l'intégration européenne. Il prévoit une extension des décisions à la majorité qualifiée, et non plus à l'unanimité. La Grande-Bretagne, le Danemark et la Grèce s'y opposent de toutes leurs forces. En vain. Le couple franco-allemand pèse à ce moment-là trop lourd et n'a jamais semblé aussi uni. La cohabitation avec le gouvernement de Jacques Chirac ne change rien sur le fond à ce choix. L'Acte unique est ratifié sans coup férir et sera mis en œuvre à la date prévue. Dès cette époque, François Mitterrand et Helmut Kohl, aiguillonnés par Jacques Delors, pensent déjà à l'étape ultérieure. Il faut une monnaie européenne, des institutions plus démocratiques, une dimension sociale, une défense commune et, plus tard, une diplomatie. Ce sera le traité de Maastricht.

Il va susciter d'intenses polémiques, et sa négociation, coïncidant avec le choc de la réunification allemande et celui, non moins impressionnant et tout aussi imprévu, de l'effondrement de l'Empire soviétique, en sera considérablement compliquée. Dans cette phase dominée par les convulsions de l'Histoire – nul ne peut contester, pour le coup, la dimension des deux phénomènes –, le couple Kohl-Mitterrand ne sera pas toujours soudé. Les intérêts de la France et ceux de l'Allemagne ne s'accordent pas automatiquement, leurs priorités divergent souvent. Les convictions européennes communes des deux hommes d'État, leur amitié sincère, le rôle éminent de Jacques Delors en émissaire infatigable et en lanceur d'idées inlassable, tout cela permettra néanmoins de franchir les obstacles. Le traité de l'Union européenne sera signé, ratifié et appliqué.

Ce n'est pas un chef-d'œuvre mais c'est, là encore, pour une Europe durement secouée par le tourbillon des événements, un énergique progrès. Lorsque François Mitterrand et Helmut Kohl en forment le dessein, l'URSS est debout, et nul ne prévoit la réunification allemande proche. Lorsqu'il est signé (le 7 février 1992), l'URSS n'existe plus et l'Allemagne est unifiée. Être parvenu, malgré ces formidables bouleversements, à poursuivre la marche en avant de l'Europe avec des bottes de sept lieues, cela constitue une performance. Helmut Kohl et François Mitterrand ont copiloté avec adresse et conviction cette phase plus que périlleuse. Chacun a dû y mettre du sien. Pour apaiser les craintes allemandes, encore très vives si peu de temps après le bras de fer sur les SS 20, la France accepte d'informer Bonn de toutes ses décisions d'utiliser (hypothèse heureusement fort improbable) la force nucléaire. Helmut Kohl, sachant l'opinion allemande hostile à une monnaie unique européenne, qui marquerait la fin du règne sacro-saint du mark, admet néanmoins de passer outre, pourvu que l'Europe politique progresse elle aussi.

En écrivant sa *Lettre à tous les Français* pendant la campagne présidentielle de 1988, François Mitterrand s'exclame : « Le rêve des États-Unis d'Europe, [...] eh bien, j'y pense et je le veux. » Le traité de Maastricht ne le réalise certes pas. Il franchit néanmoins un pas qui compte dans cette direction : au moment même où les facteurs d'éclatement de l'Europe n'ont jamais été aussi puissants, il étend sensiblement le champ des convergences et des domaines communs. À cette époque, la grande mode intellectuelle consiste à prédire qu'avec sa réunification et l'effondrement de l'URSS l'Allemagne géante d'Helmut Kohl va se détourner de Paris pour assouvir ses ambitions sur l'Europe de l'Est. Le traité de Maastricht fait justice de ces craintes. Adopté le 10 décembre 1991, signé le 7 février 1992, il entre en vigueur le 1er novembre 1993. Au lendemain même de son adoption, François Mitterrand souligne à la télévision : « L'acquis de Maastricht est considérable : sur le plan politique, monétaire, social, de la défense. C'est l'acte le plus important depuis le traité de Rome. »

Il ne s'est évidemment pas fait sans mal : l'Europe de Maastricht est bancale. François Mitterrand et Jacques Delors voulaient un volet social ambitieux : il est modeste, presque symbolique (la Grande-Bretagne s'en est de surcroît fait exempter). Français et Allemands souhaitaient un renforcement des institutions politiques : il est renvoyé à une conférence intergouvernementale ultérieure. Paris et Bonn n'ont d'ailleurs pas les mêmes idées à ce sujet. François Mitterrand veut fortifier les institutions gouvernementales (Conseil européen, Conseil des ministres), Helmut Kohl, la Commission et le Parlement de Strasbourg. Ce qui concerne la défense est à peine esquissé. Ce qui ébauche une politique étrangère commune est embryonnaire et techniquement difficile à mettre en œuvre : les veto nationaux sont beaucoup plus aisés à déclencher que les décisions collectives. C'est un traité complexe, opaque, minimal, déséquilibré. Il organise cependant la marche vers la monnaie unique, accélérateur essentiel vers une Europe intégrée. Il jette les bases fragiles d'une politique extérieure commune qui pourra être développée. Le volet social et

le volet démocratique manquent cependant cruellement d'ampleur.

Pour solenniser la circonstance, pour provoquer un
débat de fond, pour donner une caution démocratique
à la ratification, François Mitterrand décide d'organiser
un référendum. Cela devient une opération-boome-
rang. Tous les mécontentements provoqués par la
situation sociale s'agrègent aussitôt contre le grand dessein européen. Une coalition des souffrances, des rancœurs et des peurs se forme sans attendre. Les déma-
gogues s'en donnent à cœur joie. Le chef de l'État est
soupçonné de mener une opération de diversion à
objectif politicien, quelques mois avant les élections
législatives. Nul ne peut certes jurer qu'il ne recherche
pas de tels dividendes. Finalement, le traité est ratifié
par le peuple le 20 septembre 1992. Le oui ne l'emporte que par 51 % des voix. Ses adversaires ne désar-
ment pas. Ses partisans accusent toujours François
Mitterrand d'avoir joué avec le feu pour des motifs
ambigus. Reste que le Président, malgré sa maladie, a
largement donné de sa personne dans les moments clés
de la campagne, notamment lors du célèbre débat qui
l'opposa à Philippe Séguin, l'orateur le plus prestigieux
du clan des non. Reste surtout que le double septennat
de François Mitterrand aura incontestablement été
marqué par une relance vigoureuse et par des progrès
substantiels de la construction européenne et qu'il en
aura été, avec Helmut Kohl, le principal architecte. Sur
ce champ-là, son empreinte est profonde et concrétise
un projet affiché.

Il a été moins heureux dans trois occasions majeures,
qui ont suscité d'interminables polémiques, parfois

d'ailleurs disproportionnées avec le rôle réel de François Mitterrand dans ces circonstances : la réunification allemande, la chute de Mikhaïl Gorbatchev et le drame de Bosnie.

En ce qui concerne la première, on lui a beaucoup reproché de n'avoir rien vu venir, puis d'avoir marqué d'inutiles réticences. Il aurait en somme agi avec des sentiments archaïques au cœur et avec des schémas diplomatiques anachroniques en tête. Tout cela est réducteur. Il est parfaitement exact que François Mitterrand n'a été ni le prophète ni l'apôtre de la réunification allemande. Il ne l'a pas pressentie, il n'a pas imaginé qu'en un an (de la fuite des Allemands de l'Est vers l'Occident *via* la Hongrie, en août 1989, au règlement global de juillet 1990) les structures mises en place depuis 1945 allaient exploser. Pour être juste, il faut cependant rappeler que personne n'avait prévu une telle évolution : ni les spécialistes de l'Allemagne, ni les dirigeants des autres grandes nations, ni les Allemands eux-mêmes. Quelques mois avant la chute du sinistre mur de Berlin (le 9 novembre 1989), les plus optimistes des Allemands parlaient de la réunification pour le début du xxiᵉ siècle. François Mitterrand n'a pas été plus intuitif que les autres. Il ne l'a pas non plus été moins.

A-t-il marqué quelques réticences devant la soudaineté et les implications de la réunification ? Oui, assurément, et non sans solides motifs. La réunification de l'Allemagne signifiait la renaissance d'un géant au cœur de l'Europe, l'explosion des structures diplomatiques et militaires mises en place à la fin de la Seconde Guerre mondiale, un risque de conflit majeur avec l'URSS (farouchement opposée au processus), la remise en cause des frontières de l'après-guerre, l'OTAN peut-être privée de l'Allemagne (la plupart des experts estimaient que l'Union soviétique ne pouvait se résigner finalement à la réunification allemande qu'en échange de sa neutralisation militaire). Qui pouvait prendre à la légère et avec insouciance l'ensemble de ces bouleversements ? Mikhaïl Gorbatchev excluait encore la réunification allemande en décembre 1989, et son maintien dans l'OTAN en mai 1990. Il lançait alors à François Mitterrand, au Kremlin : « L'Allemagne réunifiée dans l'OTAN, jamais, jamais [1]. » Margaret Thatcher a tout fait, de bout en bout, pour entraver la réunification allemande. George Bush, proche de François Mitterrand sur bien des points pendant cette période à grands risques, songeait avant tout à préserver la place de l'Allemagne au sein de l'OTAN.

François Mitterrand, lui, n'a pas souhaité la réunification allemande, ne s'y est pas opposé, ne l'a pas saluée. Qu'il en ait ressenti de l'inquiétude, de l'anxiété même, qu'il ait été irrité d'être, comme ses pairs, mis devant le fait accompli, qu'il ait craint que les protagonistes de ce bouleversement historique inopiné perdent le contrôle des événements, que les terribles souvenirs de la guerre aient à cette occasion ressurgi dans son esprit, tout cela est plus que vraisemblable. Durant toute cette phase, les rapports entre Helmut Kohl et François Mitterrand ont été à la fois très proches et, parfois, très tendus. Lorsque, fin 1989, quelques jours après la chute du mur de Berlin, Helmut Kohl rend public son fameux plan en dix points qui mène à la réunification, le Président français (pas plus d'ailleurs que les autres dirigeants occidentaux ou même que les propres ministres du gouvernement allemand) n'a pas été prévenu. Il s'en offusque puis s'en accommode : « Je

1. *Id., ibid.*

n'ai pas été prévenu. J'aurais préféré l'être. Il n'était pas obligé : le discours a été prononcé. Je l'ai naturellement analysé et j'ai vu qu'il était d'une extrême prudence [1]. » Cette rafale de petites phrases sèches prouve, pour qui est familier de son style, qu'il contient à grand-peine son aigreur.

Devant cette accélération torrentielle de l'Histoire, le chef de l'État français a deux priorités. Il faut que le processus se fasse « pacifiquement et démocratiquement ». Cela, il le précise publiquement dès juillet 1989, très tôt donc [2]. Ce sera son leitmotiv et il le fera entériner par le Conseil européen de Matstricht, en décembre 1989. Il y voit, évidemment, le moyen de prévenir les débordements qui risqueraient d'apparaître à l'Union soviétique comme d'insupportables provocations. Il en parle fréquemment et alternativement avec le chancelier allemand et avec le numéro un soviétique. La remise en cause des équilibres de l'après-guerre doit être entérinée par le vote des populations et par un traité des puissances concernées. C'est la condition d'une paix durable. Et puis, ce qui est beaucoup plus difficile à faire admettre, il faut, avant tout accord, obtenir la garantie absolue, consacrée par une signature internationale, que la frontière Oder-Neisse entre l'Allemagne de l'Est et la Pologne restera intangible.

C'est sur ce point que portent les efforts principaux de François Mitterrand. L'objectif ne va pas de soi : il signifie pour l'Allemagne la renonciation définitive à des territoires germaniques qui appartiennent, depuis 1945, à la Pologne (laquelle a dû de son côté en céder d'autres à la Russie). Imposer cette reconnaissance,

1. Entretiens à la BBC, reproduits par Hubert Védrine, *in Les Mondes de François Mitterrand, op. cit.*
2. Dans une interview à cinq journaux européens dont *Le Nouvel Observateur* du 27 juillet.

extrêmement impopulaire en Allemagne, au cœur d'une métamorphose historique, en plein déchaînement des passions et à la veille d'élections législatives, c'est faire assumer un grand risque au chancelier Kohl. François Mitterrand, appuyé par la Pologne et par l'Union soviétique, y parvient non sans de vives frictions avec son ami allemand. À Latche, en janvier 1990 (cette rencontre privée dans un tel moment prouve néanmoins l'intimité des liens entre les deux hommes), le chancelier s'exclame : « Pour les Allemands, c'est une grosse blessure. Traiter les blessures avec de l'huile bouillante, plutôt qu'avec un baume, ça n'aide pas à la guérison. » Le Président français, en flèche sur ce point, reste intraitable, parce qu'il voit dans l'intangibilité des frontières internationales la condition absolue de la stabilité de l'Europe. Le renforcement impressionnant de la puissance allemande ne le rend, de surcroît, pas accommodant. En France, une fois de plus, ce bras de fer à propos de la frontière Oder-Neisse sera grandement sous-estimé. Sur ce point, François Mitterrand avait pourtant raison.

Il est vrai que, durant toute cette crise où il a pris des positions cohérentes et vigoureuses sur le fond et où il a pesé lourd, il n'a cessé de très mal s'expliquer. Alors qu'il s'agit d'une rupture et d'un choc historiques, il n'a pas le réflexe élémentaire de s'adresser régulièrement aux Français pour les prendre à témoin et pour les informer. Alors que ses choix essentiels sont tardifs (comme ceux de tout le monde) mais judicieux, il en gâche même l'apparence par toute une série de faux pas symboliques. Ainsi maintient-il, en décembre 1989, un voyage surréaliste dans une Allemagne de l'Est à l'agonie. Cela ne peut être ressenti que comme un refus de voir disparaître cette RDA au régime honni et discrédité, même s'il y prône « l'autodétermination du peuple ». Les Allemands le prennent d'ailleurs fort mal et son prestige outre-Rhin en pâtit.

De même sa rencontre avec Mikhaïl Gorbatchev quelques jours plus tôt, à Kiev, prend-elle, toute légitime qu'elle soit, une allure de « front du refus ». De fait, ses erreurs de communication mais aussi ses réactions intimes alimenteront la thèse selon laquelle il a, en cette période essentielle, subi l'Histoire au lieu de contribuer à la faire. Qu'il n'ait pas voulu se rendre avec le chancelier sur le mur de Berlin, lui qui avait eu, devant l'ossuaire de Verdun, le geste inspiré de saisir la main d'Helmut Kohl pour symboliser la réconciliation, fut une erreur qu'il n'admettra pas en public mais qu'il regrettera amèrement en privé.

Lorsque Franz-Olivier Giesbert, auteur de la meilleure biographie de François Mitterrand, affirme : « La France n'a donc joué aucun rôle, ni de près, ni de loin, dans le processus de réunification allemande [1] », il se montre donc injuste. Mais la faute en revient à François Mitterrand, qui s'est rarement aussi mal expliqué, et cela malgré le caractère exceptionnel de la situation. Il en a d'ailleurs été assez mortifié et blessé pour avoir consacré son dernier livre, posthume, ses ultimes pages arrachées à la douleur une par une, aux relations franco-germaniques [2]. Sans convaincre davantage néanmoins.

À cette époque – est-ce la maladie ? est-ce l'accumulation des échéances cruciales qui se chevauchent diaboliquement ? –, il s'explique décidément très mal. Cela le dessert de nouveau avec l'épisode du putsch des ultra-conservateurs soviétiques contre Mikhaïl Gorbatchev,

1. Franz-Olivier Giesbert, *François Mitterrand. Une vie*, Le Seuil, 1996.
2. François Mitterrand, *De l'Allemagne, de la France*, Odile Jacob, 1996.

en août 1991. Il a été l'un des premiers, avec Margaret Thatcher, à croire immédiatement en la sincérité réformatrice du chef de l'État soviétique. Il a même alors été fort critiqué pour cela. Il a tissé avec lui des liens personnels étroits. Il confiera ainsi à Franz-Olivier Giesbert : « De tous les personnages que j'ai rencontrés pendant ma présidence, Gorbatchev fut le plus marquant [1]. » Il a encouragé celui qui rêvait de conjuguer régime communiste et démocratie (et qui est politiquement mort d'avoir cru à cette chimère) à laisser s'émanciper pacifiquement les peuples de l'Est. Il a beaucoup dialogué avec lui durant la réunification allemande, surestimant d'ailleurs la capacité soviétique de freiner l'événement. Il a cependant contribué de toutes ses forces à le convaincre de laisser s'accomplir pacifiquement une métamorphose à laquelle nul n'aurait imaginé cinq ans plus tôt que l'URSS, première puissance militaire du continent, pût se résigner.

Il l'a soutenu – et s'est fait derechef beaucoup blâmer en France pour cela – alors que le pouvoir du numéro un soviétique déclinait, que sa tentative échouait, que son crédit d'ordonnateur de la transition s'épuisait. Et puis, après avoir été si contesté pour cette solidarité tardive, voici qu'au moment du putsch des ultras qui refusent l'effondrement du système soviétique il semble, aux yeux de tous, abandonner son ami à son sort. On le voit en effet, à la télévision, lire une lettre des putschistes d'une manière qui peut laisser croire qu'il s'incline devant le fait accompli. Il songe en réalité à préserver la vie de Mikhaïl Gorbatchev et il ne croit pas, selon les témoignages les plus fiables, au succès du coup de force. Il n'empêche : l'effet est de nouveau déplorable, comme si, décidément, il avait perdu la

1. Franz-Olivier Giesbert, *Le Vieil Homme et la Mort*, Gallimard, 1996.

main. Après avoir été jugé trop complaisant vis-à-vis de Mikhaïl Gorbatchev, il paraît l'abandonner cyniquement. Son ami et collaborateur Charles Salzmann, spécialiste de l'opinion et bon connaisseur de la Russie, le reconnaît lui-même : « L'effet fut désastreux, car François Mitterrand donnait l'impression qu'il s'accommodait de ce qu'il croyait être le fait accompli [1]. » C'est l'un de ses compagnons les plus fidèles et les plus désintéressés qui l'écrit.

S'agissant du numéro un soviétique, l'erreur était spectaculaire mais restait avant tout une maladresse de communication. Le Président ne trouvait plus les mots pour exprimer ses intentions. À propos de la Bosnie, ce fut beaucoup plus grave, car moins ponctuel, plus public, et surtout infiniment plus substantiel. Une fraction des intellectuels français parmi les plus connus – Bernard-Henri Lévy, Jacques Julliard, Alain Finkielkraut, Léon Schwartzenberg, le savant Paul Garde, André Glucksmann, et bien d'autres – s'irritèrent contre le Président. L'opinion était véhémentement interpellée, prise à témoin. La France officielle était accusée d'avoir choisi le camp serbe (par réflexe historique suranné), d'avoir laissé se commettre d'innombrables atrocités (hélas bien réelles, du côté serbe principalement), d'avoir été incapable de prendre la tête d'une riposte internationale vigoureuse, d'avoir laissé les malheureux Bosniaques se faire dépecer, de n'avoir pas osé ou voulu désigner l'agresseur et l'agressé, bref d'avoir été infidèle à sa mission, à sa réputation, à sa vocation. Selon ses procureurs, François Mitterrand n'a, en cette occasion, pas été digne de la France. En prime, un procès en impuissance est intenté contre l'Europe. L'opposition s'est

---

1. Charles Salzmann, *Le Bruit de la main gauche, op. cit.*

emparée des dossiers. La fin des années Mitterrand sera, sur le terrain international, profondément marquée et flétrie par cette polémique.

Si l'on tente l'analyse rationnelle de ces événements ressentis d'une façon si passionnelle – malheureusement trop justifiée par la férocité de cette guerre de quatre ans au sein d'un pays aussi proche que l'ex-Yougoslavie –, on constate d'abord que le drame n'a été possible qu'en raison des profondes divergences initiales entre Européens, et notamment du clivage entre Français et Allemands. Le suicide de la Yougoslavie intervient quelques mois à peine après la réunification allemande, au moment même où l'Union soviétique se disloque et alors que les Européens négocient âprement le traité de Maastricht. La tragédie se déclenche donc à la marge d'une Europe dont l'univers se décompose. L'Allemagne souhaite absolument la reconnaissance immédiate de la Slovénie et de la Croatie, dont elle héberge de nombreux citoyens. La France et les dix autres pays membres de l'époque, Grande-Bretagne en tête, y sont non moins vigoureusement hostiles. Cette division engendrera l'impuissance. Helmut Kohl a commis le péché originel de la reconnaissance précipitée et unilatérale, sans que soient obtenues préalablement les garanties demandées par la France : intangibilité des frontières, droit des minorités, libertés individuelles. La tragédie yougoslave l'illustre bien : sans accord entre la France et l'Allemagne, il n'y a pas de politique européenne possible. À cette époque, les institutions européennes ne prévoient aucune politique extérieure militaire ou diplomatique. Une volonté unanime aurait pu y pourvoir. Elle n'existe pas. Si l'Europe n'est évidemment pour rien dans le déclenchement du conflit, elle se montre incapable de l'empêcher.

François Mitterrand, durant cette première phase, a vu juste : il fallait négocier les garanties. Il a proposé des procédures d'arbitrage, que les protagonistes de l'ex-Yougoslavie n'ont pas acceptées. Il a mis en garde solennellement les Européens. En vain. Il a suggéré la création d'une force d'interposition et offert la participation de la France. Tout cela a été repoussé par nos partenaires. Il n'est donc coupable en rien de la naissance du conflit.

En revanche, il porte une part de responsabilité dans la suite des événements. Il s'oppose en effet à la levée de l'embargo sur les armes, que réclament pathétiquement les Bosniaques. Or les Serbes disposant d'un équipement lourd bien supérieur à celui de leurs adversaires, l'embargo les avantage. Le Président français refuse tout net quelque forme d'intervention aérienne que ce soit, au motif qu'elle serait inefficace. La suite des événements ne confirmera pas cette appréciation. La France ne peut certes pas mener seule des bombardements aériens sans mandat international. Elle peut tenter de convaincre ses partenaires, au lieu de contribuer à les en dissuader. S'il est vrai que la France n'a aucune responsabilité historique particulière en ex-Yougoslavie, ce comportement avantage néanmoins les Serbes. Le chef de l'État français, enfin, met beaucoup de mauvaise volonté à désigner un coupable et une victime, un agresseur et un agressé. Ce faisant, quoi que prétendent ses plus fidèles collaborateurs [1], il apparaît plus favorable aux Serbes, ce qui choque particulièrement puisque les preuves de leurs exactions se multiplient.

À aucun moment, François Mitterrand n'est cependant resté passif ou indifférent. L'action humanitaire

1. Hubert Védrine, *Les Mondes de François Mitterrand, op. cit.*, et Élisabeth Guigou, *Pour les Européens*, Flammarion, 1994.

de la France, sous l'impulsion de Bernard Kouchner, a été exemplaire. Dès que les autres nations ont accepté d'envoyer des contingents militaires, la France y a pris plus que sa part : elle a toujours été, parmi les nations européennes, celle qui a fourni les effectifs les plus nombreux. Sans le refus initial des Américains, des Britanniques et des autres Européens, la force multinationale que le Président français préconisait aurait pu empêcher la généralisation des combats et les atrocités de ce conflit. Sa venue courageuse à Sarajevo a symbolisé également son implication personnelle. Lucide au départ, François Mitterrand s'est montré actif tout au long de cette guerre, à la fois civile et nationale. Son attitude a néanmoins desservi les Bosniaques et encouragé les Serbes.

La victoire de la droite aux élections législatives de 1993 a démontré qu'un ministre des Affaires étrangères plus entreprenant – Alain Juppé – pouvait faire reculer les Serbes de Bosnie, grâce notamment à des frappes aériennes. L'élection de Jacques Chirac, en mai 1995, a prouvé que des actions militaires franco-britanniques pouvaient obliger Belgrade et Pale à négocier. Il est vrai qu'entre-temps les États-Unis, ayant changé de doctrine, acceptaient d'envoyer à leur tour des troupes de maintien de la paix et que cet engagement tardif modifiait tout. Encore fallait-il savoir les en convaincre, ce que John Major et Jacques Chirac ont réussi à faire, alors que François Mitterrand y avait échoué.

Jacques Julliard, le plus flamboyant et le plus cruel des procureurs du Président socialiste, a conclu : « C'est en somme la politique de la capitulation humanitaire. La France a fait plus que quiconque pour l'humanitaire, et plus que quiconque pour la capitulation [1]. » La formule

1. *Le Nouvel Observateur*, 18-24 mai 1995.

est brillante et injuste car, à cette aune-là, l'Allemagne, la Grande-Bretagne, les États-Unis ou la Russie portent de plus lourdes responsabilités. François Mitterrand s'est cependant montré en cette occasion impuissant sur le fond et malheureux dans la forme. Il a ainsi donné le sentiment que son épuisement physique et son épuisement politique coïncidaient.

Sur les théâtres non européens, l'influence de François Mitterrand durant ces quatorze années a naturellement eu beaucoup moins de relief. Régis Debray assure : « De Gaulle voyait l'Europe sur un fond planétaire. François Mitterrand voit la planète sur un fond d'Europe [1]. » La sentence s'abat comme un couperet. Elle sonne juste et fait mouche, avec une pointe d'allégresse meurtrière. Le Général avait assurément des vues plus amples et plus hardies, des prises de position plus fracassantes et plus retentissantes que celles de l'homme de Latche. Modifiaient-elles réellement les rapports de force ? Obligeaient-elles les grandes puissances – États-Unis, Union soviétique, Chine – à remodeler leurs stratégies ? Si on laisse de côté la décolonisation et l'Algérie ainsi que, par hypothèse, l'Europe, le fondateur de la Ve République a certes marqué par ses éclats et ses ruptures (sortie du commandement intégré de l'OTAN, condamnation d'Israël, reconnaissance de la Chine, prosopopée fameuse sur le « Québec libre », discours de Phnom Penh). Il a impressionné. A-t-il bouleversé ?

François Mitterrand a, lui aussi, sur un registre moins altier, avec des ambitions sans doute plus modestes, pris quelques positions de fond et quelques initiatives marquantes. Toutes n'ont pas été couronnées

1. Régis Debray, À demain de Gaulle, Gallimard, 1990.

268

de succès, toutes n'ont pas subitement converti ses interlocuteurs. Certaines ont obtenu un écho véritable. Quelques-unes ont impressionné. Hors du continent européen et de l'Afrique, la France, que son Président porte un képi étoilé ou un sombre chapeau, exerce beaucoup plus une magistrature d'influence que l'emprise d'une véritable puissance.

Vis-à-vis des États-Unis, François Mitterrand joue, comme tous ses prédécesseurs, la petite musique dissonante française. Il le fait avec évidemment moins de gloire que le général de Gaulle mais, d'une certaine façon, avec plus de naturel que ses devanciers. Le Président socialiste ne nourrit aucune forme de complexe à l'égard de la première puissance mondiale. Il aime le peuple américain, il se comporte en allié qui n'ignore pas que Washington est par nature le chef de file du camp occidental, ne manquant pas, dans les grandes occasions, à la loyauté. Cela ne l'empêche pas de soutenir ses propres positions en toute indépendance et, en chef de l'État typiquement français, de cultiver sa différence avec délectation.

Cela se sent à propos de la « guerre des étoiles » dont s'est entiché le président Ronald Reagan. L'IDS (Initiative de défense stratégique), projet planétaire au coût pharaonique, aurait ruiné toute crédibilité de la force de dissuasion française, en ne garantissant qu'une incertaine sécurité. Il s'y oppose donc énergiquement, frontalement, et contribue à en retarder suffisamment la gestation pour que rien d'irréversible ne soit réalisé avant que George Bush remplace Ronald Reagan à la Maison Blanche, et pour que cette dangereuse utopie soit abandonnée.

De même, au cours des négociations commerciales multilatérales du GATT, défend-il avec constance les intérêts français face à ceux des États-Unis. Washington veut mettre à mal la politique agricole commune, dont la France est la principale bénéficiaire. Les États-Unis n'entendent pas perdre de temps. Le Président français ruse, tergiverse, menace l'Europe de crise si nos partenaires ne se montrent pas solidaires. Il exige une négociation globale, intégrant non seulement les produits industriels et agricoles mais aussi les services et la propriété intellectuelle. En fait, c'est surtout Édouard Balladur qui, Premier ministre du second gouvernement de cohabitation, mènera magistralement (avec Alain Juppé) une négociation qui débouchera sur un compromis favorable à la France. François Mitterrand ne s'est cependant à aucun moment laissé impressionner par les attaques soutenues des Américains. Il a tenu tête et gagné le temps nécessaire, jusqu'à ce que son Premier ministre de droite puisse conclure avantageusement.

La guerre du Golfe lui donne, mieux que toute autre circonstance, l'occasion de montrer comment il conçoit l'équilibre entre solidarité et autonomie. En août 1990, l'Irak de Saddam Hussein envahit le petit Koweït et prétend l'annexer. C'est la première fois, depuis que les Nations unies existent, qu'un État membre de l'ONU tente ainsi d'en absorber un autre ; le Koweït possédant d'immenses réserves de pétrole, s'incliner devant le fait accompli mettrait directement en péril l'Arabie Saoudite et indirectement en cause la sécurité d'Israël. George Bush prend aussitôt la tête d'une coalition rassemblant les États occidentaux et la plupart des pays arabes, notamment modérés. François Mitterrand n'envisage pas une seconde de s'incliner devant la situation. Il participe sans hésiter à la coalition internationale qui s'y oppose. Il placera les forces françaises sous les ordres d'un commandement évidemment américain.

Il tente néanmoins, pendant six mois, de fléchir pacifiquement l'Irak par un cocktail de pressions (embargo commercial) et de négociations diplomatiques, officielles ou officieuses. George Bush veut en somme libérer le Koweït et infliger une déroute militaire à l'Irak. François Mitterrand veut seulement obtenir le départ de l'Irak du Koweït. Lorsque, après avoir multiplié les tentatives de discussion jusqu'au dernier jour, il constate que Saddam Hussein s'y refuse absolument, il s'associe à l'opération militaire « Tempête du désert ». Une division blindée légère française, constituée à grand-peine, se comporte brillamment. Le Président français a été fidèle à ses principes – respect du droit international et du droit des gens –, à ses alliances. Il s'est néanmoins constamment autodéterminé, irritant souvent Washington et semant peut-être des illusions à Bagdad. C'est un comportement complexe et cohérent, équidistant entre la solidarité sans faille de la Grande-Bretagne vis-à-vis des États-Unis et le culte sourcilleux de la souveraineté française telle que l'affichait le général de Gaulle. Durant toute cette crise, François Mitterrand tiendra d'ailleurs les Français régulièrement informés, à travers de brèves conférences de presse à la télévision. Son rôle n'a pas été décisif; son influence a été affichée.

Au Proche-Orient toujours, il prend des positions très novatrices à propos des rapports entre Israël et les Palestiniens. Il aime Israël, depuis longtemps, et lui accorde une attention et une amitié spécifiques. Il se rend à Jérusalem en visite officielle, premier président de la Ve République à faire ce voyage, dès mars 1982. Il aurait voulu réserver à Israël sa première visite

271

officielle à l'étranger, mais un raid contre une centrale nucléaire irakienne ayant fait un mort français l'en a empêché. Il s'exprime solennellement devant la Knesset, le Parlement israélien. Accueilli en ami, il prononce un discours qui fait scandale, réaffirmant son affection pour l'État hébreu mais expliquant que les Palestiniens ont droit à une terre et, s'ils le veulent, à un État, pourvu qu'ils reconnaissent l'existence d'Israël et respectent sa sécurité.

Le retentissement est énorme. Il ne s'agit pas seulement de rhétorique, puisqu'en 1982 la France sauvera par deux fois la vie de Yasser Arafat, en assurant son évacuation de Beyrouth et de Tripoli. Dès que l'OLP (Organisation de libération de la Palestine) accepte de reconnaître l'existence et les droits d'Israël, il reçoit son leader à l'Élysée (mai 1989), lui accordant ainsi une caution particulière ; il est le premier des dirigeants occidentaux à le faire. François Mitterrand est beaucoup blâmé pour ces initiatives, qui le distinguent nettement des États-Unis. Il entretient des relations étroites avec le président égyptien Moubarak, agit en éclaireur de la paix. Il faut cependant, pour qu'Israël accepte de négocier, que les États-Unis renoncent après la guerre du Golfe à leur exclusive contre Yasser Arafat. Si François Mitterrand voit clair et juste, souvent avant les autres, son influence sur Israël n'est pas assez forte pour infléchir la position de Jérusalem. La France ouvre la voie, les États-Unis seuls peuvent modifier la situation en profondeur. La France propose, les États-Unis disposent. C'est toute la différence entre influence et puissance.

Le drame du Liban effectue la même démonstration. La France, ancienne protectrice de ce petit pays (et notamment des catholiques maronites qui en font la singularité), n'a jamais cessé de s'y intéresser. Sous la présidence de François Mitterrand, elle n'a pas été prise une seule fois en défaut d'indifférence. Elle est intervenue en chaque occasion, seule ou aux côtés des États-Unis. Malgré ces efforts, malgré les risques qu'elle a courus (un ambassadeur de France assassiné, des « casques bleus » français massacrés au cours du terrible attentat contre Le Drakkar), elle n'a finalement rien pu sauver, sauf peut-être son honneur, et encore fut-ce au milieu d'adjurations pathétiques et contradictoires et d'accusations démesurées ou sans fondement. Au Proche-Orient, la France a pris des positions respectables, dont l'impact est resté modeste.

On peut dire la même chose de son action aux Nations unies en faveur du désarmement, de l'arbitrage international, des droits de l'homme. François Mitterrand n'a pas cessé de vouloir marier, en politique étrangère, réalisme et humanisme, influence et conscience (sauf dans des épisodes comme celui du *Rainbow Warrior*, cela va de soi). Il serait peu équitable de lui dénier toute importance ou toute cohérence. À partir du moment où le danger militaire soviétique s'éloigne, il entreprend de relancer le processus de désarmement. Il obtient quelques résultats dans la renonciation aux armes chimiques et bactériologiques. Il donne le signal d'une suspension des essais nucléaires, entraînant plusieurs autres puissances avec lui. Il milite activement pour le droit d'ingérence humanitaire, courageusement et vigoureusement incarné par Bernard Kouchner. Il arrache non pas la reconnaissance du principe (inconciliable avec celui de non-ingérence dans les affaires intérieures d'un État, l'un des piliers de la charte des Nations unies), mais au moins une résolution sur « l'assistance aux populations menacées dans leur existence ». Elle permettra par la suite l'intervention de forces multinationales, l'établissement de « corridors humanitaires » ou l'instauration de zones d'exclusion aérienne. Au Kurdistan, en Somalie, au Rwanda, ces initiatives ne produiront pas de miracles mais éviteront parfois le pire ou stopperont l'inacceptable. Ce n'est pas le « nouvel ordre mondial » rêvé par George Bush. Ce sont de petits pas vers moins de barbarie.

Son action en Afrique peut être évaluée de la même manière. François Mitterrand connaît bien et aime le continent noir. Il y fait figure depuis longtemps de libéral. Durant son double septennat, il n'y a pas accompli de métamorphoses spectaculaires. Ceux qui attendaient de lui une politique novatrice ou audacieuse (à commencer par son premier ministre de la Coopération, Jean-Pierre Cot) ont vite été désappointés. Cependant, en arrivant au pouvoir, il trouve le Tchad sous l'emprise du colonel Kadhafi. Après des négociations infructueuses, il passe aux actes. L'opération Manta écarte *manu militari* la menace libyenne. Serge July ponctue plaisamment : « C'est l'histoire de deux renards, Kadhafi, le renard des sables, et Mitterrand, le renard des villes. Pendant un an, ils ont rusé l'un avec l'autre par armées interposées. Lorsque l'accord sur le retrait simultané des troupes étrangères intervient, le 16 septembre 1984, il apparaît alors pour les amateurs de morale que la fable s'achève au bénéfice du renard des villes [1]. »

Durant les quatorze années mitterrandiennes, l'Afrique qui fut sous influence française est restée stable, à l'écart des convulsions et des massacres du

1. Serge July, *Les Années Mitterrand. Histoire baroque d'une normalisation inachevée*, Grasset, 1986.

reste du continent. Elle a peu évolué. Les liens personnels, attentivement tissés et savamment entretenus, entre le Président français et ses homologues africains francophones (sans parler du rôle aberrant et dangereux joué par son fils Jean-Christophe, chargé trop longtemps et contre toute prudence de ces dossiers auprès de lui) rappellent étrangement les Capétiens cherchant à s'attacher les grands feudataires. Il faudra attendre le sommet franco-africain de La Baule, en juin 1990, pour que l'aide au développement et l'encouragement à la démocratisation soient prudemment liés. Encore cette incitation circonspecte suscite-t-elle force protestations. C'est Édouard Balladur, Premier ministre de la seconde cohabitation, qui a le courage de dévaluer le franc CFA. En revanche, François Mitterrand n'a cessé d'apparaître en flèche à propos de l'Afrique du Sud et de soutenir Mandela. Comme toujours, la marge est d'autant plus large qu'elle est symbolique, verbale et politique, d'autant plus étroite qu'elle est substantielle, économique, ou qu'elle met en jeu des intérêts traditionnels de la France.

François Mitterrand a consacré beaucoup de temps, d'énergie et d'orgueil à la politique étrangère de la France. Il n'y a pas été indigne de ses responsabilités. Il a été respecté par ses pairs, moins contesté à l'étranger qu'en France. Durant les crises (Malouines, SS 20, guerre du Golfe, épreuves de force européennes), il a fait preuve de sang-froid et de détermination. Le courage physique ne lui a manqué ni à Beyrouth ni à Sarajevo. Il s'est pris de passion, comme ses prédécesseurs, pour ce domaine réservé. Ses escarmouches avec ses deux Premiers ministres de cohabitation n'ont jamais été aussi vives qu'à ce propos.

Ses prises de position ont compté sur la scène internationale. Il était écouté, parce qu'il était éloquent, ferme, et qu'il représentait la France. Il n'a cependant joué de rôle de premier plan ni au Proche-Orient, malgré ses tentatives, ni en Afrique, malgré son influence, ni dans le dialogue Nord-Sud, malgré ses espérances, ni au sein de l'OTAN, par excès de prudence ou de conformisme.

En revanche, il a beaucoup pesé sur le destin du continent européen. Avec Helmut Kohl, Ronald Reagan puis George Bush et Mikhaïl Gorbatchev, il n'a cessé d'être l'un des quatre « grands » préparant l'avenir de l'Europe. Ce copilotage, tout au long d'une phase tumultueuse, ne lui a certes pas permis de donner à l'Union européenne toute l'inflexion sociale voulue, ni d'ailleurs d'opérer les choix monétaires ou financiers souhaitables. Il a engagé le pari de faire passer pour un temps l'Europe avant le socialisme, pour la consolider et laisser une chance ultérieure à un modèle social. L'avenir dira si, sur ce point essentiel, il a eu raison ou tort.

Son premier septennat a été, en politique étrangère comme ailleurs, plus convaincant que le second. Après 1988, il n'aura guère réussi qu'à fortifier l'Europe à travers le marché unique et le traité de l'Union. Il a manqué une occasion historique de symboliser un moment de la réunification allemande et de l'effondrement de l'Empire soviétique. Il s'est montré impuissant face à la guerre de Bosnie. Il a, en revanche, su prendre congé avec stoïcisme et panache sur le plan international, grâce à deux ou trois discours qui ont ému. Ceux qui ne l'aiment pas diront qu'il a mieux réussi à se mettre en scène lui-même qu'à renforcer le poids de la France. Ceux qui le respectent répliqueront qu'il a compris plus que d'autres que l'ambition française consistait désormais à imprimer sa marque sur l'Europe.

CHAPITRE X

François Mitterrand et les Français

Depuis qu'il est apparu dans le paysage politique national, François Mitterrand n'a jamais cessé d'entretenir une étrange liaison, passionnée, tumultueuse, contradictoire avec les Français. Aucun grand personnage public contemporain n'a suscité dans ce pays pareilles réactions, prodigieusement contrastées, variables et véhémentes. Le général de Gaulle a certes provoqué des admirations incomparables et aussi des haines farouches, notamment après l'indépendance de l'Algérie. Il n'a cependant pas cessé d'être profondément respecté et, pour une majorité de citoyens, populaire. Avec François Mitterrand, rien de tel : si le général de Gaulle s'imposait en père noble, lui ressemblait à l'amant fascinant et sulfureux de la France. L'émotion considérable qui s'est exprimée au moment de sa mort est en ce sens aussi révélatrice que trompeuse. Que ce soit pour l'aimer ou pour le maudire, nul n'était indifférent à François Mitterrand. Le choc et le chagrin étaient en l'occurrence sincères. Aucun homme d'État français n'a cependant inspiré de sentiments moins unanimes et moins constants que lui. François Mitterrand n'a cessé d'être un alchimiste de la politique.

Il a connu d'authentiques instants de grande popularité. Il a su incarner des élans politiques, des aspirations sociales et même des moments d'Histoire. Tantôt il les a soigneusement préparés, ordonnancés, tantôt il est parvenu à s'y mêler, puis à les symboliser. Son art extrême de la mise en scène théâtrale a peu d'équivalents. Par ailleurs, la liturgie de son destin présidentiel n'étant pas une mince affaire à ses yeux, le début et l'épilogue de sa présidence furent des signes politiques majeurs. Son triomphe historique du 10 mai 1981 lui a inspiré une impressionnante et insolite cérémonie de célébration au Panthéon, comme s'il avait décidé de s'inscrire de son propre chef parmi les grands hommes de la République, avant même d'avoir inauguré ses fonctions. De même, la science et la subtilité avec lesquelles il a méticuleusement organisé la fin de son second mandat, malgré la maladie et la souffrance, ne furent pas moins impressionnantes. Enfin, le cérémonial de ses propres obsèques, précisé à ses proches dans les moindres détails, relevait de la même obsession : choisir, juqu'à l'instant extrême des funérailles, la symbolique de son personnage, public comme privé. Voilà quelqu'un qui n'entendait laisser à personne le choix de l'image, même ultime, que les Français devaient garder de sa double présidence. Pour cela, toute sa vie, il a voulu séduire, convaincre et marquer.

Cela ne s'est pas fait sans des secousses terribles ni sans une opiniâtreté unique. L'histoire des relations de François Mitterrand avec les Français a été en effet aussi complexe que cyclothymique, car exceptionnelle par la contradiction de ses épisodes et la multiplicité de ses rebondissements. Au lendemain de sa mort, les Français admettaient enfin ce que François Mitterrand cherchait à prouver depuis trente ans : ils le classaient comme un « grand homme d'État » et, dans l'histoire de la Vᵉ République, lui accordaient la deuxième place, à bonne distance du général de Gaulle certes, mais très loin devant Georges Pompidou et Valéry Giscard d'Estaing. Cette hiérarchie finale a de fortes chances de perdurer. François Mitterrand faisait part volontiers de sa conviction que l'Histoire lui rendrait justice. En attendant ce verdict du siècle prochain, il a au moins su persuader les Français de son importance et de son envergure. Cela n'a pas été sans mal, tant s'en faut.

François Mitterrand a fait irruption pour la première fois dans l'univers des Français en décembre 1965. Jusqu'alors, il avait bénéficié d'une certaine notoriété, d'abord comme ministre à onze reprises sous la IVe République, puis comme opposant déterminé au général de Gaulle, au sein de la gauche non communiste, pendant les premières années de la Ve République. Membre de nombreux gouvernements de centre droit et de centre gauche avant 1958, il avait promptement gravi les échelons du pouvoir, jusqu'à devenir ministre de l'Intérieur, puis garde des Sceaux. Durant cette période, il appartenait au deuxième cercle des dirigeants politiques, influents plus que puissants, notoires plus que célèbres. Les débuts de la Ve République lui avaient permis de s'affirmer comme l'un des principaux leaders de l'opposition au gaullisme triomphant. Il n'avait cependant, avant la première élection présidentielle au suffrage universel direct, guère de troupes et peu de renom.

C'est l'élection de décembre 1965 qui lui permet de rencontrer pour la première fois les Français, et d'en séduire sur-le-champ un grand nombre. L'histoire de sa longue liaison avec eux commence à ce moment précis. Candidat unique de la gauche, appuyé par les socialistes, les radicaux et, grande première, par le parti communiste, François Mitterrand s'impose comme le jeune challenger (il a quarante-neuf ans) du général de Gaulle en personne. Au second tour, après avoir puissamment contribué à la mise en ballottage du plus illustre des Français, il réalise un score plus qu'honorable face à un tel adversaire : 45,4 % des suffrages exprimés. D'un seul coup, François Mitterrand devient populaire. Il incarne la gauche républicaine, ferme sur les valeurs de la démocratie, modérée dans ses choix économiques et sociaux, robuste dans son engagement européen. Il entre du même coup dans le club le plus fermé de tous, celui des présidentiables. La France de gauche l'aime, la France modeste l'apprécie, la France bourgeoise s'interroge sur le parcours de ce personnage ambigu, sorti de ses rangs pour aller prendre la tête des socialistes. Pour les uns, il est déjà un tribun populaire et un futur homme d'État, pour les autres, un aventurier complexe.

Pendant cette phase qui a duré trois années seulement, jusqu'à la tempête culturelle et sociale de mai 1968, François Mitterrand se hissera habilement à la tête de la FGDS. Il fait alors figure de leader parlementaire de la gauche non communiste et demeure apprécié du public. La tornade de Mai 1968 l'installe dans un rôle dont il ne parviendra pas à se débarrasser avant son triomphe de 1981, celui d'éternel Sisyphe de la politique française.

Au plus fort de la grève générale et des manifestations étudiantes et ouvrières, François Mitterrand se montre en effet imprudent. Il propose un gouvernement de transition, dirigé par Pierre Mendès France, pour préparer des élections législatives. Il se présente en candidat potentiel à une élection présidentielle que l'agenda officiel ne prévoit en théorie que quatre ans plus tard. Ce n'est pas un putsch, cela ne sort en rien de la légalité républicaine, mais c'est téméraire : il semble bel et bien prétendant à un pouvoir qui n'est pas à prendre. Le voyage épique du général de Gaulle à

Baden-Baden, la victoire massive d'une droite ulcérée qui n'est pas prête à pardonner la peur qu'elle a éprouvée, tout cela l'exile subitement au purgatoire de l'opinion publique. François Mitterrand connaît alors sa première grande défaveur auprès des Français. Il assiste en témoin impuissant à l'élection de Georges Pompidou, en 1969, et fait pénitence jusqu'en 1971.

La gauche est alors en pleine refondation. Le parti communiste accuse durement le coup de 1968, une année maudite pour lui, car l'URSS s'est discréditée avec son intervention en Tchécoslovaquie, alors que lui-même n'a rien compris aux événements français. Le PC vieillit, le socialisme rajeunit, François Mitterrand parvient, au congrès d'Épinay-sur-Seine (juin 1971), à prendre la tête du PS, qui a succédé à l'antique SFIO. Le voici désormais socialiste, et du même coup premier secrétaire d'une formation revigorée. Il gauchit, il pèse de nouveau, il reconquiert sur-le-champ sa popularité évanouie. Les Français sont capricieux en politique. Ils ont découvert avec sympathie François Mitterrand en 1965, ils l'ont banni en 1968, ils lui rendent leur confiance – à gauche au moins – en 1971. Pour lui, la marche vers le pouvoir ressemble décidément à une montagne russe.

Lorsque François Mitterrand avance, l'horizon s'éloigne cependant. Le leader tout neuf du parti socialiste fait figure de présidentiable naturel de la gauche. Le parti communiste est assez déstabilisé pour signer un programme commun de gouvernement avec lui en juin 1972. Cette fois-ci, le fils de famille bourgeoise catholique charentaise, ouvert mais modéré lorsqu'il siégeait dans les gouvernements de la IVe République, opte pour une politique de rupture avec le capitalisme. Nationalisations, fiscalité, institutions, éducation, il n'est question ni de continuité ni de lois du marché. S'il reste peut-être de droite, culturellement, François Mitterrand n'a sans doute jamais été aussi à gauche, politiquement, économiquement, idéologiquement, qu'à ce moment-là. Il incarne alors aux yeux des Français le progressisme, la tradition républicaine mariée avec un socialisme de rupture.

Aux élections législatives de 1973, il joue le rôle de leader de l'opposition et, dans son sillage, la gauche obtient un score encourageant mais insuffisant. Lorsque Georges Pompidou meurt soudain, en avril 1974, François Mitterrand s'impose donc, pour la deuxième fois, comme le candidat unique de la gauche parlementaire. Communistes, socialistes et radicaux le soutiennent. Il est la gauche, le socialisme en marche et, pour les Français de ce camp-là, le symbole éloquent de l'unité retrouvée : il arrive nettement en tête au premier tour, avec 43,3 % des suffrages. Pour la première fois sous la Ve République, la gauche possède alors grâce à lui une chance de l'emporter. Il mène une bonne campagne, la plus à gauche de celles qu'il aura dirigées. Il est vaincu sur le fil, d'un souffle, par Valéry Giscard d'Estaing, brillant tout au long de ce tournoi présidentiel, habité par la grâce durant le débat télévisé, premier du genre, qui l'oppose à François Mitterrand.

Deux France s'affrontent alors démocratiquement : François Mitterrand incarne l'espérance populaire – jamais son électorat n'aura compté une telle proportion de Français modestes. Valéry Giscard d'Estaing représente le brio et la compétence, selon les canons classiques. Cette année-là, le premier aura littéralement tenu le rôle de tribun de la plèbe, le second celui de consul des patriciens. Jamais la gauche n'a été aussi forte depuis 1968, jamais François Mitterrand ne l'a aussi authentiquement incarnée. Avec 49,3 % des voix dans le duel final, sa victoire va même au-delà de celle du Front républicain aux élections législatives de 1956, sous l'autorité de Pierre Mendès France – certes, à l'époque, la gauche n'était pas unie. La performance de François Mitterrand apparaît donc impressionnante. Sa popularité grimpe derechef au zénith, au moins pour la France de gauche.

Pendant quatre ans, il va alors se construire un nouveau personnage, celui de contre-président. Il s'agira en fait d'un recentrage subtil que les circonstances lui imposeront et lui permettront à la fois. L'une des grandes réussites de François Mitterrand est d'avoir su tirer le meilleur parti de ses échecs. Il en fait alors l'une des plus probantes démonstrations. Le parti communiste commence à se rendre compte que l'union de la gauche progresse à ses dépens. Chaque élection renforce désormais le parti socialiste et affaiblit le PC. Celui-ci durcit le ton et se prépare à la rupture, qui aura lieu en 1977. François Mitterrand a vu venir le danger. Depuis la victoire de Valéry Giscard d'Estaing, il s'appuie sur les 12 737 607 voix rassemblées le 19 mai 1974 face à son vainqueur (qui en a obtenu 13 082 006) pour harceler le jeune Président et lui imposer une sorte de tête-à-tête public indirect. Comme un Président-bis, il répond donc par des conférences de presse solennelles à celles, officielles, de Valéry Giscard d'Estaing. Son entourage, depuis des années, ne l'appelle d'ailleurs que « Président ». À la télévision, à la radio, dans la presse écrite, il se taille peu à peu une place particulière, un statut spécial. Il est devenu le premier dans l'opposition, et les chroniques acides et raffinées, largement reproduites et citées, qu'il écrit pour

L'Unité (modeste hebdomadaire du PS) lui apportent peu à peu une réputation littéraire qui, dans la société politique française, compte beaucoup plus que dans n'importe quelle autre démocratie. Il prend l'habitude de se déplacer à l'étranger avec un certain décorum. Le PC lui échappe, il renforce sa position dans l'opinion, notamment ses options européennes. Ainsi, il approuve dans ce domaine les initiatives de Valéry Giscard d'Estaing et, à propos par exemple de la révolution portugaise, lourde de symboles, soutient ostensiblement le social-démocrate Mario Soares, contrairement au PC et à la gauche du PS, qui n'ont d'yeux que pour les jeunes colonels révolutionnaires et pour le parti communiste d'Alvaro Cunhal, un leader intrépide mais éternellement stalinien. Tout cela renforce l'image d'indépendance et de maturité de François Mitterrand.

Cependant, une autre période d'épreuves l'attend qui va lui ravir de nouveau les faveurs de l'opinion. Un débat télévisé, face à Raymond Barre, nouveau Premier ministre, tourne en sa défaveur. Il a porté, pour l'essentiel, sur les questions économiques et sociales, terrain de prédilection du chef du gouvernement, éminent universitaire. La faible réputation de François Mitterrand en ce domaine devient alors un handicap. Après les trente Glorieuses, durant lesquelles la France a connu la croissance et la prospérité, un nouvel élément vient de faire son apparition, qui pèsera terriblement lourd pendant les vingt années suivantes : le chômage, cette maladie mortelle enfouie dans les souvenirs et réintroduite par la crise. Sur ces questions, soudain redevenues dramatiques, François Mitterrand trébuche au plus mauvais moment. Le PC, tout à la préparation de sa rupture, l'a grossièrement désavantagé en rendant public, juste avant le face à face, un chiffrage totalement dissuasif de son programme économique. François Mitterrand apparaît soudain vulnérable. Le contre-Président redevient simple leader de l'opposition, opposition divisée de surcroît.

Le parti socialiste a beau progresser notablement aux élections législatives de 1978, obtenir son meilleur score sous la Ve République et, pour la première fois depuis 1936, devenir le premier parti de France, ce n'en est pas moins un nouvel échec. Cela fait douze ans que François Mitterrand est à la tête de la gauche. Il a perdu deux élections présidentielles et quatre élections législatives générales. Un doute insolite s'installe dans l'esprit des Français, très sensible à travers les sondages : et s'il était un valeureux mais éternel perdant ? Après l'insuccès législatif, le thème devient à la mode. Le nouveau champion de la gauche, auréolé de compétences économiques et d'une réputation de modernité, s'appelle Michel Rocard. Dans toutes les courbes de popularité, dans tous les baromètres, il devance alors inexorablement François Mitterrand. Il devient la coqueluche des médias, même de gauche. Il apparaît comme l'homme de l'avenir, François Mitterrand comme celui du passé. Sisyphe aurait alors le droit de se sentir fatigué.

C'est cependant au moment où le PC se comporte de plus en plus comme un adversaire et où les Français (ainsi que les journalistes, ce qu'il n'oubliera pas) lui préfèrent Michel Rocard que François Mitterrand, inlassable, entreprend son escalade décisive vers le pouvoir. Le leader de la « deuxième gauche » l'éclipse auprès de l'opinion, le PC le harcèle, la crise s'enracine et Valéry Giscard d'Estaing l'Européen semble totalement imbattable. Sisyphe l'emporte d'abord sur Michel Rocard au sein du PS (congrès de Metz en avril 1979), puis, assuré de l'investiture socialiste, même s'il garde soigneusement le secret de sa candidature, il se prépare pour une troisième tentative présidentielle.

Personne – pas même lui, si l'on en croit ses propos privés de l'époque – ne pense raisonnablement qu'il puisse être vainqueur en mai 1981. Les Français ne le pronostiquent pas, et d'ailleurs ne le souhaitent pas en majorité. Et puis, tout change avec la campagne. La montée inexorable du chômage empêche Valéry Giscard d'Estaing de donner des leçons d'économie. La rupture consommée avec le PC (qui présente Georges Marchais) protège le candidat socialiste des attaques politiques les plus rudes de la droite. La crise l'avantage, l'Europe ne pose aucun inconvénient, Valéry Giscard d'Estaing mène une campagne tardive et décalée. La popularité évanouie de François Mitterrand ressurgit soudain. Il apparaît comme l'homme de la revanche contre les injustices, il devient le totem du refus de la crise, le symbole de la France qui souffre. Il en joue et met en avant un projet mirifique de reconquête de l'emploi. Les Français ont envie de le croire. La discorde de la gauche ne le handicape pas, les divisions de la droite le favorisent, Jacques Chirac frappant fort contre Valéry Giscard d'Estaing. Le Président sortant incarne, à son corps défendant, les malheurs du temps et l'impuissance de la classe dirigeante. François Mitterrand personnifie à cet instant l'espérance. Il s'exprime avec flamme, progresse avec dignité, promet monts et merveilles avec assurance. Il a soixante-cinq ans bientôt, une tête de Président, il incarne le changement politique, l'espérance des victimes de la crise. Il est élu. Sisyphe a triomphé du destin.

Aussitôt, il connaît une exceptionnelle période de popularité. Les Français, qui le boudaient un an auparavant, l'adulent en mai 1981. Il atteint alors les sommets historiques de sa popularité. Jamais il ne retrouvera pareille ferveur. Le temps d'une saison, l'espérance revient chez les Français les plus anxieux, les plus menacés, les plus touchés par la crise. Pour la première fois sous la Vᵉ République, un Président de gauche est au pouvoir, annonciateur d'une autre politique. La crise peut donc être combattue, l'existence quotidienne être améliorée. Un gouvernement de gauche unie est formé sous la direction de Pierre Mauroy, symbole du socialisme généreux et populaire. Quatre ministres communistes représentent modestement le PC. Les radicaux, menés par Maurice Faure, un ami de longue date de François Mitterrand, sont de la fête. La France de gauche danse et chante. La France de droite rumine sa défaite et son dépit. Pendant un an, François Mitterrand bénéficie d'un état de grâce – il déclinera lentement et sans à-coups. Il incarne la légitimité républicaine mais aussi le socialisme. Il respecte l'État de droit – « Je ne suis pas Lénine », confie-t-il à ses visiteurs –, mais il ne renie pas ses convictions. Il les met au contraire en application. Sur le plan international comme sur le plan intérieur, il déploie l'étendard de la gauche à côté du drapeau tricolore. Il apostrophe les États-Unis, harangue le G7, entreprend une politique économique et sociale de rupture avec le marché. Il lance un train massif de nationalisations, multiplie les mesures sociales, encourage la consommation. La France modeste se reconnaît dans sa démarche, que la télévision encense alors. Un pouvoir démocratique innove radicalement. Pour une fois, l'alternance a vraiment ouvert la voie à une autre solution.

Cela dure une année, une année de rêve – de thérapeutique collective nécessaire, assure-t-il en privé –, puis sonnent les trompettes de la retraite : il faut revenir à la réalité, aux rigueurs du marché, aux pressions financières, aux tristes nécessités monétaires. La déception est immense chez les Français de gauche. L'électorat communiste fulmine, l'électorat socialiste soupire, l'électorat radical respire. Le monarque socialiste n'est donc pas omnipotent. Son image s'altère derechef. Elle ne cessera de le faire durant quatre années, malgré une rémission finale, jusqu'aux élections législatives de 1986. Chaque scrutin devient alors la station d'un chemin de croix – élections cantonales (1982), municipales (1983), européennes (1984), cantonales de nouveau (1985) et finalement législatives (1986) –, chaque rendez-vous avec les Français est une défaite ou un recul, plus ou moins marqué selon les circonstances. Les électeurs concrétisent ce que les citoyens ressentent. Les Français sont déçus, qu'ils aient au départ espéré un changement ou redouté une rupture. Le Président, plébiscité quelques mois plus tôt, bat maintenant des records absolus d'impopularité sous la Ve République. Le 10 mai 1984, pour le troisième anniversaire de son élection, exactement deux Français sur trois se disent mécontents ou déçus de François Mitterrand.

Pourtant, cette fois-ci, il ne s'agit plus de l'éternelle rechute de Sisyphe mais plutôt de la première descente aux enfers d'un Président-phénix. Maintenant qu'il est enfin entré au palais de l'Élysée, François Mitterrand n'a plus les mêmes relations avec les Français. La force des institutions – ces institutions qu'il a tant vilipendées jadis – lui garantit la durée. Il sait, nul ne l'ignore, jouer avec le temps, anticiper l'évolution de l'humeur du peuple, calculer à long terme. Au pire de sa défaveur et même de son rejet, il prépare un rebond. Une marge d'action lui est d'ailleurs ménagée par sa politique étrangère, notamment dans cette dimension européenne qui influence une partie de la droite, et aussi par l'évidente légitimité de ses fonctions. Lorsqu'il remplace soudain à la tête du gouvernement (en juillet 1984) Pierre Mauroy par Laurent Fabius, sa popularité est au plus bas, mais il sait pouvoir remonter la pente. Il a cruellement désappointé son électorat le plus modeste en se ralliant à une politique de rigueur et en s'en tenant au gros train de mesures de 1981-1982 pour ce qui concerne les avancées sociales. Il a exaspéré l'électorat de droite avec l'épreuve de force – qui a vu sa défaite – à propos de l'enseignement privé et de la laïcité. Les élections législatives de 1986 s'annoncent sous les pires auspices. Il engage cependant la modernisation de l'industrie française et la prépare à l'inexorable concurrence internationale. Laurent Fabius allège le climat et communique habilement. Un petit air de modernité rajeunit l'image du pouvoir. Condamné à l'échec éternel, Sisyphe eût été accablé. À la veille des élections législatives, le Président-phénix retrouve l'espoir. Il commence à renaître de ses cendres.

La victoire de la droite lui permet paradoxalement de renouer le lien avec les Français. Les circonstances l'y contraignent, mais, là encore, il tire le meilleur parti des pressions qui s'imposent à lui. La campagne législative a rapproché l'électorat de gauche de ses dirigeants, d'autant plus que l'alliance RPR-UDF propose un programme libéral musclé qui inquiète les petits salariés. François Mitterrand nomme sans rechigner Jacques Chirac Premier ministre, inaugurant ainsi une expérience institutionnelle inédite de cohabitation. La rapidité et la netteté avec lesquelles il a tiré les conclusions du vote et appelé le chef de file de la droite à l'hôtel

Matignon lui valent un crédit aussi neuf que prompt chez les Français de droite. Voilà François Mitterrand intronisé monarque démocratique par tous. Il en joue habilement, soutenant symboliquement l'opposition et les mouvements sociaux dès qu'il en a l'occasion, respectant néanmoins le verdict du suffrage universel et les choix du gouvernement Chirac. Il cumule ainsi les attributions de chef de l'État, actif en politique étrangère, attentif au respect des institutions, et celles d'inspirateur subtil de la gauche.

Il lui faut cependant être prudent : dès qu'il est question de bras de fer avec le Premier ministre, la confiance des Français se dérobe. Il le pressent (et le reconnaît dans des conversations privées), en tient compte, slalome avec brio entre légitimité et pugnacité. Il redevient ainsi promptement populaire, cependant que Jacques Chirac s'enlise dans les conflits avec les étudiants, les polémiques à propos de la fiscalité et des privatisations ou dans l'épreuve de Nouvelle-Calédonie. Les conditions d'une candidature pour un second septennat sont donc réunies. Après avoir longtemps feint de ne pas vouloir se représenter, après avoir laissé la droite se diviser entre Raymond Barre et Jacques Chirac, le Président-phénix se met sur les rangs et l'emporte aisément sur son Premier ministre, avec cette fois 54 % des suffrages exprimés. Jamais un président de la Ve République n'était parvenu à se faire élire à deux reprises par les Français. Charles de Gaulle n'avait affronté qu'une seule fois l'élection au suffrage universel direct – face, déjà, à François Mitterrand –, et Valéry Giscard d'Estaing avait été battu en 1981. François Mitterrand innove de nouveau. Durant sa campagne, le Président de gauche a beaucoup tempéré ses propos. En 1981, il incarnait la rupture, l'alternance, la revanche. En 1988, il personnifie l'unité, la continuité, le rassemblement. Le socialiste radical est devenu radical-socialiste. Il n'abandonne pas ses convictions mais il en ajourne l'application. Il avait commencé son premier septennat sous le signe du socialisme du souhaitable (selon lui). Il commence le second sous le signe du socialisme du possible. Cela convient beaucoup mieux au climat d'une France traumatisée par la crise. La majorité des Français applaudit. François Mitterrand connaît alors un second état de grâce, sans doute plus modeste que le premier mais très perceptible dans les sondages.

Il va connaître trois années de popularité (1988-1991) sous le gouvernement de Michel Rocard. La première et la deuxième gauche se trouvent ainsi réunies au pouvoir autour d'un programme social-démocrate. Michel Rocard est un chef de gouvernement populaire qui gère attentivement la confiance des citoyens. Il rêvait d'être le candidat socialiste, il a dû s'effacer, il apprend à séduire les Français. Il agace irrésistiblement le président de la République, mais celui-ci bénéficie des retombées de la sympathie que suscite ce gouvernement pragmatique et ouvert, composé pour moitié de personnalités issues de la société civile. François Mitterrand n'aime pas la méthode Rocard, consensuelle et circonspecte. Il ne se satisfait pas des réformes, trop raisonnables à son goût, de son Premier ministre. En privé, il tempête. En public, il ronge son frein. C'est que François Mitterrand est en train d'inaugurer le dernier de ses personnages publics, celui avec lequel il va clore sa longue liaison avec les Français. Le Président-phénix, dûment ressuscité mais voué, il le sait, à se consumer, prend peu à peu et délibérément les traits d'un Président patriarche. François Mitterrand a été réélu dans sa soixante-douzième année. Il est gravement malade et, à partir de 1992, ne peut plus le cacher. Inlassable, il fait de ce lourd handicap, qui tourne progressivement au martyre, une arme politique ultime. Stoïque et contesté, il portera dorénavant le masque d'un destin tragique.

La guerre du Golfe lui a permis d'incarner une nouvelle fois l'unité des Français. Ceux-ci sont impressionnés par sa solidité et par son énergie durant les quelques semaines du conflit. La situation intérieure, en revanche, entame de nouveau son image. Même si elle a connu un répit sous les années Rocard, la crise frappe toujours, et elle attise les craintes et les rancœurs. François Mitterrand symbolise derechef l'impuissance de la gauche à s'affranchir des règles cruelles de l'économie mondiale. Son pouvoir politique, pour la première fois, est contesté au grand jour. Au parti socialiste, les héritiers se déchirent sauvagement. Les « affaires », qui entacheront son second mandat, commencent à se faire jour. Le patriarche se défend bec et ongles mais son instinct politique semble s'émousser. Il nomme Édith Cresson à l'hôtel Matignon, et c'est l'échec le plus brutal d'un Premier ministre dans l'opinion depuis 1981. À l'approche des élections législatives de 1993, il la remplace en hâte par Pierre Bérégovoy, mais il est trop tard. La crise ne cesse de s'aggraver, le référendum de Maastricht divise les Français, nul ne croit plus que la gauche puisse sauvegarder sa majorité. L'impopularité revient, inexorable et menaçante. Affaibli par la souffrance, discuté par les siens, sévèrement jugé par la majorité des citoyens, qui vit très mal l'explosion des « affaires » alors que le chômage croît à nouveau, le vieux souverain semble avoir épuisé ses tours.

Le Président va pourtant reconquérir une dernière fois l'opinion. La gauche est écrasée aux élections législatives, le malheureux Pierre Bérégovoy, injustement traité, va se donner la mort, comme pour symboliser une fin de règne en forme de tragédie grecque. François Mitterrand vient de nommer Édouard Balladur Premier ministre. Blessé, épuisé, souffrant mille morts, il va pourtant préparer savamment son ultime réconciliation avec les Français.

Il laisse, comme l'exigent les institutions, le gouvernement gouverner, et préside autant qu'il est possible compte tenu de sa maladie. Il le fait avec un stoïcisme qui en impose progressivement à ses adversaires. La gauche a perdu, l'Europe va mal (elle affiche une impuissance consternante face à la guerre de Bosnie), Édouard Balladur, populaire, gouverne sagement. François Mitterrand souffre et tient. Il prépare désormais sa sortie tout en maintenant sa marque sur les principaux choix de politique étrangère. Chacun commence à comprendre qu'il s'agit à la fois de la fin de son second mandat et des derniers moments de sa vie. Jamais comme alors son étrange spécificité – le filigrane mystérieux de sa vie privée marquant discrètement sa vie publique – n'a été plus perceptible qu'à ce moment-là. Déjà, l'heure des bilans approche et l'homme privé est devenu inséparable du Président. Pour lui, la longue campagne présidentielle de 1994-1995 est une première oraison funèbre. On se prépare à choisir son successeur, et la mort se rapproche implacablement de lui.

Les Français le comprennent avec l'instinct des très vieux peuples. Lorsque Jacques Chirac est élu, François Mitterrand est déjà sorti de la politique pour entrer dans l'Histoire. Il assure la transition institutionnelle avec la sûreté de geste et de ton d'un souverain démocratique. Il va mourir, il quitte les palais officiels et le fait avec une simplicité théâtrale. Pendant la dernière année, les Français ont appris l'existence de sa seconde famille, de sa fille Mazarine. Certains imaginaient que ces révélations lui vaudraient un surcroît d'animosité. C'est l'inverse qui se produit. Il semble que rien, avec François Mitterrand, ne peut se passer comme avec les autres hommes d'État. Ce secret privé dévoilé lui vaut une bouffée de sympathie. Le patriarche qui approche des derniers moments n'est plus regardé selon les critères ordinaires.

L'alchimiste de la politique a réussi une dernière cristallisation. Les ambiguïtés de sa période vichyssoise se déchirent, seule une minorité (mais de gauche, ce qui est embarrassant) l'en accable. Il n'a plus tenu tout à fait les rênes du pouvoir dans sa dernière année passée au palais de l'Élysée. La cohabitation courtoise avec Édouard Balladur a permis de sauvegarder les apparences, et les Français, à la surprise agacée d'une presse anglo-saxonne qui ne parvient pas à comprendre les relations complexes du patriarche et de ses concitoyens, lui en savent presque gré. À l'instant où il quitte la rue du Faubourg-Saint-Honoré, les sondages en témoignent, il est redevenu populaire une dernière fois. Une sympathie discrète, mêlée de tolérance étonnée, accompagne son départ. Lorsqu'il meurt, huit mois plus tard, elle devient aussitôt pour une majorité des Français – là encore, les enquêtes d'opinion l'établissent – une émotion étrange. Ils sentent bien qu'avec la disparition de François Mitterrand c'est un fragment de leur histoire – une alluvion déjà mélancolique – qui s'éloigne. On l'a dit dès le soir de ses obsèques : en pleurant le seul Président de l'histoire des républiques à avoir effectué deux septennats complets, les Français s'apitoient aussi sur eux-mêmes.

Les chiffres sont cruels : si la disparition de François Mitterrand a suscité le chagrin et la compassion des Français – l'hommage de Jacques Chirac reflétant bien les sentiments de la majorité de ses concitoyens –, l'homme qui repose à Jarnac est loin d'avoir été le Président le plus populaire et le plus respecté de la Ve République. L'IFOP, seul institut à avoir pu mesurer la satisfaction éprouvée à l'égard des chefs de l'État successifs depuis 1958, est catégorique : pendant son premier septennat, le général de Gaulle a satisfait 59 % des Français en moyenne, et 58 % pendant son second mandat. Son successeur et héritier, Georges Pompidou, pendant les cinq années passées au palais de l'Élysée, a obtenu lui aussi 59 % de satisfaction. En revanche, le septennat de Valéry Giscard d'Estaing n'a suscité que 49 % d'approbations, le premier mandat de François Mitterrand seulement 43 % en moyenne, et son second mandat, 40 %. Les Français l'ont certes beaucoup revalorisé au moment de son départ et à l'instant de sa mort, mais ils ont jugé François Mitterrand plus sévèrement que ses prédécesseurs lorsqu'il était au pouvoir. En fait, sa popularité a été beaucoup plus irrégulière que celle de ses devanciers, parce qu'elle était infiniment plus complexe que la leur.

Dans la typologie des hommes d'État, les quatre premiers présidents de la Ve République incarnent, aux yeux des Français, des archétypes bien distincts. Le général de Gaulle, l'homme du 18 Juin, de la France combattante, le fondateur de la Ve République, personnifie le héros de légende. Georges Pompidou, interrompu par la mort après cinq ans seulement de principat, n'aura pu être, faute de temps peut-être, que le dauphin couronné. Valéry Giscard d'Estaing, comme John Kennedy aux États-Unis ou Pierre Elliott Trudeau au Canada, appartient à la race des séducteurs de l'opinion publique. François Mitterrand, lui, symbolise dès le début de sa notoriété la quintessence même du politique, avec ce que cela implique de talents et de travers, de visions et de calculs, d'énergie et de ruse. Ce Président mystérieux déconcertait avant même d'être élu. On pressentait son envergure, on devinait son atypie. François Mitterrand a épuisé ses forces à réconcilier les contraires.

Il a symbolisé la gauche, dont il aura été, sous la Ve République, le plus grand mais aussi le plus étrange architecte. Il a cependant eu simultanément les traits d'un souverain, démocratique certes mais impérieux et sarcastique, avec sa cour, son rituel, sa passion de la symbolique. Il a aimé la France presque sensuellement, jusqu'à en connaître comme personne les ciels et les lumières, les arbres et les rivières, les paysages et les monuments. Pas un département qu'il n'ait visité dix fois au cours de sa vie, pas un canton qu'il n'ait connu, pas une église ancienne, pas une abbaye, pas un cimetière qu'il n'ait aimé parcourir lentement. Cela ne l'a nullement empêché de vouloir de toutes ses forces l'Europe, de la construire patiemment, pierre après pierre, sans jamais se laisser rebuter par les obstacles et par les blocages. S'il a vécu à Paris, qu'il parcourait durant de longues promenades pédestres, il n'a pourtant jamais cessé de rester au fond de lui-même un provincial de Saintonge. S'il a combattu l'injustice sincèrement, constamment, s'il a choisi avec la gauche le parti des plus pauvres, celui des minorités et des plus exposés, sa culture, son mode de vie, ses goûts, ses amitiés, ses façons n'en étaient pas moins d'un bourgeois irrité par sa caste. S'il a été enterré religieusement, s'il n'a jamais caché sa fascination pour la métaphysique, il n'était pourtant pas très sûr d'être catholique et se jugeait plutôt agnostique.

Il pouvait être tour à tour cynique ou idéaliste, dissimulé ou provocant, amical ou offensant. Il était fidèle en amitié et infidèle en amour, hautain avec les grands, attentif aux petits. C'était un souverain qui tenait plus que tout à sa liberté personnelle, un monarque qui savourait la puissance mais ne pouvait se passer des évasions, un réaliste qui aimait rêver, un romanesque qui voulait gouverner. C'était un monarque mais un artiste du pouvoir et un artiste au pouvoir. Rien d'étonnant à ce que les Français aient été aussi déconcertés que séduits, aussi désemparés qu'impressionnés. Prince de la politique, il fut un non-conformiste au pouvoir.

CONCLUSION

Le chêne et l'olivier

François Mitterrand est mort il y a un an. En quittant le palais de l'Élysée quelques mois plus tôt, il avait définitivement abandonné la politique, qui fut son univers, et le pouvoir, qui fut sa passion, pour entrer dans l'Histoire, qui fut sa perpétuelle ambition. Il avait, en achevant son second mandat présidentiel, la certitude de demeurer dans les mémoires. On n'a pas joué un rôle politique mémorable durant un demi-siècle, exercé une influence majeure plus de trente ans et présidé aux destinées de son pays quatorze années de suite sans laisser de traces profondes. Le mythe personnel demeurera cependant plus que l'empreinte politique.

François Mitterrand n'est pas un grand homme, au sens où le terme s'applique au général de Gaulle, mais c'est un grand personnage. Si le second domine les hommes d'État français de ce siècle, le premier possède sans doute la figure la plus originale et, à coup sûr, la plus complexe. Charles de Gaulle aura eu le destin le plus romantique, François Mitterrand aura eu la vie la plus romanesque. Le chef-d'œuvre de cet artiste de la politique, c'est en somme lui-même. Son propre personnage constitue sa création la plus réussie. En agissant, en rompant, en manœuvrant, en innovant, en dissimulant, en choquant, en décevant, en mobilisant ou en exaspérant, François Mitterrand n'a jamais cessé de peindre son autoportrait.

Celui-ci ne laisse personne indifférent. Par ailleurs, rares sont ceux qui peuvent adhérer à toutes ses phases

303

et à toutes ses composantes, et fort nombreux, en revanche, sont ceux que tel trait ou tel épisode abasourdit, indigne ou glace soudain. François Mitterrand n'aura été ni un héros ni un saint. La puissance de sa personnalité, sa capacité de séduction, la richesse de sa culture, son courage physique, son audace intellectuelle, son exceptionnelle opiniâtreté composent cependant un être hors du commun, même parmi ses pairs. Roué, cynique, orgueilleux – finalement plus orgueilleux encore que cynique –, altier, se trompant fréquemment dans ses choix et sur les gens, refusant obstinément de l'admettre, jonglant avec les faits, escamotant le déplaisant, il était plus un homme des tempêtes qu'un homme des jours ordinaires, plus un intellectuel qu'un conceptuel, plus un pragmatique qu'un visionnaire. Il aimait les idées comme les femmes, en les trompant. C'était avant tout un homme libre, souverain autodéterminé. Sa sortie de ce monde, splendidement orchestrée et dominée, en constitue l'ultime symbole. La marque présidentielle qu'il avait choisie entrelaçait le chêne, arbre de majesté, et l'olivier, arbre de liberté. Il est arrivé plus d'une fois que le second contrecarre le premier. Durant ses dernières semaines, malgré la souffrance extrême, malgré la mort qui rôdait, il a trouvé l'équilibre parfait entre le chêne et l'olivier.

Le personnage n'était donc pas inférieur à sa fonction, d'autant plus que son double mandat a été à la fois entravé et modelé par des métamorphoses générales brutales – cela, les Français du xxie siècle le percevront sans doute plus aisément que ceux d'aujourd'hui. La mondialisation irrépressible, la montée du chômage et son cortège de souffrances, la dislocation de l'Union soviétique, la réunification allemande, tout cela a créé un décor terriblement contraignant. Il n'empêche : l'artiste est supérieur à l'œuvre.

François Mitterrand a certes démocratisé la Vᵉ République, mais après l'avoir beaucoup combattue. Il a enraciné l'alternance, piloté avec virtuosité deux cohabitations, mais terni aussi l'image du pouvoir et laissé derrière lui un lourd déficit moral. Il a modernisé la société, voulu la décentralisation, trouvé une issue à l'éternelle querelle scolaire, dans laquelle il s'était imprudemment engagé. Il a mené une politique culturelle inventive, réformé en partie l'Éducation nationale. Il a surtout accéléré la nécessaire intégration de l'économie française au sein du marché international. Mais il a conduit ou inspiré cette transformation essentielle au détriment de ses promesses, de ses projets et de ses ambitions. Il voulait mettre en place une « économie socialiste de marché ». Il a dû y renoncer et se plier aux lois économiques, financières et monétaires capitalistes. Sur ce terrain-là, il espérait témérairement se distinguer, se différencier. Il s'est au contraire adapté, et finalement aligné. Il n'y a pas eu d'exception économique française. Son programme social s'en est durement ressenti. Après ses réformes initiales, il n'a cessé d'être banalement subordonné à l'économique. Le socialisme a dû plier devant l'espérance européenne et les exigences internationales. Il n'est pas exagéré de dire que, sur ce plan, il a échoué dans ce qu'il avait volontairement entrepris et qu'il n'a réussi que ce qui lui fut imposé. Le Président socialiste n'a pas pu durablement mener une politique de gauche, l'inégalable virtuose de la politique a laissé derrière lui la politique discréditée.

L'Européen a, en revanche, beaucoup contribué à faire avancer son dessein, malgré les tumultes de la période. Il ne l'a pas fait sans erreurs ni échecs, surtout durant la seconde moitié de son second septennat :

après le général de Gaulle, François Mitterrand a démontré à son tour et à ses dépens que dix années de règne présidentiel constituent le maximum raisonnable. Eût-il démissionné en 1991, dix ans après sa première élection au palais de l'Élysée, que son image politique serait aujourd'hui bien différente. Son bilan européen sera néanmoins regardé plus tard favorablement, même si l'homme d'État le plus marquant du Vieux Continent durant cette époque fracassante et cruelle n'aura pas été le Président français mais le chancelier allemand Helmut Kohl.

Pour le reste, sa politique extérieure peut être jugée globalement honorable, sinon infaillible. Il s'agissait surtout de transformer des vestiges de puissance en promesses d'influence. Il s'y est résolu, notamment à travers l'aventure européenne, sans cependant parvenir à lui donner toujours le ton qui aurait pu exorciser le spectre du déclin. À sa décharge, plusieurs de ses succès ont été éclipsés par des bévues de second rang : de son vivant, on a beaucoup plus commenté la petite tragédie absurde du *Rainbow Warrior* que la performance de Fontainebleau ou sa lucidité à propos de la ligne Oder-Neisse.

François Mitterrand aura ainsi été puni par où il a péché : à force de dissocier le fond et la forme, les principes et la réalité, les promesses et les actes, l'éloquence et l'essence, il a brouillé l'image de sa propre politique et altéré la représentation de son œuvre. En somme, le monarque a été plus grand que son règne, et le règne moins faustien que l'artiste ne l'aura fait croire.

BIBLIOGRAPHIE

Ouvrages de François Mitterrand

Le Coup d'État permanent, Plon, 1964.
Ma part de vérité, Fayard, 1969.
Un socialisme du possible, Le Seuil, 1971.
La Rose au poing, Flammarion, 1973.
La Paille et le Grain, Flammarion, 1975.
Politique I, Fayard, 1977.
L'Abeille et l'Architecte, Flammarion, 1978, coll. « La Rose au poing ».
Ici et maintenant, Fayard, 1980.
Politique II (1977-1981), Fayard, 1982.
Réflexions sur la politique extérieure de la France, Introduction à vingt-cinq discours (1981-1985), Fayard, 1986.
Mémoire à deux voix (avec Élie Wiesel), Odile Jacob, 1995.
De l'Allemagne, de la France, Odile Jacob, 1996.
Mémoires interrompus, Entretien avec Georges-Marc Benamou, Odile Jacob, 1996.

Ouvrages sur François Mitterrand

ADLER Laure, *L'Année des adieux*, Flammarion, 1995.
ALEXANDRE Philippe, *Plaidoyer impossible pour un vieux Président abandonné par les siens*, Albin Michel, 1994.
ALIA Josette, CLERC Christine, *La Guerre de Mitterrand : la dernière grande illusion*, Olivier Orban, 1991.
ATTALI Jacques, *Verbatim*, t. I « 1981-1986 », Fayard, 1993.
Id., *Verbatim*, t. II « 1986-1988 », Fayard, 1995.
Id., *Verbatim*, t. III « 1988-1991 », Fayard, 1995.
BOCCARA Édith, *Mitterrand en toutes lettres*, Belfond, 1995.
COLOMBANI Jean-Marie, *Portrait du Président. Le monarque imaginaire*, Gallimard, 1985, coll. « Le monde actuel ».
Id., *La France sans Mitterrand*, Flammarion, 1992.

COLOMBANI Jean-Marie, LHOMEAU Jean-Yves, *Le Mariage blanc*, Grasset, 1986.

COLOMBANI Jean-Marie, PORTELLI Hugues, *Le Double Septennat de François Mitterrand*, Grasset, 1995.

DANIEL Jean, *Les Religions d'un Président*, Grasset, 1988.

Id., *Voyage au bout de la nation*, Le Seuil, 1995.

DUHAMEL Alain, *De Gaulle-Mitterrand. La marque et la trace*, Flammarion, 1991.

DEBRAY Régis, *À Demain de Gaulle*, Gallimard, 1990, coll. « Le débat ».

FABIUS Laurent, *Les Blessures de la vérité*, Flammarion, 1995.

FAVIER Pierre, MARTIN-ROLAND Michel, *La Décennie Mitterrand*, t. I « Les ruptures (1981-1984) », Le Seuil, 1990.

Id., *La Décennie Mitterrand*, t. II « Les épreuves (1984-1988) », Le Seuil, 1991.

Id., *La Décennie Mitterrand*, t. III « Les défis », Le Seuil, 1996.

FERENCZI Thomas, *Chronique du septennat 1981-1988*, La Manufacture, 1988.

GENESTAR Alain, *Les Péchés du prince*, Grasset, 1992.

GIESBERT Franz-Olivier, *François Mitterrand ou la Tentation de l'histoire*, Le Seuil, 1977.

Id., *Le Président*, Le Seuil, 1990.

Id., *La Fin d'une époque*, Fayard-Le Seuil, 1993.

Id., *François Mitterrand. Une vie*, Le Seuil, 1996.

Id., *Le Vieil Homme et la Mort*, Gallimard, 1996.

GUIGOU Élisabeth, *Pour les Européens*, Flammarion, 1994.

HALLIER Jean-Edern, *L'Honneur perdu de François Mitterrand*, Éditions du Rocher/Les Belles Lettres, 1996.

HENNEZEL Marie de, *La Mort intime. Ceux qui vont mourir nous apprennent à vivre*, Robert Laffont, 1995. Préface de François Mitterrand.

HOFFMANN Stanley, Ross George, *L'Expérience Mitterrand. Continuité et changement dans la France contemporaine*, PUF, 1988, coll. « Recherches politiques ».

HUCHON Jean-Paul, *Jours tranquilles à Matignon*, Grasset, 1993.

JOSPIN Lionel, *L'Invention du possible*, Flammarion, 1991.

JULY Serge, *Les Années Mitterrand. Histoire baroque d'une normalisation inachevée*, Grasset, 1986.

Id., *Le Salon des artistes*, Grasset, 1989.

Lang Caroline, *Le Cercle des intimes. François Mitterrand par ses proches*, La Sirène, 1996.

Le Paige Hugues, *Mitterrand 1965-1995. La continuité paradoxale*, L'Aube, 1995.

Looseley David L., *The Politics of Fun, Cultural Policy and Debate in Contemporary France*, Oxford, Washington DC, Berg, 1995.

Martin-Roland Michel, *Il faut laisser le temps au temps. Les Mots de François Mitterrand*, Hors collection, 1995.

Martinet Gilles, *Le Réveil des nationalismes français*, Le Seuil, 1994, coll. « Essai politique ».

Mény Yves, *La Corruption de la République*, Fayard, 1992, coll. « L'espace du politique ».

Mitterrand Danielle, *En toutes libertés*, Ramsay, 1996.

Moscovici Pierre, *À la recherche de la gauche perdue*, Calmann-Lévy, 1994.

Nay Catherine, *Le Noir et le Rouge ou l'Histoire d'une ambition*, Grasset, 1984.

Id., Les Sept Mitterrand ou les Métamorphoses d'un septennat, Grasset, 1988.

Parti socialiste, *Projet socialiste pour la France des années 80*, Club socialiste du livre, 1980.

Péan Pierre, *Une jeunesse française : François Mitterrand, 1934-1947*, Fayard, 1994.

Peyrefitte Alain, *Quand la rose se fanera. Du malentendu à l'espoir*, Plon, 1983.

Plenel Edwy, *La Part d'ombre*, Stock, 1992.

Id., Un temps de chien, Stock, 1994.

Pontaut Jean-Marie, Dupuis Jérôme, *Les Oreilles du Président*, Fayard, 1996.

Rigaud Jacques, *Libre Culture*, Gallimard, 1990, coll. « Le débat ».

Id., L'Exception culturelle. Culture et pouvoirs sous la Ve République, Grasset, 1995.

Salzmann Charles, *Le Bruit de la main gauche. 30 ans d'amitié et de confidences politiques avec François Mitterrand*. Robert Laffont, 1996.

Schifres Michel, Sarazin Michel, *L'Élysée de Mitterrand. Secrets de la maison du prince*, LGF, 1986.

Schneider Robert, *Les Dernières Années*, Le Seuil, 1994, coll. « L'épreuve des faits ».

Thibaud Paul, *Et maintenant... Contribution à l'après-mitterrandisme qui commence*, Arléa, 1995.

Védrine Hubert, *Les Mondes de François Mitterrand. À l'Élysée 1981-1995*, Fayard, 1996.

Webster Paul, *Mitterrand, l'autre histoire 1945-1995*, Éditions du Félin, 1995.

TABLE DES MATIÈRES

Cet ouvrage a été réalisé par la
SOCIÉTÉ NOUVELLE FIRMIN-DIDOT
Mesnil-sur-l'Estrée
pour le compte des Éditions Flammarion
en janvier 1997

Imprimé en France
Dépôt légal : janvier 1997
N° d'édition : FF 707404 - N° d'impression : 37254